Gitta Trauernicht

Ausreißerinnen und Trebegängerinnen

Theoretische Erklärungsansätze,
Problemdefinitionen der Jugendhilfe,
strukturelle Verursachung der Familienflucht
und Selbstaussagen der Mädchen

1992 VOTUM Verlag · 2. Auflage

Die Deutsche Bibliothek – CIP-Einheitsaufnahme

Trauernicht, Gitta:
Ausreißerinnen und Trebegängerinnen : theoretische Erklärungsansätze, Problemdefinitionen der Jugendhilfe, strukturelle Verursachung der Familienflucht und Selbstaussagen der Mädchen / Gitta Trauernicht. – 2. Aufl. – Münster : Votum-Verl., 1992
   Zugl.: Berlin, Techn. Univ., Diss. u.d.T. : Trauernicht-Jordan, Brigitte: Ausreißerinnen und Trebegängerinnen
   ISBN 3-926549-60-2

© 1992 VOTUM Verlag GmbH, Studtstraße 20, 4400 Münster
Umschlaggestaltung: Melanie Flood, Münster
Druck: Druckwerkstatt, Münster

ISBN 3-926549-60-2

"Daß der Wandertrieb beim weiblichen Geschlecht weit seltener anzutreffen ist und in seiner Erscheinungsart (sexuelle Triebverflechtungen!) vielfach von Wandertriebserscheinungen beim männlichen Geschlecht abweicht, ist durch anlagemäßige und äußere Momente bedingt. Für eine geordnete Übersicht der Wandertriebserscheinungen ist es daher zweckmäßig, diese bei Mädchen und Frauen gesondert zu behandeln" (*Mayer* 1934, S. 59).

"Der Hang zur Geborgenheit, zum 'Nest' ist im allgemeinen eher dem Weibe gemäß, im Gegensatz zur Abenteuerlust (wiederum abgesehen von deren sexueller Spielart!). Weiterhin ist wohl anzunehmen, daß der Hang zum Wandern, zum 'Wechseln', wenn nicht sogar zum Streunen und zum Ausbrechen ein primär, phylogenetisch altes, mehr an das männliche Geschlecht gebundenes Bedürfnis ist" (*Rennert* 1954, S. 147 f.)

"... darf die Gefahr, die dem weiblichen Streunen nicht nur selbst droht, sondern die auch von ihnen auf andere ausgeht, nicht gering eingeschätzt werden. Die weiblichen Nichtseßhaften stellen für die Behörden und Fürsorgeverbände ein weitaus größeres Problem dar, als ihrem zahlenmäßigen Anteil an den Nichtseßhaften entspricht" (*Achterholt* 1970, S. 40).

"... weist die Kölner Polizeistatistik für 1978 einen beachtlichen 'Überhang' der weiblichen minderjährigen Vermißten aus. Von 1.010 Minderjährigen waren danach 389 (= 38,5 %) männlichen und 621 (= 61,5 %) weiblichen Geschlechts. Auch den Berichten aus den USA zufolge (...) stellen die Mädchen bei den Wegläufern mehr als 50 % (*Jordan/Trauernicht* 1981, S. 25).

Inhalt

Kapitel 1:
Frauenforschung als theoretischer Bezugsrahmen 13
1.1 Gegenstandsbereich und Zielperspektiven (13) — 1.2 Mädchenforschung und Mädchenarbeit in der Jugendhilfe (22) —

Kapitel 2:
Familienflucht von Mädchen
im Spiegel von Theorien abweichenden Verhaltens 31
2.1 Der medizinisch-psychiatrische Ansatz (31) — 2.2 Der psychologisch-pädagogische Ansatz (35) — 2.3 Der sozialisationsbezogene Ansatz (42) — 2.4 Sozialstrukturelle Ansätze (55) — 2.5 Der Etikettierungsansatz (labeling approach) (60) — 2.6 Resümee (64)

Kapitel 3:
Familienflucht von Mädchen als Thema der Jugendhilfe 69
3.1 Fragestellungen, Materialgrundlagen und Auswertungsmethoden (69) — 3.2 Weglaufen als Heimeinweisungsgrund – Ergebnisse bisheriger Untersuchungen (72) — 3.3 Weglaufen im Kontext der Problemlagen von Mädchen und Angebote der Jugendhilfe – eine empirische Erhebung (81) — 3.3.1 Die Mädchen, ihre Familien und Problemlagen (81) — 3.3.2 Angebote der Jugendhilfe im Kontext der Problemlagen (93) — 3.3.3 Zwei Fallgeschichten – Ergebnisse der qualitativ orientierten Aktenanalyse (100) — 3.4 Resümee (109)

Kapitel 4:
Familienflucht von Mädchen —
strukturelle Verursachung und Selbstaussagen 112
4.1 Fragestellungen, Materialgrundlagen und Auswertungsmethoden (112) — 4.2 Mädchenspezifisches Konfliktpotential geschlechtsspezifischer Sozialisation und "kleine Fluchten" (115) — 4.3 Verschärfungszusammenhänge des mädchenspezifischen Konfliktpotentials und Flucht (130) — 4.3.1 Mädchenleben in Ungleichheitsstrukturen (130) — 4.3.2 Mädchen zwischen Familie und Subkultur (138) — 4.3.3 Mädchen in Ein-Eltern-Familien (145) — 4.3.4 Mädchen und bikulturelle Sozialisation (152) — 4.3.5 Sexueller Mißbrauch von Mädchen (157) — 4.4 Resümee (164)

Kapitel 5:
Zusammenfassung der Ergebnisse
und Folgerungen für die pädagogische Praxis 168

5.1 Zusammenfassung der Ergebnisse (168) — 5.2 Anforderungen an die sozialpädagogische Praxis (175) — 5.2.1 Bearbeitung des Grundkonflikts mädchenspezifischer Sozialisation (175) — 5.2.2 Aufgreifen struktureller Verschärfungszusammenhänge, Qualifizierung bestehender und Entwicklung neuer Angebote (177) — 5.2.3 Krisenintervention und Wohnangebote für Mädchen in Not (180)

Literatur 187

Anhang 210
Tabellen zu Kapitel 3 — Gesprächsleitfaden für Interviews mit Mädchen — Fragebogen

Einleitung

I.

Im Gefolge der Frauenbewegung ist in den letzten Jahren eine erkennbare Öffentlichkeit für die spezielle Lebenswelt und hieraus resultierende Problemlagen von Mädchen und Frauen entstanden. Die Konkretisierung dieser Analysen in verschiedenen gesellschaftlichen Handlungsfeldern hat auch dazu geführt, daß in der Jugendhilfe eine konzeptionelle und praktische Entwicklung eingesetzt hat, die sich bewußt und auf breiterer Ebene als in zurückliegenden Phasen mit der spezifischen Situation "junger Frauen und Mädchen" beschäftigt. Ein deutlicher Beleg hierfür ist der 1984 vorgelegte 6. Jugendbericht der Bundesregierung, dessen Themenstellung lautet: "Verbesserung der Chancengleichheit von Mädchen in der Bundesrepublik Deutschland".

Mit den in den letzten Jahren vorgelegten Arbeiten hat sich die Mädchenforschung in der Jugendhilfe und Jugendpolitik konstituiert. Ihr Ziel ist

- die Beschreibung und Analyse derjenigen Mechanismen und Strukturen, die Jugendhilfe als Teil des gesellschaftlichen Klimas ausweist, das geschlechtsspezifische Grenzen der Lebensplanung und -realisierung für Mädchen setzt und somit zur Verdoppelung der Benachteiligung von Mädchen in dieser Gesellschaft beiträgt und
- die Entwicklung von Konzepten und Ansätzen, die unmittelbar an den benachteiligenden Lebensbedingungen von Mädchen und hieraus resultierenden Entwicklungsbegrenzungen ansetzen, um somit konsequent der Benachteiligung entgegenzuwirken und eine mädchenorientierte Jugendhilfe zu entwickeln.

Die fachliche Initiierung und Begleitung emanzipatorischer Lernprozesse durch die Jugendhilfe setzt differenziertes Wissen um den Zusammenhang von Geschlechtszugehörigkeit und persönlichen Lebensumständen voraus. Dieses Wissen ist die theoretische Grundlage für die Entwicklung geschlechtsspezifischer Handlungskompetenz bei Fachkräften der sozialen Arbeit. Mit dem zielgruppenbezogenen und frauenpolitischen Ansatz der Mädchenarbeit wird dieses Wissen in geeigneter pädagogischer Weise Mädchen vermittelt.

Die hier vorgelegte Arbeit "AUSREISSERINNEN UND TREBEGÄNGERINNEN" knüpft methodisch und thematisch an die so formulierten Prämissen einer Mädchenforschung in der Jugendhilfe an und greift ein u. a. im 6. Jugendbericht konstatiertes Forschungsdefizit auf:

"Zu beachten ist das Symptom Weglaufen, Herumtreiben, das bei mehr als 50 % der über 15jährigen Mädchen (in der Heimerziehung) genannt wird. Auch bei jüngeren ist der Anteil hoch. Schon die angenommene Gefahr sexueller Abhängigkeit führt in diesem Zusammenhang besonders schnell zu Kontrolleingriffen. Aus Berichten ergeben sich Hinweise, daß Mädchen meinen, sich nur auf diese Weise einer Familiensituation, die sie nicht mehr aushalten, entziehen zu können. Die Problematik bedarf dringend einer weiteren Aufmerksamkeit und Untersuchung" (*Deutscher Bundestag:* Bundestagsdrucksache 10/1007 vom 15.2.1984, S. 39).

Die quantitativen Entwicklungen der letzten Jahrzehnte weisen einen beachtlichen Anstieg des Mädchenanteils an den weglaufenden Kindern und Jugendlichen auf. Wurde in den 50er und 60er Jahren der Mädchenanteil an der Gruppe der Wegläufer außerordentlich gering veranschlagt (eine weibliche Jugendliche auf zehn männliche Jugendliche bei *Winkler* 1963, S. 391 oder die Relation 1:5 bei *Schmidt/Berger* 1958, S. 206), zeigt sich in den Vermißtenanzeigen der 70er und 80er Jahre nur in der Altersgruppe der 0- bis unter 14jährigen ein Übergewicht männlicher Jugendlicher, während bei der Altersgruppe der 14- bis unter 18jährigen der Anteil der weiblichen Jugendlichen deutlich höher ist (so etwa bei *Barasch u. a.* 1973, S. 7, die auf der Basis der Berliner Vermißtenstatistik für das Jahr 1971 ein Geschlechterverhältnis von 50:50 angeben oder bei *Jordan/Trauernicht* 1981, S. 24 f., die nach der Kölner Vermißtenstatistik von 1978 einen Anteil von 61,5 % für das weibliche Geschlecht angeben). Allein dieser Anstieg des Mädchenanteils ist erklärungsbedürftig und verstärkt die Notwendigkeit eines geschlechtsspezifischen Analysezugangs.

Die Möglichkeit hierzu bieten zwei Forschungsprojekte, die die Verfasserin der vorgelegten Arbeit im Rahmen ihrer Tätigkeit im Institut für soziale Arbeit e.V. von 1982 bis 1986 durchführte:

- Im Projekt "Ursachen und Erscheinungsformen der Familien- und Heimflucht von Kindern und Jugendlichen und sozialpädagogische Krisenintervention"[1] wurde eine geschlechtsspezifische Forschungsperspektive in einem "geschlechtsneutral" angelegten Design eingeführt. Mit diesem Projekt konnten Erkenntnisse über die Anlässe und Ursachen der Flucht von Mädchen aus Familien gewonnen werden, die überwiegend auf narrativen Interviews mit Mädchen basieren.
- Als Teil einer von der Bevollmächtigten der Hessischen Landesregierung in Auftrag gegebenen Studie über "Die Situation von Mädchen in allen Bereichen der Jugendarbeit" wurde u. a. die Situation von Mädchen in öffentlicher Erziehung untersucht.[2]

---

[1] vgl. dazu u. a. *Jordan/Trauernicht* 1981; *Jordan u. a.* 1984; *Elger u. a.* 1984; *Institut für soziale Arbeit e. V.* 1982.

[2] Die ersten beiden Teile der hessischen Mädchenstudie wurden von der *Bevollmächtigten der Hessischen Landesregierung* veröffentlicht (1986a und b). Das *Institut für soziale Arbeit e. V.* und der

In dieser Arbeit sollen die vorliegenden Forschungen unter spezifischen Fragestellungen ausgewertet und zugleich eine theoriebezogene Verknüpfung der beiden Teilelemente vorgenommen werden. Zentrale forschungsleitende Fragestellungen bzw. Ebenen dieser Arbeit sind:

1. Welcher theoretische Bezugsrahmen ermöglicht ein geschlechtsspezifisches Verständnis der Familienflucht von Mädchen, der Bewertung vorliegender Theorien und fachlichen Handelns der Jugendhilfe und wie ist der gegenwärtige fachliche Stand der Mädchenarbeit in der Jugendhilfe hinsichtlich der Umsetzung dieser Erkenntnisse einzuschätzen?
2. Wie erklären vorliegende Theorien die Familienflucht von Mädchen, wie sind diese Deutungen aus feministischer Sicht zu bewerten und welche Untersuchungsebenen und Theoriebestandteile sind zu berücksichtigen, um eine umfassende Erklärung der Familienflucht von Mädchen zu ermöglichen?
3. Wie reagiert die Jugendhilfe auf die Familienflucht von Mädchen und welche Sichtweisen bzw. Problemdefinitionen durch die Jugendhilfe kommen bei diesen Reaktionen im Umgang mit dem Weglaufen von Mädchen zum Tragen?
4. Wie deuten Mädchen selbst das Weglaufen aus Familien und in welche strukturellen Zusammenhänge weiblicher Lebenslagen sind diese Selbstdeutungen einzuordnen?
5. Auf welche spezifischen Begrenzungen verweisen die Ergebnisse der Analyse sozialpädagogischer Theorie und Praxis zur Familienflucht von Mädchen aus feministischer Sicht und welche Modifikationen bzw. Neuinterpretationen sind in Theorie und Praxis von Jugendhilfe im Umgang mit der Familienflucht von Mädchen vorzunehmen?

II.

Der Aufbau der Arbeit entspricht den hier genannten zentralen Fragestellungen. So beschäftigt sich das erste Kapitel mit wissenschaftstheoretischen Überlegungen zur Frauen- und Mädchenforschung und diskutiert den gegenwärtig erreichten Stand mädchen- bzw. frauenspezifischer Qualifizierung in der Jugendhilfe (Frage 1).

Das zweite Kapitel referiert wissenschaftliche Erklärungsansätze "abweichenden Verhaltens" und bewertet diese hinsichtlich ihres Gehalts zur Erklärung des Weglaufens von Mädchen. Diese Bewertung erfolgt unter Berücksichtigung der im ersten Kapitel entwickelten Standards. Aus der Kritik konkurrierender Erklärungsmodelle werden einige Anforderungen an ein integratives (komplexes) Erklärungskonzept genannt und dieses in Umrissen entworfen (Frage 2).

Landeswohlfahrtsverband Hessen sind Herausgeber der Studie über Mädchen in öffentlicher Erziehung (1987).

Im dritten Kapitel wird die Bedeutung der Familienflucht von Mädchen für Problemwahrnehmung und -definition der Jugendhilfe ideologiekritisch untersucht (Frage 3).

Das vierte Kapitel dient der Präsentation systematisierten und typisierten Materials, das aus Interviews mit betroffenen Mädchen und bereits vorliegenden Erkenntnissen aus der Mädchenforschung stammt (Frage 4).

Mit den Folgerungen für Theorie und Praxis der Jugendhilfe, insbesondere für die Perspektiven einer sich differenzierenden und qualifizierenden Mädchenarbeit in der Jugendhilfe (Frage 5) beschäftigt sich das abschließende fünfte Kapitel.

Die vorliegende Arbeit kann auf Materialien und Quellen unterschiedlichster Art zurückgreifen. Es wurden verschiedene methodische Vorgehensweisen gewählt, die am Anfang der Kapitel 3 und 4 jeweils ausführlich dargestellt werden. Die Darstellung und Diskussion der theoretischen Bezugsrahmen — Frauenforschung, Mädchenforschung in der Jugendhilfe, Theorien abweichenden Verhaltens — erfolgt unter Verwendung einer breiten Palette themenspezifischer und allgemeiner (z. B. sozialisationstheoretischer, frauenpolitischer) Literatur. Auch eigene Reflexionen, die aus einer langjährigen Beschäftigung mit diesem Themenbereich resultieren, finden hier ihren Niederschlag.

Die Teile der Arbeit, die die Familienflucht von Mädchen als Thema der Jugendhilfe erörtern, sowie in Selbstaussagen betroffener Mädchen zur Darstellung kommen lassen, beruhen auf eigenen empirischen Erhebungen, die im Rahmen der genannten Projekte durchgeführt wurden. Neben quantitativ ausgerichteten Verfahren fanden hier auch qualitative Methoden Anwendung. Diese methodenvielfältigen Zugriffe sollen der Komplexität des Gegenstandsbereiches Rechnung tragen und so je spezifische Aspekte des Phänomens "Familienflucht von Mädchen" zum Tragen bringen.

Die theorische und empirisch-systematische Forschung in diesem Gegenstandsbericht ("Familienflucht von Mädchen") befindet sich noch in einem Anfangsstadium. Von daher sollte in dieser Arbeit nicht die Fiktion eines tragfähigen in sich stimmigen und geschlossenen Theoriegerüstes aufgebaut werden. Daher der notwendige Durchgang durch Theorieansätze, deren kritische Prüfung und der Versuch, das zu behandelnde Thema im Kontext eigener Strukturierungen zu bearbeiten. Das ist der Anfang, nicht schon das Ende einer Suche. Dem Interesse, Erkenntniszugänge zu öffnen, dient auch, daß dem jeweiligen thematischen Schwerpunkt entsprechend, empirisch-methodisch unterschiedliche Wege verfolgt werden.

Das fachliche und politische Interesse dieser Arbeit liegt im Aufzeigen der Widersprüche und Spannungen, mit denen Mädchen in ihrem Entwicklungsprozeß konfrontiert werden. Diese werden in ihrem Ausbrechen, ihrer Flucht sichtbar. Es ist aber auch das Ziel dieser Arbeit, Veränderungen in Gesellschaft und Jugendhilfe aufzuzeigen und Perspektiven und Grenzen dieses Wandelns auszuloten, um damit auch zum parteilichen Handeln aufzufordern und zu ermutigen. Anspruch und Prüfkriterium dieser Arbeit sind damit neben wissenschaftlicher Solidität, Erkenntnisfortschritt und Eröffnung theoretischer Perspektiven auch deren Praxisbezug und die hierauf bezogene Orientierungs- und Entwicklungsleistung.

Diese Arbeit wurde als Dissertation zur Erlangung des akademischen Grades "Doktor der Philosophie" an der Technischen Universität Berlin eingereicht.

Mein Dank gilt insbesondere Professorin Dr. Christina Thürmer-Rohr und Professor Dr. Johannes Münder, die diese Arbeit betreut und begutachtet haben.

Münster, Januar 1989   Gitta Trauernicht

Kapitel 1:
Frauenforschung als theoretischer Bezugsrahmen

1.1 Gegenstandsbereich und Zielperspektiven

Die Beschäftigung mit den Ursachen und Erscheinungsformen der Familienflucht von Mädchen sowie der Bedeutung dieses Phänomens für Problemdefinition und Handlungsorientierung von Jugendhilfe[3] ist geleitet von den Erkenntnisinteressen, wie sie die Frauenforschung bzw. feministische Forschung[4] formuliert. Dieser Ansatz entwickelte sich vor dem Hintergrund einer kritischen Analyse der Reichweite bestehender Wissenschaften für die Frauenfrage, die Ignoranz und Verfälschung weiblicher Lebensrealität offenbarte (vgl. u. a. *Mies* 1978, *Woesler de Panafieu* 1980). Bezugspunkte für die Frauenforschung sind die geschlechtsspezifische Arbeitsteilung und der Sexismus[5].

Die Aufklärung über Sexismus und Diskriminierung und die Herausstellung gesellschaftlicher Leistungen von Frauen ist ungeteiltes Anliegen von feministischen Wissenschaftlerinnen. Während einige indes Wert legen auf die Differenziertheit der Analyse (vgl. *Thürmer-Rohr* 1984, S. 76 ff.), betonen andere die Notwendigkeit der Einbindung von Forschung in die soziale Bewegung und hieran gebundene spezifische Methoden als "Postulat der Frauenforschung" (vgl. *Mies* 1978, 1984). Unumstrittene Axiome der

---

[3] Öffentliche Jugendhilfe umfaßt nach der gesetzlichen Grundlage — dem Jugendwohlfahrtsgesetz — "alle behördlichen Maßnahmen zur Förderung der Jugendwohlfahrt (Jugendpflege und Jugendfürsorge)" (§ 2, Abs. 2 JWG). Der Versuch einer präzisen und systematischen Bestimmung von Zielsetzungen, Funktionen und Gegenstandsbereichen der Jugendhilfe stößt allerdings auf beträchtliche Schwierigkeiten. Die im Jugendwohlfahrtsgesetz und in der Praxis(literatur) verwendeten Ordnungskriterien und Definitionsversuche lassen keine theoretische Fundierung bzw. kein positiv formuliertes Ordnungsprinzip erkennen (vgl. *BMJFG* 1972, S. 92; *Jordan/Sengling* 1988, S. 13 ff.).

[4] In Anlehnung an *Schiersmann* (1987) verstehe ich die Bedeutung, die einige Wissenschaftlerinnen dieser begrifflichen Unterscheidung geben, weniger auf einer grundsätzlichen Ebene von Inhalten und Zielen, als auf einer programmatischen und methodischen Ebene. Dem Erkenntnisgewinn meiner Forschungsfragestellungen ist eine differenzierte Darstellung dieser Positionen nicht dienlich. In dieser Arbeit werden die Begriffe synonym gebraucht.

[5] *Schenk* (1979) definiert Sexismus als frauendiskriminierendes Vorurteil, daß "sich nicht nur auf individuelle Vorurteile (bezieht), sondern auch auf institutionalisierte Diskriminierung" (S. 128 ff.). *Stoll* führt hierzu aus, daß Sexismus diejenigen diskriminierenden Praktiken einer Gesellschaft umfaßt, "die sich in dem Spielraum niederschlagen, der einem Individuum zur Selbstverwirklichung gestattet wird, wobei das Geschlecht die Basis für selektive Auswahl oder Zurückweisung ist" (*Stoll* 1973, S. 1).

Frauenforschung sind Parteilichkeit für Frauen und Aufklärung geschlechtsspezifischer Diskriminierung.

Zentrale Entwicklungen der letzten Jahre in der Frauenforschung sind die Ausweitung ihres Forschungsgegenstandes und ihrer Methodenwahl. Insbesondere *Tina Thürmer-Rohr* plädierte für einen komplexen Forschungsansatz mit historisch geleiteter Ideologiekritik und sozialgeschichtlicher Orientierung[6], der eine Überwindung der bisher in Teilen der Frauenforschung favorisierten "Opfertheorie" beinhaltet und die "Mittäterschaft" von Frauen an einer strukturell zu verstehenden Kategorie von Patriarchat ermöglicht.

"Die Verabschiedung von der Festschreibung und Selbstzuschreibung unserer gemeinsamen Unterdrückung und deren emotionalen Korrelatien zum Gegenstand zu machen, darin setze ich eine Befreiung, nicht mehr die gemeinsame Trauergeschichte, das gemeinsame lähmende Frauendasein herausfinden zu sollen" (*Thürmer-Rohr* 1984, S. 82).

Neben dem Grundsatz der gemeinsamen Unterdrückung von Frauen wurde "Betroffenheit"[7] ebenfalls zur zentralen methodischen Kategorie im Forschungsprozess erhoben. Dies zog eine Präferenz "weicher" Forschungsmethoden bzw. des Aktionsforschungsansatzes nach sich; der gegenwärtige Erkenntnisstand und die vertretenen Positionen legen jedoch nahe,

"daß eine Kombination unterschiedlichster methodischer Verfahren den Interessen der Frauen und den Zielperspektiven am ehesten gerecht wird" (*Schiersmann* 1987, S. 205).

Wenn die Zielperspektiven der Frauenforschung sich nicht reduzieren lassen auf die Aufdeckung geschlechtsspezifischer Diskriminierung, sondern auch eine "produktive" Perspektive beinhaltet, so stellt sich die Frage nach dem "Wohin". Hierzu jedoch gibt es verschiedene Strömungen innerhalb der Frauenbewegung, die in ihrer Unterschiedlichkeit im folgenden deshalb dargestellt werden sollen, als sie den analytischen Blick schärfen und zu strategischen Antworten auf die Umsetzung von Theorie in Praxis nötigen.

Prengel kennzeichnet fünf "Diskurse zur Geschlechterdifferenz", von denen zwei als Gleichberechtigung verhindernde und drei als fördernde angenommen werden (vgl.

---

[6]Hierunter ist der Versuch zu verstehen, den Realitätsgehalt weiblicher Lebensgeschichte jenseits einer verzerrenden Ideologieproduktion zu erforschen.

[7]Auch hierzu gibt es jedoch kritische Stimmen: "Betroffenheit ist keine hinreichende Grundlage für eine feministische Position. Denn das Selbstverständnis der Betroffenen hat eine Unmittelbarkeit, die selber schon Produkt gesellschaftlicher Wirklichkeit ist. In der Analyse muß dieses politisch-gesellschaftlich Vermittelte in seiner Veränderbarkeit einbezogen sein, da nur durch diese Reflexion das Verstellte und Für-wahr-Gehaltene sichtbar und damit veränderbar wird" (*Woesler de Panafieu* 1980, S. 9).

Prengel 1986, S. 25 ff.). Als förderlich für die Gleichberechtigung bezeichnet sie den Gleichheitsdiskurs, den radikalfeministischen Diskurs und den Diskurs der Offenheit, die je für sich unterschiedliche Aspekte und Strategien zur Erlangung von Gleichberechtigung erfassen.

Der *Gleichheitsdiskurs* stellt insofern eine unabdingbare Voraussetzung für den Abbau von Diskriminierung dar, als er ausgehend von der ungleichen Chancenverteilung zwischen Frauen und Männern, Gleichheit und hier insbesondere auch die Rechtsgleichheit herzustellen sucht. Insofern ist er als

"Reaktion auf die gesellschaftliche Inferiorisierung, Domestizierung und Disziplinierung der Frau (...) [zu verstehen und] zielt ab auf Mündigkeit der Frau in juristischen, ökonomischen, finanziellen, auszubildenden und persönlich-leiblichen Bereichen, in denen sie entmündigt worden war" (*Prengel* 1986, S. 31).

Der *radikalfeministische Diskurs* hält den Gleichheitsdiskurs letztlich für eine verkürzte Sichtweise, ohne ihm jedoch die Unerläßlichkeit seiner Forderungen als Basis für die Frauenemanzipation absprechen zu wollen. Seine Verkürzung liegt demzufolge darin, daß er in dem Widerspruch verbleibt,

"daß er einerseits Frauen aus der Unterlegenheit befreien will, sie andererseits aber, solange sie nicht den Männern gleich sind, ebenfalls nur als Mängelwesen beschreibt" (*ebd.*, S. 33).

Der Gefahr, männliche Standards, Lebens- und Arbeitsweisen höher zu bewerten und Frauen an diesem Maßstab gemessen als defizitär zu beschreiben, setzt der radikalfeministische Diskurs "die Entdeckung und Aufwertung des Weiblichen in der Geschlechterdifferenz" (*ebd.*, S. 33) entgegen. Mädchen und Frauen sind demnach keine Mängelwesen, sondern haben aufgrund ihrer Lebensweisen eine spezifische Produktivität, die u. a. als weibliches Arbeitsvermögen, weibliche Beziehungs- und Liebesfähigkeit, Mütterlichkeit und weibliche Weisheit bezeichnet werden.[8]

Vertreterinnen des Gleichheitsdiskurses kritisieren an dem radikalfeministischen Diskurs, daß er eine unzulässige und biologisch abgeleitete Glorifizierung von Weiblichkeit betreibe. Dieser Kritik wird der Verweis auf die notwendig erachtete Aufwertung des weiblichen Geschlechts als sozialer Kategorie entgegengesetzt.[9] Dies sei als

---

[8] Dieser Diskurs hat seine Nähe zu dem matristisch-mythengeschichtlichen Ansatz, der mit dem Begriff Frauenbild die Aufarbeitung einer verdrängten und verschütteten matriarchalen Weiblichkeit verbindet.

[9] Hinsichtlich dieser Thematik konstatiert *Schiersmann* als eine zentrale Schwierigkeit der Frauenforschung: "Natürliches und Gesellschaftliches im Begriff des 'Weiblichen' analytisch auseinanderzuhalten. (...) Da sich die Frauenforschung nicht an einem formalen Prinzip von Gleichberechtigung orientiert, impliziert dies, Kriterien für weibliche Subjektwerdung bzw. Emanzipation nicht anhand männlicher Bezugskategorien gewinnen zu können" (*Schiersmann* 1987, S. 204).

Anregung zu verstehen, Frauen nicht immer mit Mangel und Inkompetenz zu assoziieren und berge die Möglichkeit einen nicht stigmatisierenden, neuen Blick auf die Existenzweise von Frauen zu werfen (*ebd.*, S. 34 f.).

Mit dem *Diskurs der Offenheit* wird eine neuere Entwicklung beschrieben, die das Verhältnis der Geschlechter als vielfältig-heterogene Geschlechterdifferenz annimmt. Demnach kann Frau-sein und Mann-sein nicht definiert werden, können Leitbilder nicht propagiert werden. Gemeint hiermit ist auch nicht das Konzept der Androgynität, nach dem Frauen und Männer die jeweilig positiv besetzten weiblichen und männlichen Anteile in einer Person vereinen.

"Statt dessen werden vielfältige, auch sehr unterschiedliche und veränderliche, weibliche und männliche Lebensentwürfe und Beziehungsformen denkbar, ohne daß diese vergleichend ab- bzw. aufgewertet werden müßten. Die Arbeitsweisen dieses Diskurses bestehen im Experimentieren mit vielfältigen und veränderlichen Entwürfen und in der Analyse unterdrückerischer sexistischer Diskurse. Beide Arbeitsweisen gehören zusammen, da erst die Analyse der Unterdrückung von Differenz die Entfaltung der Differenz möglich macht" (*ebd.*, S. 35).

Der Vorzug dieses Ansatzes wird darin gesehen, daß er pädagogische Konzepte ermöglicht, die ohne starre Leitbilder auskommen, und anregen, den eigenen Lebensweg bei gleichzeitiger Aufklärung über geschlechtsspezifische Behinderungen zu finden.

Bezugspunkt für die Entwicklung von Gleichberechtigung ist der Abbau von Diskriminierung bei allen dargestellten Diskursen. Als direkte Diskriminierung wird der *konservative Diskurs* bezeichnet, der gekennzeichnet ist von der "hierarchischen Geschlechterdifferenz und dem Primat des Männlichen" (*ebd.*, S. 26). Rekurriert wird dabei auf die Unterordnung und Abhängigkeit der Frau gegenüber dem Mann als naturgegebene, biologische ableitbare Konstante.

"Qua Natur verkörpert das männliche Prinzip Kultur, Geist, Kreativität und machtvolle Überlegenheit. Qua Natur verkörpert das weibliche Prinzip Natur, Materie, Sinnlichkeit, Rezeptivität und ohnmächtige Unterlegenheit" (*ebd.*, S. 27).

Nicht nur der konservative Diskurs sondern auch die *diskursive Verdrängung* stellen eine Form der Diskriminierung und Verhinderung von Gleichberechtigung von Frauen dar. Damit wird eine Entwicklung bezeichnet, die den konservativen Diskurs zurücktreten läßt durch eine Denkweise, die sich selbst als geschlechtsneutral versteht (vgl. *ebd.*, S. 29). Frauen und Männer werden als Menschen oder schlichtweg mit dem Begriff "man" umschrieben und behauptet, daß Menschen beiderlei Geschlechts gemeint sind. *Bock* bezeichnet dies als "falsche Universalität" (1983, S. 25), die durch die Auslassung der Kategorie Geschlecht vorhandene wissenschaftliche Erkenntnisse revisionsbedürftig mache. Gerade die Vernachlässigung real vorhandener verschiedener Lebenszusammenhänge von Männern und Frauen und der tatsächliche Rekurs auf die männliche Existenzweise leiste der Diskriminierung von Frauen Vorschub.

Der "konservative Diskurs" mit seinem Konzept zur Geschlechterdifferenz stellt eine wichtige Grundlage für die feministische Bewertung sozialpädagogischer Theorie und Praxis zur Familienflucht von Mädchen dar und wird deshalb in zwei Exkursen im folgenden ausführlich dargestellt.

1. Exkurs: Inhalt und Funktion der "Normalitätskonstruktion Weiblichkeit"

Mit dem "Prozeß der Zivilisation" (*Elias*)[10] geht im 17. und 18. Jahrhundert auch die "Entdeckung der Kindheit" (*Ariès*)[11] einher, die eine Übergangsphase zwischen Kleinkinddasein und Erwachsenenstatus mit besonderen pädagogischen Intentionen und Programmen darstellt. Die entstehende Pädagogik ist eine bürgerliche, d. h. sie entspricht den Erfordernissen einer sich verändernden Stellung gesellschaftlicher Klassen. Darüber hinaus vollzieht sich mit Beginn der Industrialisierung aber auch eine Veränderung hinsichtlich des Verhältnisses der Geschlechter. Die pädagogische Theoriebildung ist zugleich Reflex auf diese sozio-ökonomischen Veränderungen als auch konstitutiv beteiligt an der Herausbildung eines "bürgerlichen Weiblichkeitsideals" (vgl. *Simmel* 1980).

Grundlegend für alle pädagogischen Theorieansätze zur Mädchenbildung im

---

[10] *Elias* entwickelt eine Evaluationstheorie, konkretisiert als Prozeß der Zivilisation. Gemeint ist hier einerseits

- die "Soziogenese des Staates", d. h. die Entstehung immer größerer, politisch stabiler sozialer Gebilde,
- zum anderen die Durchsetzung von Verhaltensstandards, die zunehmend stärker auf Triebkontrolle und Kanalisation von Bedürfnissen und Impulsen hinauslaufen. Nach *Elias* hat jeder Mensch, der in einem "hochzivilisierten" Gesellschaftszustand als neues Mitglied in eine solche Sozietät integriert werden soll, als Individuum noch eben jene Zivilisationsprozesse zu durchlaufen, die die Gesamtgesellschaft selbst während ihrer eigenen Geschichte bereits durchlaufen hat (vgl. dazu *Elias* 1978, Bd. 1, S. XIIf.)

[11] Vom Mittelalter bis noch in die Neuzeit hinein gab es, abgesehen von der physischen Unselbständigkeit und der daraus resultierenden Hilfsbedürftigkeit von Kindern keinen der Erwachsenenwelt gegenübergestellten besonderen Bereich der Kindheit oder Jugend (vgl. *Ariès* 1975). Erst im 17./18. Jahrhundert wird die Kindheit "entdeckt" und gesellschaftlich hervorgehoben als Übergangsphase zwischen Kleinkinddasein und Erwachsenenstatus. *Ariès* kommentiert diese Entwicklung so, daß die Entwicklung der Kindheit die Unterwerfung des Kindes unter pädagogische und moralische Intentionen der Erwachsenen, die Unterwerfung unter die Disziplin von Familie, Schule, Verwaltung und Kirche bedeutet.

18./19. Jahrhundert ist die "Psychologisierung des Geschlechtsunterschiedes", die zur Herausbildung von spezifischen Geschlechtscharakteren führt, die in den Polen "Männlichkeit" und "Weiblichkeit" auf Ergänzung und Unterschiedlichkeit angelegt sind. Der ideale bürgerliche Mann und die ideale bürgerliche Frau sind gekennzeichnet durch eine Reihe psychischer Eigenschaften: aktiv, rational, selbstbestimmt, individuell, diszipliniert, arbeitsam, beherrschend als männliche Natur und passiv, emotional, abhängig, unbestimmt, liebesfähig als weibliche Natur. Diese auseinandergerissenen "natürlichen" Eigenschaften entsprechen den Erfordernissen der immer mehr polarisierten Bereiche Öffentlichkeit/Berufsarbeit und Privatheit/Hausarbeit. Das Ideal des neuen bürgerlichen Menschen richtet sich explizit auf den Mann, das Idealbild der Frau wird hieraus abgeleitet.

"Kernpunkt der Aussagen ist eine Geschlechteranthropologie (*Kant* 1794, 1798), die eine psychische Polarität der Geschlechter konstruiert und als Wesen von Mann und Frau behauptet; Abweichungen davon erschienen als Unnatur. Männer und Frauen werden dabei durch eine Reihe psychischer Eigenschaften charakterisiert: Mann bedeutet das Individuelle, d. h. Selbstbezogenheit, Selbständigkeit, Kraft, Energie, Begrenzung, Antagonismus — Aktivität, Rationalität; Frau heißt: Anhänglichkeit, Unbestimmtheit, Verschmelzung, Hingabe, Sympathie, Liebe — Passivität, Emotionalität" (*Hausen* 1976, S. 366f.).

Daß das reale Leben von Frauen und die Prämissen des "Weiblichkeitsideals" de facto nicht übereinstimmten, führte nicht zur Irritation über die Richtigkeit der Existenz einer "weiblichen Natur", sondern über das Verständnis von der Beeinflußbarkeit des Menschen durch Erziehung zu einer deutlich formulierten pädagogischen Theorie. Wegbereiter war hier vor allem *J.J. Rousseau* mit seinem Werk "Emile" (vgl. *Rousseau* 1978, Nachdruck der Originalfassung aus dem Jahre 1762). Die hier beschriebene Bildungsgeschichte des Mädchens Sophie unterscheidet sich wesentlich von der Bildungsgeschichte des Emile, da ihre Entfaltung sich nicht vom Wachstumsvorgang herleitet und am Ideal des freien, über sich selbst bestimmenden Menschen orientiert ist, sondern vom Endpunkt bzw. Ziel der Erziehung, von ihrer "Bestimmung zur Hausfrau und Mutter, Gattin und Geliebten" als bürgerlichem Weiblichkeitsideal. *Rousseau* geht es bei seinem an der Aufklärung orientiertem Bildungsanspruch auch für Mädchen wesentlich um die Stabilität von Familie, um die Reform der "öffentlichen Sitten durch die privaten Sitten" durch eine neue Form der Ehe, die auf der "Liebe zweier unterschiedlicher, aber gleichwertiger Menschen" beruht. *Rousseau* beschreibt dezidiert, was Sophie und damit Mädchen schlechthin zu lernen und zu tun haben, um die Liebe und damit den Bestand von Familie zu sichern.

Die Herausbildung des "bürgerlichen Weiblichkeitsideals" konstituierte sich wesentlich über zwei Merkmalsbereiche, die mit den Begriffen "Sittsamkeit" und "Sinnlichkeit" zu erfassen sind. Der Bereich der *"Sittsamkeit"* umfaßt die Anforderungen an Fähigkeiten und Eigenschaften von Frauen, die sich auf den Komplex bürgerlicher Arbeits- und Lebensvorstellungen und speziell des spezifischen weiblichen Arbeitsvermögens beziehen.

"In der zweiten Hälfte des 19. Jahrhunderts bezeichnet das Frauenideal in der herrschenden Klasse bei Adel und Bürgertum eine gebildete Frau, die zugleich tüchtige Hausfrau, pädagogisch versierte und ihrer sozialen Verantwortung bewußte Gattin eines in der Öffentlichkeit wirksamen, auf guten Ruf und Ansehen bedachten Staatsbürgers war.

Für die Töchter aus kleinbürgerlichen, proletarischen oder bäuerlichen Schichten konzentriert sich die Auslegung des Frauenideals nicht so sehr auf die Umwandlung der weiblichen Wesensideologie in "wesenseigener" Arbeit, sondern auf die Betonung von weiblichen Qualitäten trotz einer die geschlechtsspezifische Eignung selbst infrage stellenden Arbeit" (*Simmel* 1980, S. 142f.).

Der Bereich der *"Sinnlichkeit"* hingegen erfaßt die Erwartungen an Frauen, die Monogamisierung der Beziehungen und Erotisierung der Ehe möglich zu machen durch sexuelle Attraktivität. Dies verlangt die Entwicklung einer

"... raffiniert erotischen Kultur, die weiblichen Eigenschaften der Koketterie, der Schamhaftigkeit, der Eitelkeit samt der 'Dialektik des Widerstandes'" (*Tornieporth* 1979, S. 35).

Die bürgerliche Liebe ist für *Rousseau* der Ausgangspunkt des Erziehungskonzepts für Mädchen. In der (nicht nur körperlichen) Vereinigung der Geschlechter kommt dem Mann der aktive und starke Part, der Frau dagegen Passivität und Schwäche zu. Wille und Macht obliegen dem Mann, schwacher Widerstand der Frau. Als gefährlich bewertet *Rousseau* ein den Frauen von ihm attestiertes unbegrenztes Liebesverlangen, das durch anerzogene Schamhaftigkeit gezügelt werden muß. Dabei muß ein Balanceakt vollzogen werden, da Frauen über sexuelle Attraktivität Männer an die Ehe fesseln sollen. Sexuelle Stimulation des Mannes bei gleichzeitig vorgegebener Keuschheit und eigener Willenlosigkeit wird als spezifische Form weiblicher Verführungskunst betrachtet. Auf diese Weise kann es gelingen, daß die Frau gleichzeitig schwärmerisch Angebetete, unerreichbare Göttin, sexuell reizvolle Geliebte und zugleich Gefährtin, Hausfrau und Mutter sein kann.

2. Exkurs: Wurzeln der "Sexualisierungskonstruktion"

Über die Wurzeln der "Sexualisierung" weiblichen Verhaltens geben geschichtsphilosophische Betrachtungen Auskunft. In ihrem Essay "Sein und Handeln — Die Vollstreckung des Sexus in der Geschichtsphilosophie" bezieht sich *Marie-Luise Janssen-Jurreit* auf den Soziologen und Anthropologen *Simmel*, der in seinem 1919 erschienenen Essay über die Geschlechter schreibt, daß die Geschlechtlichkeit für den Mann sozusagen ein Tun, für die Frau ein Sein ist. Diese richtige Beschreibung führt *Janssen-Jurreit* auf folgende Quintessenz zurück:

"Der Mann empfindet sich im Geschlechtsakt als aktiv und die Frau als passiv. Aus der Analogie des Sexualaktes, der aus der Sicht des Mannes auf männlichem Handeln beruht und auf weiblichem Dulden, werden Vorschriften für die politischen Rollen der Geschlechter entwickelt" (*Janssen-Jurreit* 1978, S. 73).

Mag der Rekurs auf die Analogie des Geschlechtsaktes möglicherweise auch willkürlich erscheinen[12], so bleibt doch die Bedeutungsschwere der *Simmel*schen Aussage, daß das Sein der Frauen durch ihre Geschlechtlichkeit bestimmt ist bzw. die Frau in ihrer Existenz der Geschlechtlichkeit nicht entgehen kann.[13] Daß dies zudem mit gesellschaftlichen Herrschaftsverhältnissen einhergeht, verliert auch *Simmel* nicht aus dem Blick, wenn er die Situation von Frauen mit der von Sklaven vergleicht, die im Gegensatz zu ihren Unterdrückern ihre Position als Unterdrückte immer präsent haben.

"Es ist gar nicht zu verkennen, daß die Frau außerordentlich viel seltener ihr Frausein aus dem Bewußtsein verliert, als der Mann sein Mannsein" (zit. nach *Janssen-Jurreit* 1978, S. 71).

Die historische Analyse zeigt, daß diese Art des Geschlechterverhältnisses auf einer geschlechtsspezifischen Variation der Triebregelung[14] in Form männlicher Triebspaltung und weiblicher Triebunterdrückung basiert. Vernunft und Trieb im Rahmen des "Prozesses der Zivilisation" wurden zum Gegensatz postuliert; Trieb mit Natur gleichgesetzt und Naturbeherrschung zur Norm erhoben. Der verbleibende Widerspruch zwischen Triebbeherrschung und Triebanspruch, zwischen Leistungsprinzip und Lustprinzip wird desweiteren auf das männliche und weibliche Geschlecht projiziert (vgl.

---

[12] Die Polarisierung aktiv = Mann und passiv = Frau ist nicht zu trennen von dem inhärenten Herrschaftsaspekt, der sich bis in die 50er Jahre des 20. Jahrhunderts in der "Beischlafpflicht" und bis heute in der Straffreiheit von Vergewaltigung in der Ehe zeigt.

[13] Anzumerken ist hier, daß Geschlechtertheorien von Philosophen insofern widersprüchliche Ausführungen beinhalten, als sie an den Wesensunterschieden von Frauen und Männern ansetzend, eine quasi natürliche, biologisch begründete Herrschaft glauben machen wollen, aber dennoch auf die Notwendigkeit äußerer Einflüsse zur Normerreichung verweisen. Auch die geschlechtspädagogischen Theorien von *Rousseau*, den Philantropen *Basedow* und *Campe*, *Pestalozzi* weisen diese Widersprüche von "natürlichem Wesen" und notwendiger Erziehung auf.

[14] Das emporstrebende Bürgertum setzte sich u. a. von den "sittenlosen" Sexualbeziehungen zur Zeit des Absolutismus durch eine pädagogisch abgesicherte Triebkontrolle ab.

Bovenschen 1979, S. 259 ff.).

Anknüpfend an die Dualität von Leib und Seele wird die Frau geteilt in Hexe und Jungfrau. Die Hexe verkörpert das Böse in ihrer Verquickung von Sexualtrieb und Leib, Natur und weiblicher Mystik (schwarzes Prinzip). Mit dem Bild der Jungfrau wird auf die unbefleckte Empfängnis rekurriert, auf das Ideal der Reinheit (weißes Prinzip).

Die Ambivalenz der Weiblichkeitseinschätzung durchzieht die Geschichte des weiblichen Lebenszusammenhanges bis heute. Entsexualisierte Frauenbilder wie Maria, Madonna, Engel und auch die Mutter versinnbildlichen die "schöne Weiblichkeit und reine Seele".[15] Diese Bilder sind gekennzeichnet von Überhöhung und Idealisierung; der Kult um dieses Weiblichkeitsideal legt es als erstrebenswertes Ziel für jede Frau dar.

Bovenschen bezeichnet dieses Zusammenspiel von "Sexualisierung" (Prinzip der Hure) und "Entsexualisierung" (Prinzip der Madonna) als dialektisch: Nie das Ideal der Madonna, des weißen Prinzips, erreichend, bleibt die Frau immer dem schwarzen Prinzip, der Hure und Hexe verhaftet. Damit stellt sie in ihrer Existenz immer auch eine Bedrohung dar.

"Im Mittelpunkt fast aller sexualtheoretischen Ausführungen seit dem Hexenhammer (...) steht implizit, zumeist sogar mit deutlicher Betonung, die Behauptung, daß die Gefahr, die vom Weibe ausgeht, und die einzige Macht, die es faktisch ausüben könne, in seiner destruktiven Sexualität liege" (*Bovenschen* 1979, S. 269 f.).[16]

Naturbeherrschung als Primat einer neuen aufgeklärten Gesellschaft schließt somit die Notwendigkeit der sexuellen Beherrschung von Frauen ein. In der Unterdrückung weiblicher Sexualität durch männliche Kontrolle liegt indes eine wesentliche Ursache

---

[15] Diese Bilder finden sich vor allem auch in der Literatur. Das Frauenbild der Aufklärung, die Frau als "Gattin, Hausfrau und Mutter" wurde durch die Empfindsamkeit modifiziert in der "schönen Seele" und in der deutschen Klassik als "schöne Weiblichkeit". Die Frühromantik entwirft das Bild der "liebesfähigen, emanzipierten Frau" und die Romantik "Mütterlichkeit" als Symbol der "reinen Seele". Im Realismus dominiert das Bild der "Bürgersfrau" (vgl. *Gerhardt* 1982, *Simmel* 1980, *von der Lühe* 1982).

[16] Der "Hexenhammer" gilt als grundlegendes Werk, das die Hexenprogrome des 15.-17. Jahrhunderts legitimieren soll. Die Annahme magischer Fähigkeiten von Frauen wurde auf heidnische Fruchtbarkeits- und Erdkulte bei einer angenommenen Beziehung zwischen lunarem Monat und Menstruationszyklus und der Funktion der Frau als Mittlerin zwischen den Naturelementen und den Menschen, zurückgeführt. Quellen wie der "Hexenhammer" geben Auskunft über die Vorstellungen und Phantasien von Männern, die in jeder Frau eine "potentielle Hexe" sahen. Mit dem Mord an den "Hexen" sollte das "schwarze Prinzip" vernichtet werden (vgl. auch *Lüpsen* 1987).

für die Entstehung patriarchaler Strukturen. Eine solche Art gesellschaftlich funktioneller Triebgestaltung enthielt für Frauen von jeher ein spezifisches Konfliktpotential.

Historisch variierende Prämissen der "Sittsamkeit" bilden den Rahmen für die Entwicklung der "Sinnlichkeit" von Frauen. Je nach sozialem Standort werden normative Standards für die Gestaltung der sexuellen Attraktivität für Frauen von Männern gesetzt. Insoweit bleibt die weibliche Sexualität für sie selbst und die Gesellschaft konfliktfrei, wenn die sexuelle Stimulation des Mannes durch die Koketterie der Verweigerung und Schamhaftigkeit keinen Zweifel an ihrer prinzipiellen Domestizierung aufkommen läßt.

Werden diese Grenzen überschritten, kommen andere Frauenbilder zum Tragen: der alles verschlingende Vamp, die verführende Eva, der Lolita-Typ, die "femme fatale" und letzlich die Hure sind die entsprechenden Bilder.[17]

Die geschlechtsspezifische Triebregelung hat(te) sozial unterschiedliche Folgen für Frauen und Männer. Bei eigener Triebunterdrückung wurden Frauen für das Sexualleben des Mannes zuständig. Entweder schafften sie es, den Balanceakt zwischen Sittsamkeit und Sinnlichkeit so zu gestalten, daß der Sexualtrieb des Mannes innerhalb der Ehe befriedigt wurde oder sie akzeptierten, daß die Männer ihre in der Ehe ungestillten Triebe durch außerehelichen Geschlechtsverkehr befriedigten. Hier liegen auch die Wurzeln der Doppelmoral, denn danach haben Frauen schon deshalb keinen außerehelichen Geschlechtsverkehr zu haben, weil sie keine sexuellen Bedürfnisse haben, die nicht in der Ehe befriedigt werden könnten und tragen Frauen letztlich die Verantwortung dafür, wenn das Gesetz der ehelichen Treue durch Ehemänner verletzt wird.[18]

Gleiches Verhalten von Frauen und Männern unterstehen verschiedenen gesellschaftlichen Normen und Funktionen und führen damit zu unterschiedlichen moralischen Bewertungen.

1.2 Mädchenforschung und Mädchenarbeit in der Jugendhilfe

Parteilichkeit für das weibliche Geschlecht, Aufklärung über Besonderheiten des weiblichen Lebenszusammenhanges, Neubewertung weiblicher (und männlicher) Eigen-

---

[17] Die Projizierung des Widerspruchs zwischen Leistungsprinzip und Lustprinzip auf das männliche und weibliche Geschlecht, hat *Marcuse* am Beispiel des Pandora-Motivs aufgegriffen, das literarisch häufig aufgeführt wurde. "Prometheus ist der Archetyp des Leistungsprinzips. Und in seiner Welt erscheint Pandora, das weibliche Prinzip. Sexualität und Lust als Fluch — zersetzend und zerstörend. — Warum sind Frauen solch ein Fluch?" (*Marcuse* 1967, S. 160, zit. nach *Bovenschen* 1979, S. 273).

[18] Auch die Neigung von Frauen, ihren Körper sexuell attraktiv zu gestalten, wurzelt in der Zuständigkeit und Sorge für die Einhaltung patriarchalisch normierter Triebregelung.

schaften und die Bereitstellung von Räumen für die Entwicklung neuer Geschlechterkonzepte bestimmen auch die Mädchenarbeit und Mädchenforschung in der Jugendhilfe.

Ausgangspunkt der Entwicklung einer speziellen Mädchenarbeit und -forschung war die Erkenntnis, daß der Verzicht auf eine geschlechtsspezifische Analyse der Lebenswelt von Jugendlichen zu einer Subsumption von differierenden Problemlagen unter allgemeinen Aspekten zu einer Festschreibung der unterpriviligierten Situation von Mädchen führt (vgl. u. a. *Heinrich* 1983, S. 137 f.).

Die Folgen dieser diskursiven Verdrängung führen nach *Münder/Slupik* (1984) zu einem Unterlassen einer auf die Zielgruppe Mädchen bezogenen kompensatorischen Ausgleichung durch die Jugendhilfe. Sie weisen daraufhin, daß eine sachgerechte Interpretation des Art. 3 GG[19] über ein Verbot von Diskriminierungen hinausgehend die Verpflichtung enthält, bestehende Ungleichheiten wie direkte und auch indirekte rechtliche Diskriminierungen durch kompensatorische Rechtsregelungen und darauf aufbauenden Handlungen entgegenzuwirken. Als direkte Diskriminierungen werden von ihnen rechtliche Bestimmungen verstanden, die allein bezogen auf die Geschlechterzugehörigkeit unterschiedliche Rechtsfolgen hervorbringen. Als indirekt diskriminierend gelten solche Rechtsregelungen, die zwar nicht durch den Wortlaut, aber durch die mit der Regelung intendierten (bzw. im sozialen Kontext naheliegenden) Folgen sich für Mädchen und Frauen benachteiligend auswirken oder auswirken können. Fehlende kompensatorische Rechtsregelungen werden dort gesehen, wo faktisch bestehende Benachteiligungen von Frauen nicht durch darauf bezogene Rechtsregelungen kompensiert werden. Übergänge zwischen fehlenden kompensatorischen Regelungen und indirekten Diskriminierungen lassen sich dabei nicht immer eindeutig bestimmen, vielmehr ist von fließenden Zusammenhängen die Rede.

Für den Sozialisationsbereich Jugendhilfe stellen *Münder/Slupik* fest:

- Im Bereich der Jugendhilfe "beinhalten die Regelungen — sowohl auf der bundesgesetzlichen Ebene des JWG, wie auf der landesrechtlichen Ebene der dazu ergangenen Landesausführungsgesetze — keine zusätzlichen geschlechtsspezifischen Regelungen, die sich direkt benachteiligend und diskriminierend auf Mädchen und weibliche Jugendliche auswirken würden" (*ebd.*, S. 99).
- Die durchgängig beobachtete Unterrepräsentanz von Mädchen vor allem in den Feldern der Jugendhilfe kann, zumindest was die Erziehungshilfen anbelangt, primär

---

[19] Art. 3 Abs. 2: "Männer und Frauen sind gleichberechtigt"; Art. 3 Abs. 3: "Niemand darf wegen seines Geschlechts, seiner Abstammung, seiner Rasse, seiner Sprache, seiner Heimat und Herkunft, seines Glaubens, seiner religiösen oder politischen Anschauungen benachteiligt oder bevorzugt werden".

nicht als Diskriminierung bzw. Benachteiligung angesehen werden. Da diese Formen der Erziehungshilfen auch als soziale Interventionen anzusehen sind, stellt sich — wenn der Charakter der Erziehungshilfen sich nicht grundlegend wandelt — eine hierauf bezogende Anhebung des Mädchenanteils wohl kaum als wünschenswert dar.

- Da das Jugendwohlfahrtsgesetz in wesentlichen Bereichen im Kontext unbestimmter Rechtsbegriffe Handlungsspielräume einräumt, zudem von seiner wesentlichen Sinnorientierung vor allem auch kompensatorisch angelegt ist, liegt die Stoßrichtung der Kritik nicht im Feld der direkten oder indirekten Diskriminierung, sondern in dem Unterlassen einer auf die Zielgruppe von Mädchen bezogenen kompensatorischen Ausgleichung.

Und bei dem zuletzt genannten Punkt setzt denn auch die Kritik von *Münder/Slupik* an: Dadurch, daß die Jugendhilfe bis heute in ihrer rechtlichen Grundstruktur ebenso wie in ihrer Programmatik und Methodik auf geschlechtsabstrahierendes Handeln angelegt ist, verstärkt sie hiermit die faktisch gegebene Benachteiligung von Mädchen. Dementsprechend werden durch die Jugendhilfe die notwendigen kompensatorischen Potentiale nicht ausgeschöpft.

Auf direkte und indirekte Diskriminierung und fehlende kompensatorische Angebote in allen Feldern der Jugendhilfe weisen auch etliche sozialwissenschaftliche Untersuchungen hin.

Für die *offene Jugendarbeit* konstatieren *Eichelkraut/Simon*, daß deren Angebote sich an Jungeninteressen und nicht an Interessen und Problemen von Mädchen orientieren, diese somit auch unterrepräsentiert sind (vgl. *Eichelkraut/Simon* 1984). Untersuchungen des *Instituts für soziale Arbeit e. V.* erhärten diese Aussagen durch empirische Daten für Nordrhein-Westfalen und verweisen zudem auf die für Mädchen ausgrenzende Wirkung von Architektur und sächlicher Ausstattung der Jugendeinrichtungen (vgl. *Institut für soziale Arbeit e. V.* 1986, *Ministerium für Arbeit, Gesundheit und Soziales des Landes NRW* 1986 und 1987). Die damit verbundene Unterrepräsentanz von Mädchen wird nicht als strukturell bedingte Ausgrenzung wahrgenommen, sondern den Mädchen als Desinteresse ausgelegt und sie selbst als "Defizitwesen" definiert.

In der *Jugendsozialarbeit* fehlen sowohl in Berufsvorbereitungsmaßnahmen als auch in Ausbildungsprojekten pädagogische Konzepte, die der Zuständigkeit von Mädchen für Familie und Beruf und daraus resultierenden Konflikten Rechnung tragen. Obgleich Mädchen bei den Ausbildungsstellensuchenden überrepräsentiert sind, sind sie in Ausbildungsprojekten der Jugendhilfe deutlich unterrepräsentiert und Angebote für sie bleiben überdurchschnittlich häufig auf wenig zukunftsträchtige Frauenberufe wie Hauswirtschafterin und Schneiderin beschränkt (vgl. *Bevollmächtigte der Hessischen Landesregierung* 1986 b).

Für den Bereich der *Erziehungshilfen* wird festgestellt, daß den Interventionen der Sozialarbeit traditionelle Normalitätsdefinitionen zugrunde liegen und die jeweils handlungsleitenden Auffälligkeitsdefinitionen an typisch weiblichen Rollenerwartungen orientiert sind, daß Probleme von Mädchen in Familien seltener als bei Jungen erkannt werden, daß für spezifische Konfliktlagen wie z. B. der sexuelle Mißbrauch, Unterstützungsangebote nicht bestehen, sowie auf Auffälligkeiten bei Mädchen mit härteren Maßnahmen reagiert wird (vgl. vor allem *Blandow u. a.* 1986, *Netzeband u. a.* 1985).

Zielgruppenbezogene Forschungen beschreiben die Lebenswelten[20] ausländischer Mädchen, arbeitsloser Mädchen, behinderter Mädchen, sexuell mißbrauchter Mädchen etc. und verweisen auf direkte und indirekte Diskriminierungen sowie fehlende kompensatorische Angebote auch durch die Jugendhilfe (vgl. *Rosen/Stüwe* 1985, *Kreyssig/Kurth* 1982, *Schildmann* 1985, *Kavemann/Lohstöter* 1985, *Diezinger* u. a. 1985, *Seidenspinner u. a.* 1984).

Die Analyse der Benachteiligung von Mädchen im allgemeinen und in der Jugendhilfe im besonderen führte zu Beginn der 70er Jahre zur Entwicklung einer feministischen Mädchenarbeit. Anlaß und Ausgangspunkt waren die Kritik an der praktizierten Koedukation in der offenen Jugendarbeit, die den Mädchen nicht gerecht werde und somit zu deren weiterer Benachteiligung beitrüge (vgl. *Savier/Wildt* 1978, *Eichelkraut/Simon* 1984). Parteilichkeit für die Mädchen, geschlechtshomogene Gruppenarbeit und die Auseinandersetzung mit den patriarchalischen Strukturen innerhalb der offenen Jugendarbeit kennzeichnen die Anfänge der Mädchenarbeit.

Es folgte eine Phase des quantitativen Ausbaus von Mädchengruppen in Jugendeinrichtungen und die Entwicklung einiger spezieller Mädchenprojekte. Die zunehmende Akzeptanz von Mädchenarbeit als Bestandteil offener Jugendarbeit stand jedoch im Widerspruch zu ihrer zunehmenden Reduzierung auf die Gruppenarbeit mit Mädchen und der "Zuständigkeit" einzelner weiblicher Fachkräfte, häufig genug sogar der Honorarkräfte. Kritische Stimmen führten diese Entwicklung nicht zuletzt auch auf Theorie-Praxis-Probleme und eine damit einhergehende Entpolitisierung femini-

---

[20] Der Begriff der Lebenswelt umfaßt eher subjektiv gedeutete Sachverhalte, während der Begriff der Lebenslage eher objektiv vorgegebene Strukturen meint. Der Begriff weiblicher Lebenszusammenhang stellt einen kategorialen Versuch dar, spezifische Lebensbedingungen von Frauen und Mädchen verallgemeinernd zu fassen. Er beinhaltet sowohl die objektiven gesellschaftlichen Widersprüche und Bedingungen, die ein typisch weibliches Leben hervorbringen, als auch die subjektive Ebene, wie Frauen und Mädchen damit umgehen: die Ebene der Erfahrung und Konfliktbewältigung.

stischer Mädchenarbeit zurück (vgl. *Heinrich* 1983); andere erklären Durchsetzungsprobleme der Mädchenarbeit mit den starren patriarchalischen Strukturen in den Jugendhäusern (vgl. *Eichelkraut/Simon* 1984).

Zentrales Anliegen der Mädchenarbeit sind der Abbau von geschlechtsspezifischer Benachteiligung und die Förderung der Chancengleichheit von Mädchen. Dieses Ziel beinhaltet verschiedene Elemente feministischer Diskurse (vgl. hierzu *Prengel* 1986 bzw. 1.1):

- Aufhebung der Entmündigung und Ausgrenzung von Mädchen (und Frauen) und damit der ungleichen Chancenverteilung (Gleichheitsdiskurs),
- Aufhebung der Abwertung von Mädchen (und Frauen) aufgrund männlich orientierter Standards von Kompetenz und Aufwertung spezifisch weiblicher Kompetenzen (Radikalfeministischer Diskurs),
- Entwicklung von neuen Geschlechterkonzepten, die jenseits propagierter Leitbilder vielfältige Formen von weiblichen und männlichen Lebensentwürfen möglich machen (Diskurs der Offenheit).

Diese Leitgedanken erfordern einen Perspektivenwechsel auf Mädchen, der weg von der Selbstverschuldungs- oder der Opfertheorie ("Defizitperspektive") den Sinnzusammenhang individuellen Handelns von Mädchen im Kontext struktureller Vorgaben erkennt (vgl. *Ministerium für Arbeit, Gesundheit und Soziales des Landes NRW* 1986 und 1987).[21] Mädchen über den Zusammenhang zwischen Lebenslage und Geschlechtszugehörigkeit aufzuklären, sie in die Lage zu versetzen, geschlechtsspezifische Normierungen und Diskriminierungen zu erkennen und eine selbstbestimmtere Identität zu fördern, ist Kernstück dieser Konzeption, die jedoch nicht unumstritten geblieben ist.

3. Exkurs: Der Streit um die Koedukation

Die Einführung und Entwicklung von Mädchenarbeit führte zu einer heftig geführten und bis heute andauernden Debatte um die Koeduktion. Dabei kristallisieren sich insbesondere drei Positionen heraus.

Position 1 leitet aus der feministischen Kritik an der praktizierten Koedukation die Notwendigkeit geschlechtshomogener Arbeit mit Mädchen ab und sucht dabei nicht gleichzeitig auch nach Möglichkeiten zur Qualifizierung geschlechtsgemischter Angebote. Insbesondere auch *Naundorf/Wildt* (1986) beziehen Position für eine geschlechtergetrennte Mädchenarbeit, die Freiräume für Mädchen schafft, anstatt sich

---

[21] Mit diesem Ansatz wurden schon früh wichtige Impulse für Theorie und Praxis einer von *Thürmer-Rohr* geforderten Überwindung der Opferperspektive in der Frauenforschung gesetzt.

"auf eine umfassende Konfrontation innerhalb der männerbeherrschten Institutionen einzulassen" (S. 3). Entsprechend ihrer radikalfeministischen Vorstellungen von der Neubewertung weiblicher Fähigkeiten für Individuum und Gesellschaft rekurrieren sie bei ihren Begründungen für ihre Position auf Ziele, Inhalte und Methoden einer spezifischen Mädchen- und Frauensozialarbeit, wie sie auch der gemäßigte Flügel der alten Frauenbewegung vertreten hat.[22]

Für eine angemessene Teilhabe und Einfluß von Mädchen und Frauen auf die Gesellschaft und damit auch auf ihr eigenes Leben sei eine geschlechtergetrennte Erziehung und Bildung unabdingbar. Dies wird von den Protagonistinnen dieses Ansatzes sowohl auf die Jugendarbeit als auch auf die Schule bezogen. Konsequent ist somit die Forderung nach Mädchenschulen, Mädchentreffs, Mädchenhäusern etc. sowie die alleinige Zuständigkeit weiblicher Personen für die Mädchenarbeit.

Auch *Position 2* geht davon aus, daß Kriterien einer feministischen Mädchenarbeit Parteilichkeit, Perspektivenwechsel und Neubewertung sogenannter weiblicher und männlicher Kompetenzen sind, wobei insbesondere jedoch auch Wert gelegt wird auf die Eroberung "männlicher Territorien". Diese Ziele und Inhalte werden in einem umfassenden Konzept geschlechtsspezifischer Pädagogik verfolgt (vgl. *Savier/Wildt* 1978, *Institut für soziale Arbeit e. V.* 1986). Demnach ist die geschlechtergetrennte Arbeit mit Mädchen in Gruppen zwar unabdingbarer, jedoch lediglich ein Bestandteil weiterer Aktivitäten auch im koedukativen Feld. So fordern Protagonistinnen von Position 2 neben einer Sensibilisierung und Qualifizierung aller Fachkräfte für geschlechtsspezifische Pädagogik auch eine antipatriarchalische Jungenarbeit. Das Aufbrechen weiblicher und männlicher Geschlechtsrollenfixierungen, die Entstehung von Problembewußtsein und die Entwicklung von Handlungskonsequenzen sollen männliche Pädagogen in Jungengruppen, weibliche Pädagoginnen in Mädchengruppen und beide Geschlechter gemeinsam jenseits dieser Gruppenarbeit im offenen Bereich oder in koedukativen Angeboten vorantreiben.

Wesentlicher Unterschied zwischen Position 1 und Position 2 sind somit nicht ihre Ziele und Inhalte, die geprägt sind von einer frauenpolitischen Parteilichkeit für die Zielgruppe Mädchen, sondern ihre Wege zur Zweckerreichung.

Position 3 entwickelte sich in Reaktion auf Position 1 und 2. Als Gegenposition wird Kritik mit im wesentlichen folgenden zwei Argumenten geübt: 1. Mädchenarbeit ist ein Angriff auf die Koedukation, und 2. Mädchenarbeit ist ein Rückschritt in über-

---

[22] So sprach die Alte Frauenbewegung von einer spezifischen Mädchenbildung, in der mit einem "organischen Prinzip" von Erziehung eine "unverzerrte Weiblichkeit" hervorgebracht wird und das so entstandene "weibliche Formprinzip" über einen "weiblichen Kultureinfluß" zur Veränderung der bestehenden patriarchalischen Gesellschaftsstruktur beitragen sollte (*Naundorf/Wildt* 1986, S. 35).

holte Erziehungstraditionen. Das erste Argument bezieht sich auf die geschlechtshomogene Gruppenarbeit mit Mädchen und wird insbesondere von solchen Fachkräften vertreten, die sich in den 60er Jahren für die Koedukation eingesetzt hatten und darin einen entscheidenden Schritt für die Emanzipation von Mädchen sahen.[23]

Position 3 versteht sich als "geschlechtsneutraler" Ansatz. D. h., daß hinsichtlich der Konzepte und Ansätze in der Jugendhilfe keine Unterschiede zwischen Mädchen und Jungen gemacht werden, wobei die gegebene Benachteiligung von Mädchen durchaus gesehen wird. Dieser Ansatz geht davon aus, daß die Benachteiligung von Mädchen am besten dadurch abgeschafft wird, daß bewußt keine Unterschiede gemacht werden.

VertreterInnen von Position 1 und 2 kritisieren an Position 3, daß diese die real vorhandenen Unterschiede in den Lebenswelten von Mädchen und Jungen nicht oder unzulänglich aufgreift. Unterrepräsentanz von Mädchen in der Jugendarbeit bzw. erklären sie nicht oder üben Schuldzuweisung, indem sie den Mädchen Desinteresse anlasten. Das zweite Argument, daß auf überholte Erziehungstraditionen rekurriert, thematisiere ebenfalls nicht Inhalte und Ziele der neuen Mädchenarbeit und ihre grundsätzlichen Unterschiede zur traditionellen Mädchenbildung.[24] Diese Kritik zeigt, daß die beschriebenen Positionen z. T. als unvereinbar angesehen und entsprechend konträr diskutiert werden.

Der Widerstand gegen die Einführung von Mädchenarbeit, sei es nach dem eher radikal-feministischen Verständnis von Position 1 oder entsprechend Position 2 in den verschiedenen Feldern der Jugendhilfe ist nach wie vor nicht zu unterschätzen, wenngleich doch erkennbare Veränderungen wahrgenommen werden können. Diese sind nicht zuletzt darauf zurückzuführen, daß im Zuge des 6. Jugendberichtes der Bundesregierung sowie der Hessischen und Nordrhein-Westfälischen Mädchenstudien Sensibilisierung geschaffen und Klärungsprozesse vorangetrieben werden konnten, die in der Praxis der Jugendhilfe z. T. bereits in der Entwicklung feministischer Mädchenarbeit begonnen hatten. In letzter Zeit wurde dieser Entwicklung in den Beschlüssen der Ju-

---

[23] Diese Position ist m. W. nicht schriftlich fixiert. Sie wird jedoch auf Tagungen u. ä. insbesondere von männlichen Jugendpflegern, Jugendverbandsvertretern und Jugendamtsleitern z. T. vehement vertreten.

[24] Die traditionelle Mädchenbildung orientierte sich an dem Erziehungsziel, Mädchen zu befähigen, gute Gattinnen, Mütter und Hausfrauen zu werden (vgl. dazu 1.1). Noch im 1. Jugendbericht der Bundesregierung aus dem Jahr 1965 heißt es: "Eine moderne Mädchenbildung muß aber der weiblichen Jugend das Bewußtsein ihrer eigenen Fähigkeiten und ihres besonderen Beitrages für das gemeinsame Leben geben, so daß Sicherheit und ein gesundes Selbstvertrauen entstehen. Sie muß ihr eine Zukunftsperspektive nahebringen, die den häuslichen Lebenskreis in allen seinen erhöhten menschlichen und geistigen Ansprüchen sieht, die das Streben nach wirtschaftlicher Unabhängigkeit und beruflicher Leistung vernünftig beurteilt ..." (*Deutscher Bundestag* 1965, S. 85).

gendministerkonferenzen Rechnung getragen durch zahlreiche Forderungen und Empfehlungen zur Verbesserung der Lebenssituation von Mädchen durch die Jugendhilfe (vgl. *Jugendministerkonferenz* vom 7./8. Mai 1987). Nicht zuletzt diese Beschlüsse der Jugendministerkonferenzen der letzten Jahre zeigen, daß die Situation von Mädchen fachpolitisch nicht nur von Protagonistinnen der Mädchenarbeit zunehmend ins Blickfeld genommen wird. Die Appelle und Aufforderungen an die Träger der Jugendhilfe, ihre Angebote insbesondere auch an Mädchen zu richten, orientieren sich sowohl an den Forderungen nach Qualifizierung koedukativer Angebote als auch an der Entwicklung reiner Mädchenprojekte.

So gesehen ist die Mädchenarbeit "salonfähig" geworden. Nichtsdestotrotz wird aus der Praxis weiterhin von erheblichen Behinderungen für die Mädchenarbeit berichtet. Hervorgehoben werden dabei der im Vergleich zu anderen Arbeitsansätzen unvergleichlich hohe Legitimationsdruck bei der Umsetzung und die Auseinandersetzung mit dem Verdacht, es solle die Koedukation letztlich doch abgeschafft werden. Unübersehbar ist auch, daß die Mädchenarbeit und die allgemeine Diskussion um die Zukunft der Jugendarbeit bislang wenig miteinander verknüpft werden. Immer noch wird diese Thematik auf eine "Bindestrichsoziologie bzw. -pädagogik" beschränkt. Zu verzeichnen sind aber auch erste Ansätze, die allgemeine Diskussion über Ziele, Positionen, Konzepte, Methoden der Jugendhilfe vor dem Hintergrund geschlechtsspezifisch differierender Lebenslagen auf ihre Stimmigkeit für Mädchen und Jungen zu prüfen (vgl. *Trauernicht* 1988).

Vor diesem Hintergrund ist die Rezeption von Ergebnissen der Mädchenforschung in der Praxis der Jugendhilfe dann durchaus optimistisch zu bewerten, wenn es gelingt, insbesondere folgende Behinderungen zu überwinden:

- Wenngleich Diskriminierung als Anlaß und Gleichberechtigung als Ziel die Theorie der Mädchenarbeit bestimmen, fehlt es doch für die praktische Umsetzung an Konkretion pädagogischer Konzepte.[25]
- In der Praxis wird Mädchenarbeit zumeist verstanden als Gruppenarbeit mit Mädchen. Dadurch bleiben etliche Aktionsfelder im koedukativen Bereich und auf struktureller Ebene unbearbeitet.[26]
- Ebenfalls gängige Meinung ist, daß ausschließlich weibliche Fachkräfte für die

---

[25] Auf die häufig vorfindbare Diskrepanz zwischen feministischer Theorie der Mädchenarbeit und praktischer Durchführung verwies insbesondere *Heinrich* (1983). Auch die Hessischen und Nordrhein-Westfälischen Studien offenbarten diese Divergenz.

[26] Dadurch geraten diskriminierende Rahmenbedingungen aus dem Blick wie z. B. männlich normierte Architektur und Ausstattung in Häusern der Offenen Tür (vgl. *Institut für soziale Arbeit e. V.* 1986).

Mädchenarbeit zuständig sind. Damit wird die Forderung nach geschlechtspädagogischer Kompetenz aller Fachkräfte vernachlässigt und bleiben Ressourcen unausgeschöpft.
- Für die Verbreitung der Mädchenarbeit ist auch hinderlich, daß ihre Umsetzung Geschlechtsrollenreflexion nötig macht, dabei Irritationen und Geschlechterkämpfe zwischen weiblichen und männlichen Mitarbeitern freilegt, die ihre zwangläufig unproduktive Wurzel in der de facto vorhandenen Frauenfeindlichkeit und häufig einer auf den Mann reduzierten Patriarchatsdefinition haben.
- Die Mädchenarbeit führt nicht zuletzt aus vorgenannten Punkten fachpolitisch noch ein Schattendasein oder wird entsprechend der Bindestrich-Soziologie der Frau als Sonderproblematik behandelt und in Sonderarbeitsgruppen, -gremien etc. ausgegrenzt.
- Der Mädchenarbeit fehlt von daher auch die Lobby und fachpolitische Infrastruktur, denn jugendpolitisch bedeutende Rahmenbedingungen wie z.B. Finanzen und Rechtsansprüche werden in Leitungsebenen, Gremien etc. verhandelt, die i.d.R. von an Mädchenarbeit wenig interessierten Männern besetzt sind.

Im Kontext meiner Forschungsarbeit ist darüber hinaus bedeutsam, daß die Entwicklung der Mädchenarbeit und damit die Chance der raschen Umsetzung von Forschungsergebnissen bislang am wenigsten im Bereich der Erziehungshilfen entwickelt ist. Dies liegt nicht zuletzt daran, daß die traditionelle Mädchenbildung eng gekoppelt war an die Erziehung in geschlechtshomogenen Einrichtungen, die als fortschrittlich erachtete Koedukation noch längst nicht Alltagswirklichkeit in allen Heimen geworden ist und somit die jüngste Kritik an der Koedukation und die Wiedereinführung geschlechtshomogener Angebote offensichtlich Irritationen schafft. Daß dies jedoch lediglich die formale Ebene der Diskussion betrifft und auch noch inhaltliche Aspekte um die traditionelle oder feministische Mädchenarbeit bedeutsam sind, werden nicht zuletzt die Ergebnisse meiner empirischen Untersuchung zur Problemdefinition der Jugendhilfe bei der Familienflucht von Mädchen zeigen.

Kapitel 2:
Die Familienflucht von Mädchen im Spiegel von Theorien abweichenden Verhaltens

In diesem Kapitel werden wissenschaftliche Erklärungsansätze dargestellt und auf ihren Aussagegehalt zum Thema "Familienflucht" geprüft. Unter Berücksichtigung einer geschlechtsspezifischen Betrachtungsweise geht es hierbei auch um deren Verhältnis zu feministischen Kritikpositionen (vgl. die Diskurspositionen in Kapitel 1).

Die darzustellenden theoretischen Konzeptionen, die sich in der einschlägigen Literatur im Zusammenhang mit der Erklärung des Ausreißens von Kindern und Jugendlichen (als einem Sonderfall abweichenden, nonkonformen Verhaltens) auffinden lassen, werden hier als

- medizinisch-psychiatrischer,
- psychologisch-pädagogischer,
- sozialisationsbezogener,
- sozialstruktureller und
- Etikettierungs-Ansatz

klassifiziert und voneinander abgegrenzt.

Resümierend soll noch ein integrativer Deutungsansatz, der sowohl mikro- wie auch makrogesellschaftliche Aspekte berücksichtigt, skizziert werden.

2.1 Der medizinisch-psychiatrische Ansatz

In der wissenschaftlichen Literatur zum Problem jugendlicher Fortläufer/innen dominierten bis Mitte/Ende der 60er Jahre die medizinisch-psychiatrisch bestimmten Diskussionsbeiträge, die das Phänomen des Weglaufens mit angeborenen bzw. erworbenen Abnormitäten der Psyche zu erklären versuchen (dazu zusammenfassend im Überblick *Sengling* 1962; kritisch zum "medizinischen Modell" vor allem *Herringer* 1978, S. 213 ff.).

Der zentrale Begriff ist hier der der *"Poriomanie"*, übersetzt als triebhaftes Fortlaufen, Wandertrieb. Die Definitionen in der medizinischen Literatur sind allerdings uneinheitlich. Während *Schulte/Tölle* (1975) Poriomanie im Gefolge seelischer und geistiger Störungen sehen[27], will *von Rummel* (1973) Poriomanie nur dann als gegeben

---

[27] "Poriomanie, zu deutsch Wandertrieb, ist ein dranghaftes Weglaufen aus dem gewohnten Lebensraum, das in epileptischen Verstimmungszuständen vorkommt, aber auch infolge von Konflikten

ansehen, "wenn es sich um ein triebhaftes, motivloses und psychologisch uneinfühlbares Fortlaufen ohne Begleitung anderer, das heißt ein pathologisches Geschehen handelt". Und *F. Stumpfl* schließlich will festgestellt haben,

"daß ganz geringfügige Dinge, der Geruch eines Holzfeuers, irgendein jahreszeitlich bedingtes Geräusch oder eine innere Gestimmtheit, vielleicht auch irgendeine belanglose Begegnung, die bei uns allenfalls irgendeine Kindheitserinnerung schwach anklingen läßt, bei diesen Menschen Gefühle mit starken Feldeffekten erweckt, deren anziehende oder abstossende Wirkung, Zug oder Druck etwas so verlockendes oder Übermächtiges gewinnen kann, daß ihm unmittelbar nachgegeben wird" (zit. nach *Klee* 1979, S. 38).

Bei *Rennert* (1954) werden im Zusammenhang mit der Poriomanie folgende Aspekte herausgestellt:

1. Altersgebundenheit des ersten Auftretens der Poriomanie:
Das erste Auftreten der Poriomanie sei an die Zeit des Einsetzens der Pubertät (neun bis 13 Jahre) gebunden. Sie könne dann periodisch immer wieder in Erscheinung treten. Diese Triebentlastungen pflegten "nicht ohne Vorboten zu entstehen. Fast stets läßt sich ein eigenartiger, als endogen anzusprechender Verstimmungszustand nachweisen, welcher diesen normalpsychologisch kaum mehr zu erklärenden motorisch-dranghaften Mechanismus in Gang bringt. Vielfach laufen die Poriomanen auch im unmittelbaren Anschluß an einen mehr endogen als reaktiv entstandenen 'Wutanfall' fort" (*Rennert* 1954, S. 145).

2. Triebhaftigkeit der Poriomanie:
Der Begriff der Triebhaftigkeit des Fortlaufens sei hier in seinem ursprünglich gebräuchlichen Sinne als ein anlagebedingter, negativer Störfaktor der Entwicklung zu verstehen. Bei der echten Poriomanie wird ausgeschlossen, daß dieser Wandertrieb durch Umwelteinflüsse hervorgerufen werden kann. Er wird also endogen, nicht exogen bestimmt. "Wir vermuten, daß es sich um Persönlichkeiten handelt, welche die Tendenz zum Fortlaufen (...) in sich tragen" (*Rennert* 1954, S. 140).

3. Motivlosigkeit der Poriomanie:
Außenstehenden sei der Grund für das Fortlaufen meist unverständlich und psychisch nicht einfühlbar, d. h., sie sehen keine derartig motivierende Konfliktsituation oder andere Auslösefunktionen, die das Fortlaufen ihrer Ansicht nach ausreichend begründen könnten.

---

mit der Umgebung, häufiger noch im Zusammenhang mit Pubertätskrisen oder neurotischen Entwicklungen" (*Schulte/Tölle* 1975).

4. Geschlechtsgebundenheit der Poriomanie:

Nach Rennert ist der Anteil der weiblichen Personen an der Poriomanie "praktisch gleich Null", soweit sexuelle Motive nicht mitsprechen, denn "das sexuell triebhafte Streunen der frühreifen Dirnentypen gehört nicht in diesen Fragekomplex" (*Rennert* 1954, S. 147).

Mit dem Kriterium der "Geschlechtsgebundenheit der Poriomanie" wird also die Behauptung aufgestellt, daß der "typische" Poriomane nur männlichen Geschlechts sein könne. Diese These wird von Rennert u. a. durch folgende Feststellungen illustriert:

"Der Hang zur Geborgenheit, zum Nest ist im allgemeinen eher dem Weibe gemäß, im Gegensatz zur Abenteuerlust; (...)

Der Hang zum Wandern, 'zum Wechseln', wenn nicht sogar zum Streunen und zum Ausbrechen [ist] ein primär, phylogenetisch altes, mehr an das männliche Geschlecht gebundenes Bedürfnis; (...)

Weiblichen Personen (ist) das Wandern in Einsamkeit (vor allem der Poriomane wandert praktisch immer allein!) bedeutend schwerer gemacht (...), als männlichen Personen" (*Rennert* 1954, S. 147).

Diese Feststellungen — aus damaliger wie heutiger Sicht ohnehin nicht als wissenschaftlich begründete Aussagen, sondern eher als spekulative moralisch-ethische Setzungen zu verstehen — sind in der psychiatrischen Diskussion nicht unwidersprochen geblieben. Unter grundsätzlicher Akzeptanz der endogenen Verursachung ist auch die Berücksichtigung und Einbeziehung weiblicher Jugendlicher gefordert worden. So bemängelt etwa *Straube* in seinem Werk "Zur Psychopathologie jugendlicher weiblicher Fortläufer" (1957) die randständige Betrachtung des Weglaufphänomens bei Mädchen und konstatiert als wichtigstes Ergebnis seiner Untersuchung an drei Mädchen (!) einen engen Zusammenhang zwischen Menstruation als Merkmal biologischer Weiblichkeit und dem Drang zum Weglaufen.

"Da wir mit Sicherheit endogene Psychosen oder hirnorganische Erkrankungen als Ursache ausschließen konnten, sind wir geneigt, 'biologische Drangzustände' als auslösende Ursache anzunehmen. (...)

Das auffälligste Symptom bei diesen drei Mädchen ist das erste Fortlaufen im Zeitraum der ersten Menstruationen bzw. wenn diese ausblieben. Sie 'wissen plötzlich', daß sie fortlaufen 'müssen'. Dabei besteht das Gefühl, etwas zu tun, ohne es eigentlich zu wollen. (...)

Die Therapie bestand in einer psychotherapeutischen sowie sedierenden Behandlung und war nachhaltig erfolgreich, wenn noch keine Chronifizierung des Symptoms eingetreten war" (*Straube* 1957, S. 168 f.).

Diese Berücksichtigung der Mädchen wird hier also unmittelbar mit deren sexueller Triebhaftigkeit bzw. deren abnormer Erscheinung verknüpft. Diese Argumentation zeigt sich auch bei anderen Autoren. Der früheste Hinweis findet sich hier bei *Spitzner*, der bei den Jungen "spontan hervortretende oder auch sozial bedingte oder pathologische Abenteuerlust und Verwilderung des Freiheitsgefühls" konstatiert; bei den Mädchen hingegen "sexuelle Auslöser" benennt (*Spitzner* 1909, S. 19).

Während *Spitzner* das sexuelle Moment überhaupt als das Ausschlaggebende betrachtet wissen will, schließen *Homburger* und *Lazar* einige wenige "echte" Fälle von Poriomanie bei Mädchen nicht aus, unterstützen aber weitgehend *Spitzners* These.

"Insoweit das geschlechtliche Moment, auch das noch ungeklärte, für das Fortlaufen wirksam wird, hat es bei den Mädchen eine viel größere Wirksamkeit und vielmehr den Charakter des Triebhaften als bei Knaben" (*Homburger* 1926, S. 517).

Lazar macht darauf aufmerksam, daß bei Entweichungen der Mädchen häufig "dunkle sexuelle Gefühle und der ebenfalls noch nicht deutlich geklärte Trieb nach Sexualbefriedigung" mitwirken (vgl. *Lazar* 1913, S. 505).

In seinem Buch "Der Wandertrieb" (1934) geht auch *Ludwig Mayer* auf die geschlechtsspezifisch "variierende Erscheinungsart" ein und stellt zusammenfassend fest:
"Ein Überblick über Wandertriebserscheinungen beim weiblichen Geschlecht zeigt uns folgendes Bild:
Wandertriebsartige Züge begegnen uns beim weiblichen Geschlecht seltener als beim männlichen. Eine gewisse Ausnahme bilden die Mädchen aus 'Fahrenden Heimaten', die oft ausgesprochene Wandertriebsmerkmale aufweisen. In den meisten Fällen sind bei den Wandertriebserscheinungen von Frauen und Mädchen sexuelle Momente mitverwoben. Die Vagabondage setzt bei Mädchen in der Regel während der Pubertätsjahre ein. Die eigentlichen Landstraßenvagantinnen gelangen meist auf dem Wege der Unzucht zu ihrem Wanderleben (Dippelschicksen). — Wandertriebserscheinungen edlerer Art, ohne Verflechtung mit sexuellen Antrieben und ohne Vagabondageneigung sind beim weiblichen Geschlecht in geringer Anzahl anzutreffen. — Ähnlich wie bei männlichen Fürsorgezöglingen sind bei der weiblichen Fürsorgejugend Fälle von Wandertrieb nur schwer herausfinden, da solche jugendlichen Persönlichkeiten zu viele degenerative Züge und Entartungserscheinungen erkennen lassen" (*Mayer* 1934, S. 64).

Dieser Versuch, einen Zusammenhang zwischen dem Weglaufen von Mädchen und deren weiblicher Sexualität (Triebstruktur) herzustellen, läßt sich ohne weiteres in eine allgemeinere Diskussion über die Ursachen abweichenden Verhaltens bei Frauen einordnen. Diese "Sexualisierung" (*Drake* 1980, S. 95) weiblich abweichenden Verhaltens, die sich auch in Kriminalitätstheorien nachweisen läßt, beruht auf der Annahme, daß "Sexualität (...) die Wurzel allen weiblichen Verhaltens [ist], also sind kriminelle Frauen ebenfalls vorrangig sexuell motiviert" (*Drake* 1980, S. 96, vgl. auch *Gipser/Stein-Hilbers* 1980). Auch *Klein* stellt fest, daß "Frauen nur in sexueller Sphäre zählen. Das Thema der Sexualität ist der rote Faden in verschiedenen, oft widersprüchlichen Theorien" (*Klein* 1973, S. 27).

Das hier vorgestellte medizinisch-psychiatrische Erklärungsmodell war, auch wenn es wie ein Relikt aus dem letzten Jahrhundert anmutet, eine gängige Theorie der fünfziger und sechziger Jahre. Gleichwohl ist zu vermuten, daß dieser "konservative Diskurs" mit seiner sexualisierenden, von gesellschaftlichen Zusammenhängen völlig abstrahierenden Weiblichkeitskonstruktion — wenn auch nicht mehr in dieser Sprache und Ausschließlichkeit — auch heute noch nicht völlig überwunden ist. Noch immer ist ja das Ausreißen von Mädchen ein bedeutender Einweisungsgrund in die Kinder- und Jugendpsychiatrie (vgl. *Institut für soziale Arbeit e. V./Landeswohlfahrtsverband Hessen* 1987) und wird die mit der Pubertät einsetzende Geschlechtsreife zu wenig als interaktives, soziales und gesellschaftliches Phänomen (Ereignis) gedeutet.

2.2 Der psychologisch-pädagogische Ansatz

Im Unterschied zum medizinisch-psychiatrischen Ansatz, der sich vor allem mit den sogenannten "Spontanfortläufern" beschäftigt, denen dranghafter Wandertrieb, hirnorganische Pathologien bzw. bei Mädchen "sexuelle Triebhaftigkeit" unterstellt werden, verläßt der psychologisch-pädagogische Ansatz diese Sichtweise und bezieht auch das soziale Umfeld in die Überlegungen ein. Denn "erst die Erforschung der Umweltverhältnisse, der Vorgeschichte des individuellen Täters vermag genügend Licht in die wahre Beurteilung solcher Triebhandlungen zu bringen" (*Hanselmann*, zit. nach *Sengling* 1962, S. 296).

Doch auch diese Diskussion wird noch unter dem Gesichtspunkt individueller Abnormitäten und in Begriffen der Psychopathologie geführt. Das Weglaufen eines Kindes oder Jugendlichen gilt so nicht primär als ein Indiz für eine gestörte soziale Situation, ein spannungsgeladenes, frustrierendes und enttäuschendes Familien- oder Heimmilieu, sondern als Indikator für eine "Verwahrlosung", als Grund für geschlossene Heimunterbringung, für polizeiliche Maßnahmen. In der Literatur werden Treber/innen als psychisch gestörte, labile, bindungsunfähige, narzißtische, unkontrolliert-triebhafte Persönlichkeiten dargestellt (so z. B. *Weiland* 1969, *Rennert* 1954, *Homburger* 1926, *Winkler* 1963). Ein Beispiel für derartige negative Stereotypen gibt *Winkler* in seiner Abhandlung über den "jugendlichen Streuner". Es heißt dort:

"Der streunende Jugendliche, äußerlich verkümmert – ungepflegt – bindungslos, ohne Einstellung zu Recht und Arbeit als Ordnungsfaktoren, ohne mitmenschliche und staatsbürgerliche Verhaltensformen, ich-betont und asozial, halt- und steuerlos, bedrückt und lustlos abgewandt, auffällig, innerlich ungeborgen, unbelehrt, unerzogen, fehlerzogen, ohne Selbsterziehung, entmutigt, krank, gehört zu den 'vergesellungsschwierigen Menschen', ist meist gefährdet, oft auch schon alkohol- oder rauschgiftsüchtig, und das mitten im Strom der erwachsenen Nichtseßhaften. Er wird rasch in deren 'Leben' eingemahlen, das sich ohne geregelte Arbeit, ohne festen Wohnsitz und Bindung an einen Ort, ohne ausreichende Mittel oder Befähigung ihrer sinnvollen Verwendung vielfach für längere Zeit oder auch dauernd außerhalb der als Norm geltenden bürgerlichen Ordnung vollzieht — für Hilfe wie Maßnahmen zur Seßhaftmachung schwer erreichbar" (1963, S. 430).

In derartigen Typisierungen tauchen immer wieder folgende Merkmale auf:
- Die Typenbildung orientiert sich an einer vermuteten individuellen Psychopathologie;
- jugendliche Wegläufer/innen werden als Unterschichtsangehörige beschrieben, mit niedriger Intelligenz und geringer Bildung, aus "asozialen" Lebensmilieus stammend;
- die sozialen und pädagogischen Reaktionen sind überwiegend sanktionsorientiert, bestimmt durch Polizei, Eingriff, Repression und Zwangssozialisation;
- Systemzusammenhänge, die dieses jugendliche Problemlösungsverhalten als durchaus funktionale Antwort begreifbar machen können, werden nicht gesehen und dementsprechend in Analyse, Reaktion und Prognose nicht thematisiert.

Auch der sich ansonsten wohltuend von der vorherrschenden Literatur abhebende Berliner Trebe-Bericht (1973) greift bei seiner "Typologie" jugendlicher Treber/innen auf Denkansätze und Begrifflichkeiten klassisch-psychopathologischer Ansätze zurück. Diese Typologie verzichtet weitgehend auf eine Analyse von Verursachungszusammenhängen und beschreibt lediglich Dimensionen psychisch gestörter Persönlichkeitsstrukturen. Die Autoren des Berliner Trebe-Berichts (*Barasch u. a.* 1973, S. 20 ff.) unterscheiden zwischen
- dem "konfligierenden, labilen Charakter" ("zyklisch offensiv-regredierend, aggressiv infolge der Diskriminierungen, passiv-resignierende Phasen, aufbegehrende aktive Phasen, nicht willig bzw. fähig, längeren Bedürfnisaufschub zu ertragen, situations- und augenblicksbetont"), der etwa 60 bis 70 % der verfestigten Treber/innen ausmachen soll;
- der "entscheidungsorientierten, neurotisierten Persönlichkeit" ("ausgeprägte Identitätssuche, Autonomiestreben, Eigenbrötelei, Kontaktstörungen, Selbstrealisationsanspruch, rebellierender Grundzug") mit einem geschätzten Anteil von 20 %;

- dem "verfestigten Heimtreber" ("klassische Oberflächenpersönlichkeit, das Handeln ist auf die unmittelbare Bedürfnisbefriedigung abgestellt und duldet keinen Aufschub, Spezialisten im 'Ausweiden' von Personen und Institutionen, Meister im Verkaufen ihrer eigenen Biographie (armes Heimkind!), beste Kenner der Scene, sprachliche und spielerische Cleverness, obwohl ihnen in Gutachten ein geringer Intelligenzquotient zugesprochen wird") mit etwa 5 bis 10% Anteil an der Treber/innenpopulation und
- den "hospitalisierten Grenzfällen und Süchtigen" ("verkümmerte Ich-Funktionen, triebgesteuert, Hilflosigkeit, reduzierter Gefühlshaushalt, eskapistisch, bei intensiven Beziehungen stark infantilistisch") mit auch etwa 5 bis 10% Anteil.

Charakteristisch für die psychologisch-pädagogisch orientierten Konzepte ist, daß die Flucht als Ausdruck regressiver Abwehrmechanismen, nicht verarbeiteter antisozialer Gefühle, von Bindungslosigkeit, geringer Frustrationstoleranz, Trotzhaltung etc. gesehen wird. Ausgehend von Pathologieschwellen, unterhalb derer nonkonformes Verhalten als Produkt defizitärer Lernprozesse behauptet wird, bekommt dieses von vornherein eine schlechtere Qualität als angepaßtes Verhalten. Normkonformität als oberstes Ziel unterstellt aber, daß die gesellschaftlichen Lebenszusammenhänge als solche gesichert und "gesund" sind. Sozialpädagogik und Therapie bedeuten demnach nicht soziale Umstrukturierung, sondern Anpassung des Einzelfalls.

Dieser Aspekt spielt bei der Behandlung jugendlicher Ausreißer/innen eine entscheidende Rolle: verstoßen diese doch zumeist gegen zentrale gesellschaftliche Sinnnormen, gegen
- das Gebot der Seßhaftigkeit,
- das der Akzeptanz elterlicher oder anderer Autoritäten,
- die gesellschaftliche Forderung nach Arbeits- bzw. Lernbereitschaft,
- (häufig auch) gegen das Gebot der sexuellen Enthaltsamkeit im Jugendalter.

Von daher kann es nicht verwundern, wenn jugendliche Ausreißer/innen auch als "verwahrlost" definiert werden (zu diesem sozialpädagogisch zentralen Begriff und seinem "Bedeutungshof" (vgl. *Steinvorth* 1973, *Herriger* 1979, *Münder u. a.* 1988). Daß dieser Begriff bis in die Gegenwart hinein eher einer negativen Etikettierung Heranwachsender denn der Konzeption eines emanzipatorischen Hilfeprozesses gedient hat, mögen einige wenige Begriffsdefinitionen belegen.

Nach der herrschenden "Rechtsprechung" und den einschlägigen juristischen Kommentaren (vgl. dazu u. a. *Riedel* 1965, *Jans/Happe* 1987) gilt Verwahrlosung als ein individuelles Abweichen vom Erziehungsziel:

"Verwahrlosung ist ein Zustand von einiger Dauer mit erheblichem, d. h. eine Maßnahme der öffentlichen Jugendhilfe erfordernd machenden Sinken des geistigen, sittlichen oder körperlichen Zustandes des Kindes unter den Durchschnitt, der bei einem Minderjährigen unter gleichen Verhältnissen als Ergebnis einer sonst ordnungsgemäßen Erziehung erreicht wird" (*Riedel* 1965, S. 608).

Der Rekurs auf die gesellschaftlich vorgegebenen Standards von Normalität findet sich auch in den psychologisch/psychoanalytisch verstandenen Definitionen der Verwahrlosung. Auch hier sind normative, moralische und wissenschaftliche Bewertungsebenen nicht deutlich voneinander getrennt. So versteht *Dorsch* (1979) Verwahrlosung als "Zustand charakterlichen Zerfalls, besonders auf dem Gebiet des sozialen und ethischen Verhaltens", und für *Hehlmann* (1968) ist Verwahrlosung ein

"charakterlicher Verfallzustand, der häufig an Asozialität grenzt; (...) im kindlichen Alter beginnt die Verwahrlosung meist mit Schulschwänzen oder Fortlaufen von der Familie, im Reifealter und später mit Eigentumsvergehen, Bandenbildung und Prostitution ..." (zit. nach *Steinvorth* 1973, S. 22 f.).

Brandt (1960, S. 144) versteht Verwahrlosung als

"im Charakter ausgeprägte unsoziale oder asoziale innere Einstellung des einzelnen gegenüber geschriebenen oder ungeschriebenen Sittengesetzen der Gesellschaft, in welcher er lebt".

Für andere Autoren zeigt sich Verwahrlosung in "anhaltenden, störenden Abweichungen von den gesellschaftlich gebilligten Verhaltensweisen" (*Specht* 1967, S. 75), in "persistenten und generalisierten Abweichungen von der sozialen Norm" (*Hartmann* 1970, S. 28) oder als "Übergriff in fremde Lebensbereiche entgegen herrschenden Wertordnungen und Gesetzesmaßstäben" (*Dührssen* 1971, S. 151).

In anderen psychologisch begründeten Herangehensweisen finden sich auch Symptom- und Ursachenbestimmungen, die eine größere Distanz zum gesellschaftlichen Normalitätskodex aufweisen (dazu vor allem *Steinvorth* 1973). Dieser Ansatz geht in seiner neueren Entwicklung vor allem davon aus, daß Verwahrlosung einen Ausdruck einer gestörten Ich-Entwicklung darstellt. So heißt es z. B. bei *Künzel*, einem Vertreter der psychoanalytischen Ich-Psychologie:

"Der bei so vielen Verwahrlosten auffallend kurze Spannungsbogen zeigt, daß diese Menschen gerade in dieser für die Daseinsbewältigung so besonders wichtigen Funktion geschädigt sind. Neben allem anderen sind sie dadurch auch der Reizüberflutung stärker ausgesetzt und in ihren 'Entlastungsmöglichkeiten' beeinträchtigt, da sie sich nicht in der gleichen Weise durch gerichtete und gesteuerte Handlungs- und Denkvollzüge, durch ein plastisches Phantasie- und Vorstellungsleben usw. Distanz zu schaffen vermögen, wie das gesunden Menschen möglich ist. Eine große Anzahl der für die 'neurotische Verwahrlosung' als charakteristisch angesehenen Merkmale dürfte hier ihre Erklärung finden, wie z. B. die Minderung der Fähigkeit zur Besinnung und zum logischen Denken, erhöhte Bereitschaft zu passiver, ungerichteter Denktätigkeit, die Herabsetzung des gesamten aufgabengebundenen Leistungsvermögens, die gesteigerte Empfindsamkeit und Reizbarkeit u. a.m." (*Künzel* 1971, S. 36f.).

Die amerikanischen Forscher *Redl* und *Wineman* (1970) machen die Ich-Störung des Verwahrlosten an folgenden Merkmalen fest:
- extrem niedrige Frustrationstoleranz,
- mangelnde Bewältigung von Unsicherheit, Furcht und Angst,
- niedrige Versuchungstoleranz,
- hohe Ansteckbarkeit für Gruppenerregung,
- Unfähigkeit, den adäquaten Aufforderungscharakter von Situationen und Gegenständen wahrzunehmen,
- gestörtes Schuldgefühl,
- Angst vor Routine,
- gestörter Planungshorizont (Zeitperspektive),
- gestörte soziale Sensibilität des Ichs,
- Störung des Erfahrungslernens,
- Unfähigkeit zu friedlichem Wettbewerb (zit. nach *Steinvorth* 1973, S. 34f.).

Weitere Differenzierungen in der Verwahrlosungsdefinition finden sich dort, wo zwischen offenen und verdeckten Erscheinungsformen unterschieden wird. So unterscheidet etwa *Eichhorn* (1951) zwischen latenter und manifester Verwahrlosung. Bei der manifesten Verwahrlosung wird eine psychische Störung, die hier unterstellt wird, nach außen getragen, ausagiert. Bei der anderen Form, der latenten Verwahrlosung, bleiben die Symptome eher verborgen. *Hartmann* (1970) unterschied zwischen "produktiven" und "defektiven" Verwahrlosungssymptomen. Zu den ersteren zählen wieder die ausagierenden Momente, zu den letzteren die eher nach innen gewandten Symptome wie z. B. mangelnde Kontaktfähigkeit, Depressivität, fehlende Frustrationstoleranz. Der verwahrloste Jugendliche wird dabei in aller Regel anhand der "produktiven" Symptomatik bestimmt als der Typ des "unsozialisierten Aggressiven", während anderen Konfliktlösungsstrategien, wie etwa Rückzug aus der Realität ("Psychotiker") oder Wendung gegen die eigene Person ("Neurotiker"), weniger Gewicht in der Verwahrlosungsdiskussion zukommt. Das Ausagieren psychischer Konflikte (etwa durch Weglaufen) wird in erster Linie als Abweichung definiert, weil es — im Gegensatz zur innerpsychischen Konfliktverarbeitung — geltende Normen offen angreift, somit als beobachtbare Abweichung "auffällt" und mit relativ einfachen Klassifikationssystemen bestimmt werden kann.

Die dargestellten psychologisch-pädagogischen Deutungsversuche suggerieren eine geschlechtslose bzw. geschlechterübergreifende Herangehensweise. Es zeigen sich jedoch, wird der Begriff der Verwahrlosung inhaltlich gefüllt, deutliche geschlechtsspezifische Ausprägungen. Verwahrlosungssymptome bei Mädchen werden wesentlich — wie schon beim medizinisch-psychiatrischen Ansatz — über Sexualität und mangelnde Triebkontrolle bestimmt. Während bei den männlichen Jugendlichen "Verwahrlosung" häufiger über massive Verletzungen von Rechtsnormen (Aggressivität, Kriminalität) bestimmt wird, ist es bei den Mädchen eher eine Bewertung ihres "sittlichen" Zustandes, was vor allem auf eine Bewertung geschlechtsspezifischen Verhaltens (einschließlich der sexuellen Aspekte und Verhaltenserwartungen) abzielt.

Häberlin beschreibt in einem Aufsatz über erziehungsschwierige, schulentlassene Mädchen Kriterien der "weiblichen Verwahrlosung".

"Die auffälligsten und häufigsten Erscheinungsformen abweichenden Verhaltens bei weiblichen Jugendlichen sind vor allem: Vorherrschen des Lustprinzips, Triebbestimmtheit und Triebmaßlosigkeit, Unordentlichkeit, Unpünktlichkeit, Schule schwänzen und Arbeitsscheu. Ich-Bezogenheit, Geltungssucht, mangelnder Gemeinschaftssinn, Ungehemmtheit, Enthemmtheit, Bindungslosigkeit, fehlendes Gewissen und Fehlen von eigenen Idealen, Trotz, Lügen, Stehlen, frühes Interesse an sexuellen Dingen. Mangelndes Ehrgefühl, Mißtrauen, Aggressivität, Gefühlsarmut, Distanzlosigkeit, innere Leere, Labilität, Haltschwäche, geringes Pflichtbewußtsein, keine, unklare oder illusionäre Berufs- und Lebensplanung" (*Häberlin* 1968, S. 334, zit. nach *Reinke* 1979, S. 20).

Für ihre Untersuchung "Adolescent Girls in Conflict" (1966) interviewte *Konopka* Mädchen in Fürsorgeheimen, die auch häufig weggelaufen waren. Sie kommt zu dem Ergebnis, daß Gefühle der Einsamkeit, der Abhängigkeit und die soziale Situation Gründe für Mädchendelinquenz sind. *Konopka* betrachtet dies jedoch nicht als Widerspiegelung der objektiven Lage der Mädchen, sondern vor dem Hintergrund der "natürlichen" psychischen Unterschiede der Geschlechter, die sich in deren Dichotomie männlich = instrumental, weiblich = expressiv zeigt. *Drake* kritisiert von daher zu Recht:

"Die Gründe weiblicher Delinquenz sind demnach eher persönliche Frustrations- und Insuffizienzgefühle über blockierte Zugangsmöglichkeiten zur weiblichen Rolle. Da diese Rolle jedoch in besonderem Maße sexuell bestimmt ist, landet auch Konopka am Ende wieder bei der Feststellung, daß die untersuchten Mädchen vor allem unter sexuellen Problemen leiden. Aber welche heranwachsenden Jugendlichen hätten diese Schwierigkeiten nicht? Indes: Mädchen landen dafür im Heim, Jungen nicht" (*Drake* 1980, S. 10).

Vertreter/innen der psychoanalytischen Theorien (vgl. hierzu u. a. *Blos* 1963; *Konopka* 1966; *Specht* 1967; *Schwarzmann* 1971; *Steinvorth* 1973) gehen davon aus, daß bei bestimmten familiären Beziehungskonstellationen eine adäquate Verarbeitung der ödipalen Phase und damit der Geschlechtsrollenidentifikation behindert wird.

"... so daß in der Pubertätsphase die sexuell-ödipalen Konflikte unmittelbar wieder aufleben, die dann unter Umständen zu Sexualdelinquenz und besonders zu sexuellen Beziehungen mit dem Stiefvater führen mögen, (...) weil, wie Specht interpretiert, die Inzestschranke bereits wirksam dem leiblichen Vater gegenüber aufgerichtet worden ist" (*Gravenhorst* 1970, S. 95).

Unbewältigte sexuell-ödipale Konflikte führen nach Ansicht des Psychoanalytikers *Blos* zu verschiedenen "Vergehen" wie u. a. dem Weglaufen.

"Die Vergehen der Mädchen beschränken sich auf sexuelles Agieren, auf Weglaufen und Stehlen im Sinne der Kleptomanie (...). Jeder Therapeut, der sich selbst beobachtet, wird sich seiner emotionalen Irritation bewußt, wenn er versucht, sich in die Mädchen hineinzuversetzen angesichts ihres verführerischen, sprunghaften, wankelmütigen, unernsten, rachsüchtigen und kapriziösen Verhaltens" (*Blos* 1963, S. 651, zit. nach *Reinke* 1979).

Das dialektische Zusammenspiel von "Sexualisierung" (Prinzip der Hure) und "Entsexualisierung" (Prinzip der Madonna) als historische Grundlage einer Theorie der Weiblichkeit von *Sigmund Freud* wurde durch die feministische Diskussion weitestgehend problematisiert (vgl. *Firestone* 1975; *Rush* 1982; differenziert dazu *Hagemann-White* 1979). Sowohl die "Verführungstheorie" als auch die "Ödipustheorie" Freuds haben wesentlich dazu beigetragen, die strukturell bedingten, auf patriarchalischen Verhältnissen basierenden Störungen sexueller Entwicklungen von Mädchen und Frauen zu verschleiern zugunsten einer individualistischen, schuldzuschreibenden Theorie. Die auf den Kopf gestellten historischen Tatsachen (vgl. hierzu besonders *Rush* 1982, S. 137 ff.) von "den verführenden und verführt werden wollenden" Mädchen, bestimmen (leider) noch die Problemdefinition durch Alltagstheorien und leisten einer Stigmatisierung von Mädchen immer noch Vorschub.

Sowohl die medizinisch-psychiatrischen als auch psychologisch-pädagogischen Theorien zur Erklärung "abweichenden" Verhaltens rekurrieren auf biologische und psychologische Geschlechtsunterschiede, wobei ungeachtet sozialer Merkmale, das Verhalten von Mädchen in Verbindung gebracht wird zu ihrer Sexualität. Die gesellschaftlichen Erwartungen an bzw. die inhärenten Widersprüche in der sexuellen Entwicklung von Mädchen bleiben unbeachtet, indes: Jede Rollenübertretung ist Ausdruck individuell gestörter Sexualität.

Für die Jugendhilfe und ihre Institutionen ist der psychologisch-pädagogische Ansatz mit dem Modell individueller Verhaltensauffälligkeit ("Verwahrlosung") nach wie vor von großer Bedeutung. So wird nach dem Jugendwohlfahrtsgesetz (JWG), der entscheidenden gesetzlichen Grundlage der Jugendhilfe, öffentliche Erziehungshilfe im Einzelfall an Tatbestandsmerkmale wie Verwahrlosung (vgl. § 64 JWG), Gefährdung bzw. Schädigung der leiblichen, geistigen oder seelischen Entwicklung (vgl. § 62 JWG) geknüpft. Hierauf bauen dann auch psychologische Diagnosen und sozialpädagogische Stellungnahmen auf (vgl. dazu auch § 66 JWG). Auch der Übergang zur Psychiatrie (§ 75 Abs. 2 JWG) wird thematisiert.

Diese "Logik" eines in seinen Grundprinzipien mehr als 65 Jahre alten Gesetzes, das in diesen Fragen auf dem Erkenntnis- und Wissenstand der 20er Jahre dieses Jahrhunderts aufbaut, präformiert sozialpädagogische Praxis (vgl. *Jordan/Münder* 1987).[28]

2.3 Der sozialisationsbezogene Ansatz

Wurde in den bisher dargestellten Ansätzen das Weglaufen von Kindern und Jugendlichen wesentlich in einem negativen Koordinatensystem gesehen und nicht auch als positive Problemlösungsstrategie erkannt, so stellen die sozialisationsbezogenen Ansätze einen Versuch dar, die engen personenbezogenen Erklärungsmodelle zu überwinden und das Weglaufen von Kindern und Jugendlichen auch auf dem Hintergrund ihrer sozialen Bezüge zu sehen. Derartige Problemzugänge bei der Analyse der Ursachen für das Weglaufen von Kindern und Jugendlichen finden sich vor allem in der neueren amerikanischen Literatur (vgl. dazu den Überblick des *U.S. Department of Justice* 1980). Dabei wird das Weglaufen von Kindern und Jugendlichen zumeist im Zusammenhang mit problematischen Familien- und belastenden Schulsituationen gesehen.

So unterscheidet *Gullotta* (1979) vor allem Wegläufer (runaways), die eine Familie im Konflikt verlassen, und Rausgeschmissene (throwaways), die von ihren Familien ausgestoßen werden. Im ersten Fall wird das Weglaufen als Symptom einer Entfremdung von Eltern und Kindern angesehen, die auf einer Störung der innerfamiliären Kommunikation beruht. Bei adäquater Therapie werden die Konfliktlösungschancen als positiv beurteilt. Im Gegensatz dazu werden bei den Familien, die ihr Kind "ausstoßen" und diesem damit das massive Gefühl der Wertlosigkeit vermitteln, die Reintegrationschancen als wenig günstig angesehen.

Insgesamt werden jedoch in der neueren amerikanischen Literatur derartig gravierende Mängel in den für Kinder und Jugendliche relevanten Bezugssystemen nur

---

[28] So zeigt sich auch von diesem Aspekt die Notwendigkeit einer umfassenden Reform der Jugendhilfe und ihrer rechtlichen Grundlage, damit andere Paradigmen, die Jugendhilfe von individualisierenden und hier auch sexistischen Zugriffsweisen ablösen und problemgerechten — hier vor allem auch der spezifischen Situation von Mädchen Rechnung tragenden — Analysen und Unterstützungsprogrammen zur Durchsetzung verhelfen.

für die "harte Treberszene" (mit Kriminalität, Drogen, Subkulturintegration) angenommen; ansonsten wird davon ausgegangen, daß Ausreißen entweder ein "normales" Problemlösungsverhalten darstellt oder aber überhaupt nicht auf der Folie von Problemkonstellationen, Konflikten oder psychischen Abweichungen zu sehen sei. Die erste Position formulieren *Shellow u. a.*, wenn sie feststellen:
"Die Probleme, vor denen heranwachsende Ausreißer stehen, sind die gleichen, die viele andere junge Leute haben: in diesem Sinne kann Ausreißen als ein Weg, diese Probleme anzugehen, betrachtet werden. Andere Heranwachsende behandeln diese Probleme anders, aber nicht notwendigerweise auf eine Art, die für sie selbst oder die Gesellschaft besser ist" (1967, S. 29).

Eine weitere Position findet sich bei Autoren, die Ausreißer/innen als Abenteurer/innen auf der Suche nach neuen Erfahrungen, spontane Wegläufer/innen auf der Suche nach Abwechslung und neuer Umgebung beschreiben, als Jugendliche, die ohne erkennbare soziale oder psychische Probleme von zuhause weglaufen (alle Aussagen belegt bei *Dunford/Brennan* 1976).

Diese Vielfalt an Beziehungssituationen und Motivationen (des Weglaufens) versuchen *Dunford/Brennan* in einer sozialisationsbezogenen Typologie zu fassen. Es werden dort folgende Grundtypen von jugendlichen Wegläufern/innen unterschieden:

1. *Selbstbewußte und "ungehemmte" Jugendliche* mit relativ niedrigen affektiven Bindungen an die Eltern, woraus dann Probleme im Verhältnis niedriger elterlicher Kontrolle (und niedrigen Interesses) zu der noch nicht zu bewältigenden Freiheit entstehen. Die Jugendlichen stammen aus eher mittelschichtsorientierten Familien, verfügen über positive Schulerfahrungen und haben Zugang zu befriedigenden sozialen Rollen.

2. *Angepaßte Kinder und Jugendliche*, die über ein gutes Verhältnis zu den Eltern berichten, weder übermäßige Kontrolle noch in hohem Maße Gewalt als Disziplinarmittel erleben. In dieser Gruppe finden sich niedrige Delinquenzwerte, geringe Integration in Peer-groups und ein geringes Maß an gesellschaftlicher Entfremdung.

3. *Die Doppelt-Frustrierten* haben gravierende Mißerfolgserlebnisse in Elternhaus und Schule, in zwei wesentlichen Sozialisationsbereichen, erlebt. Sie haben demzufolge auch negative Beziehungen zu ihren Eltern, zu Lehrern und anderen Erziehungspersonen; sie weisen gleichzeitig einen hohen Grad von Integration und Abhängigkeit bezüglich ihrer Peer-group auf. Die Einstellung der Eltern zu diesen Jugendlichen läßt sich in den Dimensionen "uninteressiert" bis "affektiv-negativ" beschreiben. Ein hoher Grad an Ablehnung konventioneller Sozialformen und ein starker Einfluß von Peer-groups gehen einher mit einem hohen Maß an delinquenter Aktivität (Kleinkriminalität, Prostitution, Drogen).

4. *Die Flüchtenden* haben Eltern, deren Erziehungsverhalten bestimmt wird durch ein hohes Maß an Kontrolle, verbunden mit hohen Leistungsanforderungen. Typischerweise kommen diese Kinder und Jugendlichen aus Familien mit höherem sozialen Status (untere Mittelschicht und aufwärts). Wenn allerdings, wie in dieser Gruppe, Probleme in Elternhaus und Schule auftreten, fehlt Unterstützung und Hilfe. Beim Nichterreichen vorgegebener Normen sind eher Entmutigungen und negative Etikettierungen seitens der Erziehungspersonen zu beobachten.

5. Bei den *Angepaßten* handelt es sich um Kinder, die angeben, ein gutes Verhältnis zu ihren Eltern auf helfender und emotionaler Ebene zu haben (gute elterliche Pflege und gefühlsmäßige Anerkennung). Gleichzeitig wird jedoch auch davon berichtet, daß die Eltern starke Kontrollen auf die Kinder ausüben, daß häufig zu physischer Bestrafung wie auch anderen Sanktionen (im Zimmer einsperren) gegriffen wird und die Eltern bezüglich schulischer Leistungen ebenso wie in anderen Bereichen hohe Anforderungen stellen und entsprechende Bemühungen seitens der Kinder erwarten. Die Aussagen der Kinder lassen ein hohes Maß an Machtlosigkeit und niedrige Werte in der Selbsteinschätzung erkennen. Sie sind ebenso durch ein hohes Maß an Beeinflußbarkeit wie durch negative Peer-group-Normen gekennzeichnet.

6. *Die jungen "ungehemmten" Ausreißer* kommen aus sehr ungünstigen sozioökonomischen Verhältnissen und werden durch ein geringes Maß elterlicher Kontrolle und Disziplin gekennzeichnet, d.h.: niedrige elterliche Steuerung, physische Bestrafung, soziale Isolation, Privilegienentzug und gefühlsmäßige Bestrafung, aber hohe elterliche Nachgiebigkeit. Die Eltern stellen sehr geringe Anforderungen in der Leistungsdimension und zeigen nur in geringem Umfang ein fürsorglich helfendes und unterstützendes Verhalten. Bei den Kindern dieser Gruppe finden sich relativ hohe kriminelle Aktivitäten einschließlich Drogengebrauch.

7. *Die Abenteurer und Entdecker* sind Kinder und Jugendliche, bei denen sich durchweg sehr positive Beziehungen zu den Eltern finden. Ein hohes Maß an elterliche Akzeptanz ist verbunden mit Unterstützung und Hilfe. Die Eltern praktizieren kein hohes Maß an Kontrolle, noch finden sich hier hohe Raten physischer und psychischer Bestrafung. Jugendliche in der Gruppe selbst zeichnen sich durch einen niedrigen Grad an Peer-group-Einfluß und Delinquenz aus. Sie haben durchweg gute bis befriedigende Schulleistungen und ein ausgeprägtes Selbstbewußtsein. Die geringe Akzeptanz subkultureller Normen ist verbunden mit einem geringen Grad sozialer Entfremdung, d.h. durchweg gegebener hoher Akzeptanz von sozialen Werten und Normen. Jugendliche dieser Gruppe lassen sich am wenigsten — verglichen mit den anderen — als psychisch gestört beschreiben, noch scheint ihre soziale Situation durch ein hohes Maß unbewältigter Konflikte charakterisiert zu sein. Von daher

ließe sich auch sagen, daß diese Jugendlichen nicht vor etwas weglaufen, sondern zu etwas hinlaufen, d.h. etwas suchen, neue Erfahrungen machen wollen, Abenteurer sind.

War bei den psychologisch-pädagogischen Konzepten der Begriff der "Verwahrlosung" der zentrale Strukturierungsansatz, so ist dies bei dem sozialisationsbezogenen Modell das Konzept der "Problemfamilie". Das heißt, im Mittelpunkt des Interesses steht nicht mehr die einzelne Person bzw. deren als abweichend vermerkte Persönlichkeitsmerkmale und Eigenschaften, sondern das Sozialisationsfeld Familie selbst (dazu u. a. *Birke u. a.* 1975, S. 42 ff.).

Stark vereinfachend beinhaltet das Konzept der "Problemfamilie" folgende Grundmuster:

Die *Defizitfamilie* als eine Familie, in der — gemessen am gesellschaftlichen Durchschnitt — materielle und immaterielle Mangelsituationen vorliegen. Es ist dies eine eher unterschichtsbezogene Familiensituation, eher desorganisiert und den Instanzen der sozialen Kontrolle und öffentlichen Erziehung bereits bekannt. Ausgangshypothese des Erklärungsmodells ist dabei in aller Regel,

"daß die Zugehörigkeit zur Unterschicht und die damit verbundene sozio-ökonomische Benachteiligung defizitäre Familienstrukturen begünstigt, die ihrerseits ein sozio-kulturelles Erziehungsmilieu zur Folge haben, in dem dissoziale Verhaltenspositionen leicht entstehen, und zugleich die Wahrscheinlichkeit erheblich mindert, daß solche Dispositionen vom gegebenen Erziehungsfeld selbst rückgängig gemacht werden können" (*Mollenhauer* 1968, S. 60).

Die *Konfliktfamilie* entspricht eher dem Modell einer mittelschichtsorientierten Familie, der es trotz psychischer oder auch finanzieller Schwierigkeiten gelingt, die auftretenden Probleme weitgehend ohne äußere Unterstützung zu lösen und Problemlagen nach außen hin zu kaschieren. Dieses Verschleiern von Spannungen erzeugt außerordentlichen Streß in der Familie, demzufolge auch Kinder in ihren Möglichkeiten, sich zu entwickeln, eingeschränkt werden, da sie mit an der Dämpfung und Verschleierung des Konfliktpotentials beteiligt werden und ihre Möglichkeiten nicht produktiv zur Entfaltung des eigenen Selbst einsetzen können. Äußere Anlässe (z. B. Spannungen in Verwandtschaftssystemen, Pubertätskonflikte, berufliche Krisen etc.) können zu einem offenen Ausbruch der Konflikte führen und die Familie zur Inanspruchnahme professioneller Hilfe zwingen. Bei ausreichendem Einkommen ist dies der Therapeut, bei fehlenden Ressourcen auch die öffentliche Erziehung.

In Familien des zuerst genannten Typs ergeben sich (hier in der Verallgemeinerung) sozialstrukturell erzeugte Konfliktspannungen, die durch die Persönlichkeitsstruktur der Eltern, wie z. B. Unzufriedenheit, Streitsüchtigkeit, Unbeherrschtheit, sprunghafter Wechsel, ungeplante Handlungen, offene Aggressivität etc., noch erheblich verstärkt werden. Im zweiten Fall wird ein eher zwanghaftes Gleichgewicht auf pathogenem Niveau erzwungen und das Beziehungsritual rigide durchgesetzt. Eltern-Kind-Beziehungen gelten dann als eher vernachlässigt-indifferent oder aber als überfürsorglich in Verbindung mit widersprüchlichen Elternrollen und Erziehungstechniken und einer inkonsistenten, d. h. nicht vorhersehbaren Anwendung von Sanktionen und Belohnungen.

Der Gewinn des sozialisationsbezogenen Modells gegenüber den referierten älteren Ansätzen (dem medizinischen und dem psychologisch-pädagogischen Modell) liegt nun darin, daß Abweichung und Normalität auf der Ebene eines Systems, hier der Familienstruktur angegeben werden können. So kann diese Herangehensweise gegebenenfalls auch sichtbar machen, wie durch bestimmte Rollenzuweisungen innerhalb der Familie eines ihrer Mitglieder zum "Sündenbock" gemacht und gegebenenfalls auch aus dem Familienverband herausgedrängt wird:

"Im Englischen (...) wird der sehr plastische Ausdruck 'Hinausgefrieren' (freezing-out) benutzt. Das familiale Rollenarrangement wird ohne diese Person fortgeführt. Konkret heißt das, daß die Hilfe der sozialen Dienste zu dem Zweck benutzt wird, das abweichende (als abweichend definierte) Mitglied außerhalb der Familie zwecks Problembeseitigung abzuliefern. Es gibt auch Alternativen zum Hinausdrängen, also eine Behandlung der Problemperson in der Familie. Dies kann aber nur gelingen, wenn die Stabilität der Familie dazu ausreicht. Wenn die Problembewältigungsfähigkeit fehlt, bleibt der desolate und durch permanente Fehlschläge gekennzeichnete Zustand der Familie erhalten, der den Sozialarbeiter so oft zur Verzweiflung treibt" (*Birke u. a.* 1975, S. 65).

In diesem Zusammenhang wird dann eine individuelle Abweichung von herrschenden Normen nicht primär unter dem Aspekt der Verletzung eines kulturellen Sets von handlungsleitenden Normen, das als natürlich gegeben und unumgänglich akzeptiert werden muß, verstanden. Das individuelle Problem bezieht sich hier vielmehr auf eine Reduktion der Fähigkeiten zu qualifiziertem Rollenhandeln, die anhand eines Modells unverzerrter, d. h. die Balance von Vergesellschaftung und Selbstrepräsentation ermöglichender, sozialer Interaktion bestimmt werden (dazu auch *Moser* 1970).

In einer weiteren Ausdeutung kann nach diesem Modell das individuelle Verhalten auch als Fähigkeit zur Problembewältigung innerhalb eines relevanten (womöglich jedoch "pathogenen") Bezugssystems verstanden werden (Beispiele hierfür finden sich in der Schizophrenieforschung). Verhalten, das aus einer "Außenseiterperspektive" als abweichend bzw. defizitär bezeichnet wird (bzw. werden kann), kann sich demnach mit Blick auf die im System herrschenden Regeln als durchaus funktional bzw. auch produktiv zur Systemerhaltung erweisen. Das Dilemma der Akteure liegt dann vor allem darin, daß sich, sobald sie das regelsetzende Subsystem, das diese abweichenden Verhaltensmuster hervorbringt, verlassen, in Konflikte mit konkurrierenden Regeln und Erwartungen anderer gesellschaftlicher Subsysteme (z. B. Schule, Polizei, Gericht, Jugendamt) geraten.

Ein differenziertes familiendynamisches Konzept zur Untersuchung jugendlichen Weglaufens hat *Helm Stierlin* vorgelegt. *Stierlin* untersuchte in den USA die familiendynamischen Konstellationen von 14- bis 16jährigen Jugendlichen (Mädchen und Jungen), die von zu Hause fortgelaufen waren.

Gesellschaftlich begünstigt wird nach *Stierlin* das Ausreißen (in den USA) durch das Vorhandensein einer "Ausreißerkultur". Die Existenz dieser Ausreißerkultur wirkt sich auf die Handlungen zahlreicher Jugendlicher aus.

"Trotzdem bringt allein die Existenz einer Subkultur von Ausreißern Jugendliche nicht dazu, von daheim fortzulaufen. Wir müssen zusätzlich eine Neigung oder Bereitschaft zum Ausreißen annehmen und dazu ein schwieriges und leidvolles Familienleben, dem der Jugendliche entfliehen muß" (*Stierlin* 1980, S. 24 f.).

Erfährt "das Drama von Trennung und Versöhnung im Jugendalter" (*Stierlin*) durch das Ausreißen, die damit verbundene geographische, soziale und emotionale Distanz eine Verschärfung und ein verfrühtes Ende, so will *Stierlin* diesen Ablösungsmodus (und seine Folgen) als pathologisch kennzeichnen.

Der Begriff des Pathologischen soll dabei allerdings weniger der Charakterisierung der Persönlichkeiten der Jugendlichen, als vielmehr der Kennzeichnung der Beziehungskonstellationen innerhalb der Familie dienen. Diese werden insofern pathologisch genannt, als die erzwungene vorzeitige Ablösung von den Eltern der weiteren Entwicklung abträglich ist (*Stierlin* 1975, S. 25 f.).

Stierlin unterscheidet vom Geschehensablauf her drei Typen jugendlicher Ausreißer/innen:
- *Jugendliche mit mißlungenen Ausreißversuchen*, die stark an ihr Zuhause gebunden sind und daher "wie von einem unsichtbaren Gummiband immer schnell zurückgezogen werden".
- *Unbekümmerte Ausreißer/innen*, die im Gegensatz zur Gruppe der "erfolglosen Ausreißer" augenscheinlich weder Skrupel noch Schwierigkeiten haben, ihre Familie zu verlassen. Häufig finden sie ihren Platz in jugendspezifischen Subkulturen.
- *Ausreißer/innen in Krisensituationen*, die nach Stierlin die Hauptgruppe der Ausreißer darstellen, weisen in verschiedenem Ausmaß Eigenschaften der Jugendlichen aus den beiden zuerst genannten Gruppen auf. "Ihr Ausreißen reflektiert vor allem

eine Krise in ihrem Leben und dem Leben ihrer Eltern" (*Stierlin* 1980, S. 30).

Die Motive für diese unterschiedlichen Ausreißstrategien interpretiert *Stierlin* innerhalb seines familiendynamischen Modells. Wenn im Familiensystem zentrifugale Konfliktlösungsstrategien ("Ausstoßungsmodus") dominieren, kommt es zum "unbekümmerten Weglaufen". Sind in der Familie zentripetale Strategien vorherrschend, unterbleibt das Weglaufen oder es kommt zum "erfolglosen Weglaufen". Halten sich zentrifugale und zentripetale Kräfte in der Waage, zeigt sich "das Weglaufen in Krisensituationen", d. h. es bleibt eine emotionale Bindung zum Elternhaus noch bestehen und eine Rückkehr ist möglich.

Durch die Theorie *Stierlins* erfahren die bisher referierten sozialisationsbezogenen Erklärungsansätze eine Erweiterung. Indem Stierlin die Gruppe der "running from" als "Weglaufen in Krisensituationen" bzw. die Gruppe der "running to" als "unbekümmerte Ausreißer/innen" in ein Konzept von zentrifugalen und zentripetalen Kräften bringt, läßt sich der familiendynamische Zusammenhang aufzeigen. Auch wird erklärlich, warum Familientherapien bei der Gruppe der "running to" weniger wirkungsvoll sind.

Obschon der Ansatz von *Stierlin* wichtige Hinweise zur Deutung des Phänomens des Weglaufens im familiären Kontext gibt, bedarf dieses Modell der Erweiterung. Einige Aspekte hierfür sind:

- Beschränkung der von *Stierlin* untersuchten Familien auf den amerikanischen Kulturraum,
- Beschränkung auf Familien aus der amerikanischen (unteren) Mittelschicht (typische Unterschichtszenarios, ethnische Minoritäten etc. fehlen),
- Beschränkung auf Beziehungen innerhalb strukturell vollständiger Familien (Zwei-Eltern-Familien),
- Vernachlässigung von außerfamiliären Einflußgrößen (Soziokultur) trotz der erfolgten Erwähnung jugendlicher Subkulturen ("Ausreißerkultur") als Verstärkerfaktor,
- nur begrenzte Anwendbarkeit bei Heimwegläufer/innen (hier können die von *Stierlin* zugrunde gelegten Bindungen und Lösungsstrategien nicht in gleicher Weise als gegeben angenommen werden),
- vereinfachende Klassifikationen (z. B. "unbekümmerte Ausreißer/innen").

Hosemann/Hosemann problematisieren an der Herangehensweise von *Stierlin* vor allem, daß der Ansatz durch die Konzeptuierung der Ausreißertypen mit ihren Beschreibungen der "Seins-Zustände" der Jugendlichen noch starke psychoanalytische Züge trägt (vgl. *Hosemann/Hosemann* 1984, S. 177). Im Rahmen ihrer Sichtweise wird Familie als "System" betrachtet. Nach *Hosemann/Hosemann* ist damit ein neues Paradigma entwickelt worden, das ein ganzheitliches Interpretieren auffälliger Verhaltensweisen von Kindern und Jugendlichen möglich macht. Sie beschreiben sog. "Muster von Herkunftserfahrungen", die sie als "reorganisierend, rigide vernetzt oder chaotisch vernetzt" bezeichnen (S. 139ff.)

In einer Untersuchung des *Instituts für soziale Arbeit e. V.* ("Jugendliche Ausreißerinnen und sozialpädagogische Krisenintervention") ist das Konzept von *Stierlin* weiterentwickelt worden (vgl. dazu *Elger u. a.* 1984).

Für die Analyse innerfamiliärer Beziehungsmodi und Kommunikationsprozesse wurden zwei zentrale Aspekte vorgegeben. Die erste Dimension bezeichnet den vorherrschenden Beziehungsmodus. Hier ist ein enger Bezug zu der bei *Stierlin* wesentlichen Vorstellung der Beziehungsmodi von Bindung und Ausstoßung gegeben, wobei das Konzept noch um die Ausprägungen "Gleichgültigkeit/Indifferenz" und "Ambivalenz" erweitert wurde, die mittlere Stufen zwischen Bindung und Ausstoßung einnehmen und empirisch häufig vorfindbar sind.

Die zweite Dimension ist durch die konkrete Verhaltenskontrolle, die im Familiensystem ausgeübt wird, gegeben. Hier wird die Art erfaßt, in der auf Regelverletzungen reagiert wird, damit auch das Maß an Flexibilität, mit dem Familien auf Inkonsistenzen reagieren. Operationalisiert wurden die einzelnen Abstufungen als hohe, flexible, widersprüchliche/diskontinuierliche, niedrige Verhaltenskontrolle.

Die empirischen Ergebnisse konnten hier den besonderen Einfluß spezifischer Kombinationen belegen (vgl. *Elger u. a.* 1984, S. 132ff.). Ambivalente Beziehungsmodi gekoppelt mit hoher bzw. widersprüchlicher Verhaltenskontrolle und ausstoßende Beziehungen verbunden mit hoher Verhaltenskontrolle stellten die häufigsten Auslösebedingungen (in mehr als zwei Drittel der untersuchten Fälle) für Weglaufen dar.

Bei den bislang referierten sozialisationsbezogenen Ansätzen werden keine geschlechtsspezifischen Differenzierungen vorgenommen. Es finden sich jedoch auch solche, die sich speziell mit der Situation von Mädchen in Familien und den Ursachen für Delinquenz, Weglaufen etc. befassen.

Robey/Snell (1969) verweisen darauf, daß Fortlaufen von zu Hause eine besonders typische Reaktion von Mädchen auf disharmonische Familienverhältnisse ist, während Jungen aus gestörten Familien eher neurotische Tendenzen zeigen. Zudem sei durch eine starke Bindung an einen ungeeigneten oder schwierigen Vater oft Prostitution bedingt.

Auch *Conen* geht in ihrem Buch "Mädchen flüchten aus der Familie" (1983) von einer größeren Wichtigkeit harmonischer Familienverhältnisse für die Entwicklung von Mädchen aus. Theoretischer Bezugsrahmen für *Conen* ist die familiale Sozialisation mit ihrer mädchenspezifischen Problematik, die Bedeutung der frühkindlichen Entwicklung für die Devianz von Mädchen sowie die Jugendphase als Phase der Herstellung des Arbeitsvermögens und der Loslösung von den Eltern. Hinzu kommen die Probleme einer ausgewogenen Identitätsbildung, besonders der Geschlechterrollenidentität.

"Devianz und Delinquenz bei Mädchen differiert von der männlicher Jugendlicher. Im großen und ganzen sind Mädchen bei ihren abweichenden Handlungen weniger aktiv, weniger gewalttätig und weniger gegenüber sich selbst gefährdend als Jungen. Abweichendes Verhalten scheint mehr in Verbindung mit persönlichen Anforderungen in der Familie und dem Wunsch, diesen zu entgehen, zu stehen" (*Conen* 1983, S. 17).

Ihre empirische Untersuchung, die auf einer ausführlichen Darstellung und Analyse von vier Fallbeispielen (Mädchen im Heim) beruhen, weist folgende Ergebnisse aus:

Im Mittelpunkt der Probleme steht für die Mädchen die "familiale Situation, hier insbesondere die Auseinandersetzung mit dem erziehenden Elternteil (alle vier Mädchen wuchsen mit nur einem leiblichen Elternteil auf: Ein-Eltern-Familie bzw. Stiefvater)" (S. 142). Bei den Mädchen, die mit Mutter und Stiefvater aufgewachsen waren, stand der Konflikt mit der Mutter im Vordergrund, bei den anderen Mädchen der Konflikt mit dem Vater aufgrund der Kontrolle über ihre Interessen und Bedürfnisse. "Ansonsten nehmen die Väter eine eher untergeordnete Rolle ein, es sei denn, sie nähern sich den Mädchen inzestuös" (S. 142). Nahezu alle Mädchen werden von ihren Eltern oder Elternteilen abgelehnt. Die Eltern sind aufgrund eigener Probleme und Schwierigkeiten auch gar nicht zu intensiven Beziehungen in der Lage, "sie flüchten ebenso wie die Mädchen vor diesen Problemen" (Alkohol, Tabletten, Drogen). Die Eltern üben als Identifikationsmodelle eine imitative aber keine identifikative Wirkung auf die Mädchen aus. Die Mädchen verdeutlichen, indem sie aus der Familie flüchten oder den Rauswurf provozieren, daß die Eltern ihnen keine positiven Erfahrungen und Qualifikationen mehr vermitteln können (S. 150). Hinzu kommt, so *Conen*, daß die Mädchen in der Familie mit geschlechtsspezifischen Anforderungen konfrontiert werden, wobei z. B. die Mitarbeit im Haushalt i.d.R. lange ertragen wird. Kommt aber eine verstärkte elterliche Kontrolle über Ausgangszeiten, Freundschaften etc. hinzu, so verschärfen sich die Konflikte. In dieser Situation "entziehen sie sich durch deviantes Verhalten, d.h. u. a. Flucht aus der Familie. Flucht ist ein Thema, das sie als eine Problemlösungsmöglichkeit vorgelebt bekommen" (S. 10).

Weder der theoretische Bezugsrahmen noch die empirischen Ergebnisse werden von *Marie-Luise Conen* stringent dargestellt, was eine kritische Würdigung schwierig macht. Hingewiesen sei hier auf ein Problem ihrer methodischen Herangehensweise. Die gute und ausführliche Darstellung und Analyse der Fallbeispiele verdeutlichen die subjektiven Deutungs- und Handlungsmuster der Mädchen und haben somit auch einen hohen pädagogischen Stellenwert. Bei dem Versuch der Verallgemeinerung ihrer Ergebnisse verlieren diese Erkenntnisse allerdings, indem letztlich hinlänglich kritisierte Relikte psychoanalytischer Theorien herangezogen und damit als Ursache des Weglaufens gestörte Mutter/Tochter-Beziehungen angenommen werden. Zudem wird das Handeln der Mädchen auf Imitationslernen zurückgeführt. Indem aber die Flucht der Mädchen als imitierte, vorgelebte Problemlösungsmöglichkeit interpretiert wird, erscheint die andererseits aufgeführte "Widerstandsthese" — Flucht als Auflehnung, Demonstration — gewagt und widersprüchlich. Zudem wird hier die Flucht der Mädchen aus dem Elternhaus gleichgesetzt mit der Flucht der Mutter in Alkohol und Tabletten.

Allgemein als instabil bezeichnete Familienverhältnisse sind auch für *Homer* (1973) Ursache des Weglaufens von Mädchen. Demnach lassen sich zwei Gruppen herauskristallisieren, die sich hinsichtlich ihrer Reintegrationschancen unterscheiden: die "running from"- und die "running to"-Gruppe.[29]

1. Diejenigen Mädchen, die der Gruppe der "running from" zuzuordnen sind, haben ungelöste intrapersonale und familiäre Probleme. Das Weglaufen ist als Zeichen zu werten, daß die Probleme ihre Toleranzschwelle überschreiten. Zumeist laufen diese Mädchen dann lediglich zu ihren Freunden/innen bzw. Bekannten der Eltern. Bei dieser Gruppe führt die Therapie, vor allem die Familientherapie, zu guten Erfolgen. Sechs der sieben Mädchen dieser Gruppe laufen nicht mehr weg, da sie die Probleme innerhalb der Familie besser und offener thematisieren können.

2. Diejenigen Mädchen, die zur Gruppe der "running to" gehören, berichten zwar ebenfalls von Mißständen in den Familien, sind aber von ihnen aufgrund einer indifferenten Haltung weniger tangiert. *Homer* bezeichnet sie als "pleasure seekers", die Sex, Drogen und andere ihnen verbotene Dinge brauchen. Sie laufen gerne weg und ziehen peer groups als Anlaufstelle vor. *Homer* attestiert ihnen Störungen in bezug auf internalisierte Kontrollen.

"On the run, they appeared to enjoy the freedom from parental restrictions and those from other authority figures, and they had serious difficulties internalizing controls" (*Homer* 1973, S. 475).

Die Therapie ist für die dreizehn Mädchen dieser Gruppe nicht erfolgreich. Neun der Mädchen laufen immer wieder weg und kommen nicht freiwillig zurück. Sie interessieren sich nicht für die Konsequenzen ihres Handelns und reagieren nicht auf

---

[29] Die Untersuchung basiert auf einer Gruppe von n=20 Mädchen, die mindestens dreimal weggelaufen sind. Über einen Zeitraum von einem Jahr wurde mit den Mädchen einmal Einzeltherapie und zweimal Gruppentherapie pro Woche sowie alle zwei Wochen einmal Familientherapie gemacht, um weitere Weglaufversuche zu verhindern.

Kontrolle von außen. *Homer* ist der Ansicht, daß in diesen Fällen geschlossene Unterbringung nötig ist. Vier der Mädchen seien aber durchaus von den Konsequenzen ihres Handelns beunruhigt und reagierten auf äußere Kontrolle in der Weise, daß sie etwas seltener weglaufen, obgleich sie immer wieder nach "pleasure" in peer groups suchten.

Die Familienzusammensetzungen differieren in beiden Gruppen nur wenig; es handelt sich insgesamt um "instabile Familien", so die Beurteilung von Homer, denn dreizehn der zwanzig Mädchen wachsen in Ein-Elternteil-Familien auf.

"In the running-from category, four girls had one parent in the home, and three girls had two parents. In the running-to category, seven girls had one parent in the home, three girls had both parents in the home with one being a step-parent, and two girls had no parent (...). The fact that thirteen of the twenty girls lived with either one parent or no parent would seem to say something about the family stability of runaways" (*Homer* 1973, S. 477).

Ein Erklärungsansatz, der ebenfalls speziell die Situation von Mädchen berücksichtigt, ist der Ansatz von *Marianne Kieper* (1980). In ihrem Buch "Lebenswelten verwahrloster Mädchen" verdeutlicht sie den Zusammenhang zwischen Familiendynamik und Weglaufen bzw. Heimeinweisung während der Adoleszenzzeit von Mädchen. Diese Zeit stellt an Eltern und Mädchen demnach besondere Anforderungen hinsichtlich der Kommunikationsfähigkeit, denn Orientierungen der Mädchen an Jungen und peer groups stehen oft nicht in Einklang mit Anforderungen der Familie. So ist die für Mädchen äußerst wichtige Zeit der Persönlichkeits- und Geschlechtsrollenentwicklung eingeschränkt durch Veränderungen des Erziehungsstils der Eltern zur Zeit der Pubertät.

Aufgrund von Interviews mit Mädchen eines Erziehungsheims kristallisieren sich für *Marianne Kieper* zwei Gruppen mit unterschiedlichen Bedingungen für den Bildungsprozeß bei Mädchen heraus: Bildungsprozeß in stabil erscheinender Arbeiterfamilie und Bildungsprozeß in instabiler Familie.

1. Stabil erscheinende Arbeiterfamilien sind durch folgende Merkmale geprägt: Die Eltern leben ununterbrochen zusammen, wobei der Vater dominant ist und seine "Stärke" häufig durch Schläge als Mittel der Bestrafung zum "Besten" des Kindes einsetzt. Die ökonomischen Verhältnisse sind bestimmt von einer stabilen Arbeitsbiographie und -situation: Die Eltern stimmen in ihren Ansichten zur Erziehung weitgehend überein, wobei die Leitorientierung der Geschlechts- und Generationsrollenstruktur eine innerfamiliäre Stabilität und geringe Konfliktanfälligkeit nach sich zieht. Die Bedürfnisse, Rechte und Pflichten der Familienmitglieder sind also

durch ihren Status festgelegt.

Als Grund für eine krisenhafte Entwicklung während der Adoleszenzzeit der Mädchen sieht *Kieper* folgenden Teufelskreis: Bei Beginn der Pubertät nehmen Schläge und Sanktionen zu, weil Väter meinen, die Töchter benähmen sich nicht richtig. Die Mädchen ihrerseits sind unsicher, was sie dürfen und probieren vieles aus. Schule ist keine Alternative, diese wird i. d. R. als erstes aufgegeben. Die Mädchen sehen sich den Anforderungen ausgesetzt, erwachsen zu werden, wie von den Müttern vorgelebt; andererseits übt die jugendliche Subkultur eine hohe Attraktivität aus. Dies schränkt die Wirksamkeit der elterlichen Kontrolle ein. Die Eltern sehen nun aber nicht die Ambivalenz der Anforderungen, sondern nur die Mißachtung ihrer Regeln und reagieren darauf mit verstärkten Sanktionen. Dies setzt einen Teufelskreis in Gang, da die Mädchen immer stärker in die Opposition gedrängt werden, die die Ablehnung elterlicher Handlungsmuster und die Übernahme anderer normativer Orientierungen nach sich zieht. Die Konflikte erscheinen für alle als Krise, die innerhalb der Familie nicht mehr zu lösen ist.

2. Als Merkmale für instabile Familien stehen bei *Kieper* Tendenzen der Auflösung wie
   - Eltern durch Scheidung oder Tod getrennt,
   - Beziehung der Eltern geprägt durch Mißtrauen und Gegeneinander,
   - gemeinsame emotionale Zuwendung und Identifikationsmöglichkeit sind für die Mädchen nicht vorhanden.

Als Gründe für eine krisenhafte Entwicklung der Mädchen während der Adoleszenzzeit sieht *Kieper* hier den mangelnden familiären Zusammenhalt, der das Gefühl des Abgelehntseins nach sich zieht. Mit zunehmendem Alter aber setzt eine verstärkte Suche nach einer Ersatzperson für fehlende Zuwendung ein. Männer und Subkultur werden zur neuen Bezugsgruppe, Schule wird geschwänzt, zu Hause oft tagelang weggeblieben. In instabilen Familien zieht dies aber nicht die Konflikte wie in stabil erscheinenden Arbeiterfamilien nach sich. Die Eltern versuchen nicht, die Mädchen zu beeinflussen, sondern zeigen sich demgegenüber eher bereit, sie abzuschieben (vgl. *Kieper* 1980).

Der Vorteil der Herangehensweise von *Marianne Kieper* ist, daß sie mit ihrer Analyse der Interaktion zwischen Eltern und Mädchen den Prozeßcharakter der Grundproblematik der Mädchen während der Adoleszenzzeit herausarbeitet. In dem *Marianne Kieper* aber den Konflikt der Mädchen während der Adoleszenz als Familienstrukturen übergreifenden Grundkonflikt des Mädchenseins nicht konsequent weiterführt, erscheinen alle weiteren Fluchtversuche (aus Heim, Pflegefamilie, vom Freund etc.) als Handlungsprobleme der Mädchen, deren Ursprung in der geschädigten Geschlechtsrollenidentität liegt. Handlungsprobleme der Mädchen sind dann, so *Kieper*, die Schwierigkeiten mit und das Scheitern an Rollenanforderungen, die relevante andere Personen an sie stellen. So weichen sie denn schwierigen Situationen aus, haben mangelnde kommunikative Kompetenzen, können den Beziehungsaspekt einer Situation nicht thematisieren, sind nicht zur Kompromißfähigkeit in der Lage, haben Diskrepanzen zwischen normativer Orientierung und sozialem Handeln, haben Angst vor fremden Kontexten und vieles andere mehr (vgl. *Kieper* 1980, S. 164 ff.).

Abgesehen von den zuletzt referierten Studien (*Conen, Homer, Kieper*), die die Situation von Mädchen in den Mittelpunkt rücken, bleibt festzuhalten, daß die sozialisationsbezogenen Ansätze im "main-stream" keine geschlechtsdifferenzierende Perspektive aufweisen. Dies mag — verglichen mit den referierten medizinisch-psychologischen Konzepten — auf den ersten Blick als Fortschritt gelten, unterbleiben so doch sexistische, d.h. mädchendiskriminierende Annahmen, wird der Ausgangspunkt vom einzelnen Minderjährigen weg zum familiären Kontext hin verlegt. Bei genauer Betrachtung zeigen sich hier jedoch auch gravierende Schwächen. An die Stelle des "konservativen Diskurses" tritt hier eine "diskursive Verdrängung". Die aus ihrer Geschlechterposition erwachsenden Probleme von Mädchen werden nicht thematisiert — im Sinne eines auf Gleichberechtigung, Befreiung und Förderung abzielenden Diskurses. Also geht es hier doch auch in erster Linie um Sozialisationsbedingungen, die von der Normalität abweichen, um gestörte und scheiternde innerfamiliäre Beziehungen und Kommunikationsprozesse. Wenn das Erziehungsziel der gesellschaftlichen Integration von Jungen und Mädchen in die je vorgegebenen Rollenerwartungen von der Familie nicht realisiert werden kann — und der Ausbruch, die Flucht der Kinder gilt hierfür als Indiz —, dann gilt dies als Scheitern. Nicht mehr das Kind oder der Jugendliche, sondern die Familie wird schuldig. Damit bleiben die gesellschaftlichen Erwartungen, hier vor allem an die Einpassung von Mädchen in die (widersprüchliche) weibliche "Normalbiographie" unthematisiert.

Hinzuzufügen wäre noch, daß die sozialisationsbezogenen Ansätze, dort wo sie eng auf traditionellen psychoanalytischen Annahmen aufbauen, sich einer emanzipatorischen Kritik stellen müssen. Wo Sozialisations- und Identitätskonflikte, die aus der realen Verfassung einer partiarchalisch geprägten Sozialstruktur entspringen, zu konstanten und historischen Grundsätzen aufgewertet werden (z. B. Stufen der Triebentwicklung, Ödipus, Inzestwunsch und -tabu), bleibt wenig Raum für geschlechtsegalitäre Neubegründungen von Partnerschaft und Familie.

Auf die Ungleichheit der Geschlechter und geschlechtsspezifische Aspekte im Kontext des Weglaufens von Familien verweisen jedoch die Studien von *Homer, Conen* und *Kieper*. Hierdurch werden die Bedeutung bestimmter Familienkonstellationen und

-kommunikationsstrukturen sowie die Bedingungen geschlechtsspezifischer Sozialisation ins Blickfeld der Erklärungen gerückt. Auch der Sinnzusammenhang der ausreißenden Mädchen wird erstmals in die Betrachtungen einbezogen.

Die sozialisationsbezogenen Ansätze abweichenden Verhaltens haben in den letzten 10 bis 15 Jahren auch in der Jugendhilfe einen beachtlichen Bedeutungsgewinn erfahren. Sie sind in der fachlichen Diskussion neben die älteren Konzepte getreten, haben diese z. T. auch schon abgelöst. Indizien hierfür sind: andere (familienbezogene) Akzente und Wahrnehmungen bei Diagnose und Aktenführung, Ausbau der familienfördernden und familienunterstützenden Leistungen (z. B. Sozialpädagogische Familienhilfe), breiter angelegte Beratungs- und Therapiekonzepte (z. B. systematische Familientherapie) etc. Diese Ausrichtung auf "Familie" ist denn auch schon als Familienzentrismus problematisiert worden (vgl. *Karsten/Otto* 1987). In der Tat ist Jugendhilfe nicht auf Familienhilfe reduzierbar, weil damit die Interessenvertretungs- und Anwaltsfunktion von Jugendhilfe für die Kinder und Jugendlichen, für eine emanzipatorische Arbeit mit und für Mädchen verloren ginge. Jugendhilfe darf sich aber auch aus einem weiteren zentralen Grund nicht auf das Feld der Familie reduzieren lassen: ihr ginge dabei die Sensibilität für die Einflußgrößen verloren, die von außen auf Familie einwirken und deren Qualitäten und Problemlösungskompetenzen entscheidend beeinflußen.

2.4 Sozialstrukturelle Ansätze

Kinder und Jugendliche, die ausreißen, verhalten sich nonkonform ("abweichend"). Sie verstoßen gegen das Gebot der Akzeptanz elterlicher Autorität, das der Seßhaftigkeit (Aufenthaltsbestimmungsrecht der Eltern), zumeist auch gegen die Erwartung schulischer oder beruflicher Pflichterfüllung, gegen das Gebot der Respektierung fremden Eigentums (z. B. Ladendiebstahl) und wohl nicht selten auch gegen das Gebot der sexuellen Enthaltsamkeit im Jugendalter, soweit dies heute noch vertreten wird.

Sollen diese Regelabweichungen nun nicht vor dem Hintergrund individueller oder familienspezifischer Besonderheiten gesehen werden, muß die Frage nach der gesellschaftlichen Bedingtheit nonkonformen Verhaltens gestellt werden. Die von *Robert K. Merton* im Anschluß an *E. Durkheim* entwickelte Anomietheorie gibt Hinweise darauf, "wie manche soziale Strukturen einen deutlichen Einfluß auf bestimmte Personen in der Gesellschaft ausüben, eher ein nicht-konformes Verhalten" zu zeigen (*Merton* 1968). Das Ergebnis war der Nachweis, daß manche Formen nonkonformen Verhaltens psychologisch genauso normal sind wie konformes Verhalten, womit die herkömmliche Gleichsetzung von Deviation und psychischer Abnormität obsolet geworden wäre.

Merton unterschied zwischen den von der allgemeinen (herrschenden) Kultur als legitim definierten Zielen einerseits und den zur Erreichung dieser Ziele als erlaubt geltenden Mittel andererseits.

Durch gesellschaftliche Herrschaftsverhältnisse werden Personen, je nach Status (Stellung im Produktionsprozeß), Geschlecht und Alter, ungleiche Chancen zur Erreichung der als erstrebenswert definierten kulturellen Ziele eingeräumt. In einer Situation, in der ein Individuum die sozial als erstrebenswert definierten Ziele mit den als legitim definierten Mitteln nicht erreichen kann, sind verschiedene (in Hinblick auf Ziele und/oder Mittel) abweichende Reaktionen denkbar. Eine der denkbaren Reaktionsweisen kann der Versuch sein, die kulturell anerkannten Ziele (z. B. Reichtum, Macht, Anerkennung etc.) mit anderen als den üblichen Mitteln zu erreichen. Handelt es sich hierbei um lediglich neue, aber nicht illegitime Mittel, so wird das entsprechende Verhalten als "innovativ" bezeichnet, handelt es sich dagegen um gesellschaftlich negativ sanktionierte Mittel, so gilt das Verhalten als "deviant" oder "kriminell".

Dabei handelt es sich also offenbar nicht um Persönlichkeitseigenschaften, sondern um spezifisches Rollenverhalten in besonderen Situationen. So zeigt sich, daß bestimmte Arten von Nonkonformismus insgesamt eine normale Reaktion auf eine Situation darstellen, in der die kulturellen Ziele angenommen werden, aber kein Zugang zu den konventionellen und legitimen Mitteln zu deren Erreichung gefunden wurde. Einen solchen Zustand, der durch ein Auseinanderfallen von kulturellen Zielen und Normen und den erreichbaren Möglichkeiten für die Individuen, diesen Normen und Zielen gegenüber konform zu handeln gekennzeichnet ist, nennt *Merton* Anomie.

Eine wichtige Erweiterung der Anomietheorie, die ebenfalls für den vorliegenden Ansatz von Bedeutung ist, erfolgte durch *Richard A. Cloward* (1960). Er konnte zeigen, daß es für die Entstehung abweichenden Verhaltens nicht allein ausreicht, wenn legitime Mittel fehlen, sondern daß auch sozial strukturierte "illegitime" Möglichkeiten vorliegen müssen ("differential opportunity structures").

Bezogen auf "Weglaufen" bedeutet dies, daß für das Individuum überhaupt erst Alternativen zur augenblicklichen Lebenssituation denkbar sein müssen, bevor der entscheidende Schritt getan werden kann. Solche sozial strukturierten Möglichkeiten wären etwa eine "Ausreißerkultur", Freunde, Verwandte oder Bekannte, die weiterhelfen können oder die denkbare Möglichkeit, durch illegale oder kriminelle Handlungen den Lebensunterhalt zu sichern. Die gesellschaftliche Existenz und die Verbreitung solcher Möglichkeiten wäre demnach eine einflußreiche Variable für die Entwicklung der Ausreißerquoten.

Auf das Gewicht, das gesellschaftlichen Strukturen bei der Entstehung abweichenden Verhaltens allgemein und des Ausreißens im besonderen zukommt, haben besonders materialistisch-gesellschaftlich orientierte Autoren (z. B. *Kappeler u. a.* 1972a, b) aufmerksam gemacht. Bei *Kappeler u. a.* sind es in einer marxistisch-gesellschaftskritischen Interpretation die sozio-ökonomischen Benachteiligungen in Arbeiterfamilien, die spezifische Belastungen und damit verwahrloste und kriminelle Verhaltensweisen zur Folge haben (*Kappeler u. a.* 1972a, S. 47). Und an anderer Stelle wird das Treberverhalten bestimmt als individueller Ausdruck der gesellschaftlichen Deklassierung proletarischer Jugendlicher:

"Das von der Klassenjustiz und vom Klassenrecht als Verwahrlosung und Kriminalität bezeichnete Verhalten dieser Jugendlichen aus bestimmten Teilen der Arbeiterklasse können wir richtig nur aus ihrer Klassenlage erklären und als einen extremen Ausdruck von Klassenschicksal, d. h. als spezifische Ausprägung von Deklassierung auf der Grundlage der im Kapitalismus unaufhebbaren Deklassierungsprozesse, bestimmen" (*Kappeler u. a.* 1972, S. 26; vgl. auch *Ahlheim u. a.* 1971; *Werkentin* 1971).

Auch in sozialpädagogischen Praxisberichten (z. B. Beratungsstelle Kantstraße, Berlin) wird die Situation jugendlicher Treber/innen in Abhängigkeit von solchen kapitalistisch bestimmten gesellschaftlichen Grundstrukturen dargestellt (vgl. *Jordan/Trauernicht* 1981, S. 53f.).

In diesen Zusammenhang gehört auch ein Hinweis auf *Siegfried Bernfeld*, einen marxistisch und psychoanalytisch orientierten Pädagogen, der in seinem ursprünglich 1929 erschienenen Beitrag "Der soziale Ort und seine Bedeutung für Neurose, Verwahrlosung und Pädagogik" (hier zit. nach der Ausgabe von 1969) folgendes herausstellt:

"Weder die Vagabundage, noch die mannigfaltigen Delikte, die nach außen für diesen Typus charakteristisch zu sein scheinen, sind neurotische Symptome, sondern sie sind die Realfolgen des eigentlichen Symptoms; Folgen, die sich an dem sozialen Ort des Großstadtproletariats, bei Polizei, Schule, Jugendamt, Arbeitslosigkeit mit absoluter Notwendigkeit ergeben, schon aus den Folgen der Ernährungs-, Wohn- und Lebensbedingungen dieses Jugendlichen."

Und zur sozialen Verteilung dieses Phänomens heißt es weiter bei *Bernfeld*:

"Der proletarische Jugendliche kann bettelnd, vagabundierend, gelegenheitsarbeitend, stehlend existieren, Hunger, Schlaf usw. befriedigen, während sein Alters- und Leidensgenosse im bürgerlichen Milieu dies aller Regel nach nicht kann. Er verliert auch nichts im Heim, im Elternhaus, wenn er die Liebe verloren hat: keine Nahrungs- und Kleidungsprämien, keine geliebten Phantasierplätze, kein Eigentum, Spielzeug, Bücher, keine geliebten Erzieher. Die Ichtriebbindungen, die sublimierten Bindungen, die Ichziele und -hoffnungen, all das bindet das bürgerliche Kind an die Affektstätte, all das verlöre es bei einer Flucht, während das proletarische Kind nur direktere libidinöse Befriedigung im Heim findet; sind diese in Frage gestellt, so ist tatsächlich Scheune und Straße nicht schlechter. So setzt der soziale Ort für das bürgerliche und proletarische Kind je eine andere Chance der Entwicklung" (1969, S. 222f.).

In Fortführung sozialstrukturell orientierter Ansätze finden sich in der Literatur (vor allem der angloamerikanischen, z. B. *Dunford/Brennan* 1976; *Schutzhilfe* 1975) Überlegungen, die das Fortlaufen von Kindern und Jugendlichen im Kontext der Anomietheorie als eine Reaktion auf eine erlebte Diskrepanz zwischen kulturellen Zielen und sozial erreichbaren Mitteln zu deren Befriedigung begreifen. Als mögliche Reaktionen des Individuums auf solche Spannungszustände nennt *Merton* (1968): Konformität, Neuerung, Ritualismus, Rückzug und Rebellion. Als Folge der schichtspezifischen Sozialisierung vermutet *Merton* bei Mittelschichtsangehörigen eine stärkere Tendenz zum Ritualistischen und zur Konformität, bei Unterschichtsangehörigen eine stärkere Tendenz zu innovativem und rebellierendem Handeln.

In diesem Kontext zu erwähnen ist auch der sozialstrukturelle Ansatz von *Colla* (1977). Es handelt sich hier um die Darstellung von Ergebnissen einer Untersuchung über Trebegängerinnen, die sich wesentlich auf Selbstberichte von 12 Mädchen stützt. Allen Mädchen ist gemeinsam, daß sie aus ländlichen Gegenden kommen, die wenig Entwicklungsmöglichkeiten bieten und sie einer starken sozialen Kontrolle der Dorfbewohner/innen aussetzen. Die Stabilität der Familie wird nach außen hin gewahrt, auf Ordnung wird geachtet.

"Ihr (der Mutter) war es wichtig, daß der Vater stolz auf seine ordentliche Familie sein konnte und daß die Nachbarn nichts zum Klatschen hatten"(*Colla* 1977, S. 226).

Die Selbstzeugnisse der Mädchen ergeben, daß fast alle in ihrer Entwicklung beeinträchtigt sind. Keine hat die Möglichkeit zu einer besonderen schulischen oder beruflichen Qualifikation. Alle sind einer rigiden Geschlechtsrollenerziehung unterworfen, die sie auf Familie und Haushalt vorbereitet. Das Familienleben wird überwiegend als pragmatisches Zusammenleben ohne größere emotionale Ansprüche geschildert, das deutlich vom patriarchalischen Familienraster geprägt ist. Die Mütter haben eine untergeordnete Rolle, ziehen die Brüder vor und "halten letztlich immer zu den Männern".

Welche sexistische Doppelmoral diese "heile dörfliche Welt" für die Mädchen beinhaltet, denen "Sex nur zum Kinderkriegen in der Ehe erlaubt ist" (*Colla* 1977, S. 226), zeigt die stille Übereinkunft zum Thema Inzest. Sieben von zwölf Mädchen berichten, "... daß sie ein gespanntes Verhältnis zum Vater gehabt haben, der hätte sich wie ein Tyrann zu Hause aufgeführt, und auch mit ihnen geschlafen. Offensichtlich war dies in den Ortschaften, wenn die Mütter krank oder längere Zeit aus anderen Gründen abwesend waren, nichts Ungewöhnliches" (*Colla* 1977, S. 226).

Nach *Colla* laufen die Mädchen weg, um der dörflichen Enge zu entfliehen. Mit dem Weglaufen lassen sie aber nicht die reduzierten Chancen zurück. So sehen denn auch alle Mädchen eine Gefahr darin, daß ihr Treben in der Prostitution enden könnte. In diesem Zusammenhang verweist *Colla* auf die Schwierigkeiten von Mädchen, die Bedingungen und Folgen ihrer weiblichen Sozialisation in dörflich strukturierten Gegenden individuell aufheben bzw. ihnen produktiv entgegenwirken zu können.

Die mit den sozialstrukturellen Ansätzen verbundene soziologische Sichtweise der Entstehungsbedingungen abweichenden Verhalten, des Weglaufens weist über die genannten Beispiele hinaus und thematisiert gesellschaftliche Rahmenbedingungen als Determinanten individuellen Handelns. Aufzeigen läßt sich, daß im Zusammenspiel der genannten Herrschafts- und Abhängigkeitsdimensionen übermächtige Strukturen und ausweglose Situationen entstehen können: der abhängige und eingeschränkte Status als Kinder oder Jugendliche (Adultismus), der inferiore Status als Mädchen/Frau (Patriarchat) gekoppelt mit ökonomisch-sozialen Unterprivilegierungen prägen Mädchen in Krisensituationen, reduzieren ihre Chancen zu eigenen selbstbewußten und selbstbezogenen Lebensentwürfen.

Insgesamt lenken die sozialstrukturellen Ansätze ihr Augenmerk jedoch noch zu stark auf die ökonomisch bestimmten Herrschaftsverhältnisse. Lediglich Colla verweist auf Herrschaftsaspekte von Männern über Frauen, patriarchalische Familienmuster, sexuellen Mißbrauch und den Bezug zum Ausbruch von Mädchen aus Familien. Es scheint naheliegend, daß unter Zugrundelegung der Patriarchatsanalyse weitere Aspekte gesellschaftlicher Rahmenbedingungen für individuelles Handeln — hier des Ausreißens — herauskristallisiert werden können.

Anstelle der Betonung der möglichen Diskrepanzen zwischen gesellschaftlichen Normen und Werten und der nach bestimmten Variablen (z. B. Schicht, Geschlecht) unterschiedlichen Möglichkeiten zur Erreichung dieser Ziele, sollte dasjenige Konfliktpotential betrachtet werden, das für die Individuen durch inhärente Diskrepanzen gesellschaftlicher Normen entstehen kann. Hier sei auf Veränderungen im weiblichen Lebenszusammenhang hingewiesen, die mit der Ablösung des traditionellen Frauenbildes und der Auflösung einheitlicher Normierungen neben neuen Handlungsspielräumen auch die Notwendigkeit individueller Entscheidungen in einem komplexen und widersprüchlichen Normengefüge mit sich bringen (vgl. u. a. *Kuhn* 1980, S. 79; *Beck-Gernsheim* 1983, S. 307ff.). Hier liegt ein sozialstrukturelles Gefüge vor, daß hinreichendes Konfliktpotential für Mädchen eben auch in dem Sozialisationsort Familie erwarten läßt.

Unmittelbar einsichtig ist, daß die Adaption der sozialstrukturellen Ansätze die Jugendhilfe vor die allergrößten Schwierigkeiten stellt. Hier wäre ein radikales Umdenken erforderlich. Jugendhilfe, als Instrument der sozialen Kontrolle auf Anpassung ausgerichtet, hätte sich auf eine andere Optik einzustellen, gesellschaftliche Widersprüche in die eigene Handlungsorientierung einzubeziehen und sozialstrukturelle Veränderung selbst mit ins eigene Programm aufzunehmen.

2.5 Der Etikettierungsansatz (labeling approach)

Im Zusammenhang mit der Frage nach den Ursachen der Familienflucht von Mädchen — als einer Ausdrucksform "abweichenden Verhaltens" — wäre schließlich noch ein weiterer soziologischer Ansatz vorzustellen und zu diskutieren: der labeling approach.

Bei dieser theoretischen Position werden bestimmte Interaktionsprozesse und ihre Folgen in das Zentrum des Interesses gerückt: soziale Zuschreibungsprozesse, die ein bestimmtes Verhalten etikettieren, stigmatisieren und die betreffende Person somit überhaupt erst zum Außenseiter "machen".

Für den labeling approach ist die Konstituierung abweichenden Verhaltens durch soziale Definition die zentrale Ausgangsposition. Damit wendet sich der Labeling approach vor allem gegen die Annahmen psychologischer/psychoanalytischer Theorien, nach denen die individuelle Abweichung von konventionellen Verhaltenspattern als Manifestation einer "pathologischen" Persönlichkeitsstruktur, als Symptom emotionaler Störungen gewertet werden muß (vgl. zu diesem Ansatz vor allem *Becker* 1963; *Sack* 1968 u. 1971). Aus der Perspektive des labeling approach läßt eine derartige Fixierung auf die abweichende Person und die vorgeblich defizienten Sozialisationsbedingungen, die die emotional gestörten Persönlichkeiten hervorgebracht haben sollen, gerade die Situationsdefinitionen aus dem Sichtfeld geraten, die sich auf der Basis gesellschaftlicher Machtverteilungen und Gruppeninteressen konstituieren und die einem primären Interaktionszusammenhang ("Lebenswelt"), der in sich durchaus regelhaft und stimmig sein mag, von außen aufgezwungen werden.

Wird aber die Zuschreibung "abweichend" als eine Eigenschaft betrachtet, die mit dem Sanktionspotential und mit dem partikularen Sanktionsinteresse gesellschaftlicher Kontrollinstitutionen variiert, die also ein Produkt gesellschaftlicher Machtverteilungen ist, dann dürfen auch die Interventionen der Kontrollagenten (z. B. Jugendamt, Jugendgericht) nicht länger als bloß reaktive Strategien betrachtet werden. Vielmehr wäre dann davon auszugehen, daß die soziale Kontrolle selbst als unabhängiger Verursachungsfaktor in Erscheinung tritt, d.h. durch Statusdegradierungen das Problem erst hervorbringt, das vordergründig zu bekämpfen ist.

Die sozialen Selektionsprozesse, die dazu führen, daß bestimmte Handlungen (Personen) erkannt und als abweichend definiert werden, verlaufen dann auch nicht rein zufällig oder willkürlich; sie folgen vielmehr bestimmten "soziologischen Gesetzmäßigkeiten" (*Sack*), d.h. sie sind unmittelbar verknüpft mit Prozessen der Herrschaftssicherung. Dieses Interesse an der Stabilisierung bestehender gesellschaftlicher Einflußpotentiale (und Werthierachien) wird am ehesten dadurch realisiert, daß negative Etiketten wesentlich solchen Personen oder Gruppen zugeschrieben werden, die auch in anderen sozialen Dimensionen marginale (sozial verachtete) Rollen innehaben. Mitglieder einer Gesellschaft, die durch das Kriterium "soziale Randlage" bzw. "niedriger Sozialstatus" sich gegenüber anderen abgrenzen lassen, ziehen in besonderer Weise das Interesse und die Aufmerksamkeit der Kontrollinstitutionen auf sich und sind, einmal erkannt, Bewertungen, Rollenzuweisungen und Interventionsstrategien ausgesetzt, die zwar für den Erhalt einer (repressiven) sozialen Ordnung funktional sein mögen, sich aber für den als abweichend Definierten destruktiv auswirken (Stigmatisierung).

Das Ergebnis ist dann, kurz gesagt, daß die erhöhte Aktivität der Instanzen der sozialen Kontrolle in sogenannten "Problemfeldern", die Auslegung von Ermessens- und Interpretationsspielräumen und die, wesentlich auf die ökonomischen und politischen Interessen der herrschenden Gruppen abgestellten, Rechtsnormen kumulativ wirken in Richtung auf eine Stigmatisierung und Kriminalisierung bestimmter Personen oder Gruppen.

Dieses hier in Umrissen skizzierte Konzept hat vor allem in der amerikanischen Literatur über Ausreißer/innen Anklang gefunden. Dies ist insofern auch leicht verständlich, weil gerade in den USA die sozial bedingten Definitionsprozesse mehr als augenfällig waren. Die Veränderungen der staatlichen öffentlichen Problemsicht zeigen sich vor allem daran, daß in den USA vor 1870, ganz in Einklang mit der gesellschaftlich vorherrschenden Pioniermentalität, das Weglaufen Minderjähriger, das frühe Sich-Verselbständigen von Kindern und Jugendlichen als normales Phänomen gesehen wurde. Mit dem Abschluß dieser expansiven Periode und der einsetzenden Industrialisierung (in der Zeit zwischen 1870 und 1930) verschwand diese Laisser-faire-Haltung, und an deren Stelle traten Schulpflichtgesetze und Gesetze, die die elterliche Verantwortung stärkten, bis dann schließlich gar das Weglaufen von Kindern und Jugendlichen als "Ordnungswidrigkeit" zum Gesetzverstoß und damit ein Gegenstand für Polizei und Justiz wurde (vgl. dazu *Moses* 1978).

Ein weiterer Aspekt, der den Blick für die Zuschreibungen schärft, ist der, daß sich mit den Veränderungen der Quantitäten auch die Qualität des Weglaufens gesellschaftlich neu bestimmte. Wurden in den USA zu "normalen" Zeiten jugendliche Ausreißer/innen klassifiziert als "kleine Kriminelle", als "kranke" oder "unfolgsame" Minderjährige, so änderte sich die Definition beim Ansteigen des Problemumfangs. Während der Rezessionszeit (um 1930), auch während des Zweiten Weltkrieges wurden Ausreißer/innen als Produkt harter Zeiten gesehen. Während der Jugendrevolte der sechziger Jahre wiederum, in deren Verlauf die Zahl der jugendlichen Wegläufer/innen dramatisch anstieg, galt dies wiederum als Protest Jugendlicher gegenüber der Erwachsenengesellschaft, deren Normen und Idealen (vgl. *Moses* 1978).

Einen praxisbezogenen Einsatz findet der labeling approach in einer Studie von *Rita Rosen* zum Thema "Sexuelle Verwahrlosung von Mädchen — Anmerkungen zur Doppelmoral in der Sozialarbeit" (1977). *Rosen* problematisiert den unkritischen Umgang mit dem Etikett der "sittlichen Verwahrlosung der Jugend", der zu einer rigiden Sozialkontrolle benutzt wird. In Theorie und Praxis der Sozialarbeit würden Verhaltensauffälligkeiten bei Mädchen in erster Linie auf den Bereich des Sexualverhaltens reduziert und demgegenüber andere Verhaltensweisen wie Schulversäumnisse, Fortlaufen von zu Hause etc. lediglich als sekundär erachtet (vgl. dazu auch Abschnitt 2.2). Das Handeln der Praxis sei wesentlich an einer repressiven Sexualmoral orientiert, die die Aufrechterhaltung der starren Rollendifferenzierung beabsichtige. *Rosen* spricht hierbei von einer "das weibliche Geschlecht diffamierenden Doppelmoral als Beurteilungsgrundlage der Praktiken der öffentlichen Jugendhilfe und deren pädagogischer Konzepte" (*Rosen* 1977, S. 120).

Unterschiedliche Maßstäbe würden an das Verhalten von Mädchen und Frauen gelegt, d.h. völlig identisches Verhalten werde bei Männern und Frauen unterschiedlich bewertet. Kritikabel sei dieses Verhalten vor allem deshalb, weil die Jugendhilfe vorgebe, besonders Kindern und Jugendlichen, die aus den unteren Gesellschaftsschichten kommen, helfen zu wollen. Die Mädchen aber aus diesen Schichten seien stärker noch als Mädchen anderer Schichten einem extrem antisexuellen und geschlechtsspezifischen Sozialisationsprozeß ausgesetzt. Gerade für diese Mädchen sei der Umgang mit Jungen ein risikovolles Unterfangen. Die Freunde drängten gemäß der ihnen zugestandenen sexuellen Freiheiten auf Koitusbeziehungen, wenn die Mädchen diese allerdings ablehnten, komme es zum Ende der Freundschaft: willigten sie aber ein, komme es zu einer sozialen Diskriminierung. Die sexuelle Entwicklung der Mädchen aus der Unterschicht sei zudem wesentlich belastet durch die Vorstellung, daß die sexuelle Befriedigung des Mannes weitaus wichtiger sei als die der Frau. Diese hochgradig sexualfeindliche Erziehung, die schon im Vorfeld der Heimerziehung zu Hause praktiziert werde, erreicht dann in der Heimerziehung ihren Höhepunkt als konsequente Fortschreibung der sexistischen sexuellen Sozialisation der Mädchen aus der Unterschicht.

Aufgrund ihrer Aktenanalyse kommt *Rita Rosen* zu dem Ergebnis, daß Mädchen wenn sie von zu Hauses fortgelaufen oder aus dem Heim entwichen waren, aufgrund der ökonomischen Zwänge zur Prostitution neigen. Das Fortlaufen wiederum wird begünstigt, wenn Heimerziehungsmaßnahmen drohen. Die als Sanktionen empfundenen Maßnahmen der Jugendfürsorge treiben Mädchen in einen illegalen Untergrund, der ihre Lebenschancen stark reduziert. Hilflos sind sie Repressionen ausgesetzt, die sie zu prostitutionellem Verhalten verleiten. Ihr minder entwickeltes Selbstwertgefühl, so *Rosen*, setzt diesen Zwängen keinen Widerstand entgegen. Die Betreuung durch Vertreter/innen der öffentlichen Jugendhilfe bringe aber offensichtlich keine Stärkung. Dafür spreche vor allen Dingen die Tatsache, daß fast ein Viertel der in der Aktenanalyse wegen "sexueller Verwahrlosung" von Heimerziehung betroffenen Mädchen nach Abschluß der öffentlichen Erziehung vermutlich oder nachweislich der Prostitution nachgegangen seien. Dies sei dann u. a. auch die Folge davon, daß das Stigma "sexuelle Verwahrlosung" zu einer Identitätsveränderung bei den Mädchen dahingehend geführt hat, daß sie sich dem Bild, daß sich die Umgebung von ihnen macht, allmählich annäherten.

Der labeling approach scheint geeignet, eine besondere Perspektive auf die Betrachtung der Situation von Mädchen zu werfen. So stellt auch *Marlis Dürkop* fest, daß Etikettierungstheorie und Feminismus

"... vom gemeinsamen Ziel getragen werden, Diskriminierung von Menschen zu erklären und abzubauen, dort Stigmatisierung von Randständigen, hier Sexismus gegenüber Frauen" (*Dürkop* 1986, S. 273).

In der Praxis schöpfe der labeling approach — so *Dürkop* — seine Potentiale allerdings nicht aus, da er gesellschaftstheoretisch ambivalent bleibe (hier Abstinenz von der Kritik des Patriarchats), sich auf die Abweichung fixiere und keine Vorstellungen über (weibliche) Normalität entwickele, die Subjektivität der Abweichenden (hier der Frauen) vernachlässige und die wechselseitigen Beziehungen zwischen Etikettierenden und Etikettierten (hier zwischen Männern und Frauen) nicht hinreichend berücksichtige (1986, S. 278). Wenn dieser Standortbestimmung gefolgt werden kann, bedeutet dies, daß der labeling approach prinzipiell geeignet ist für eine feministische Radikalisierung. Diese frauenspezifische Zuspitzung und Qualifizierung hat *Rita Rosen* zumindest für die Bedeutung der sexuellen Etikettierung auf das Selbstbild und das sexuelle Verhalten von Mädchen in Erziehungshilfen überzeugend geleistet. Zu klären bleibt jedoch, ob und welche Etikettierungsaspekte bei den Gründen des Weglaufens von Mädchen aus Familien zum Tragen kommen.

Die These, daß Institutionen der Jugendhilfe durch stigmatisierende Typisierungen und durch die Zuschreibung negativer Merkmale selbst zur Übernahme abweichenden Verhaltens beitragen, wird von etlichen Autoren vertreten (z. B. *Quensel* 1970; *Bonstedt* 1973; *Brusten* 1973; *Brusten/Hohmeier* 1975).

Hieraus hätte zu folgen, daß eine betroffen- bzw. subjektorientierte Jugendhilfe den eigenen Interaktionsprozessen und Realitätsdefinitionen mehr Aufmerksamkeit und Sensibilität zu widmen hätte, wenn sie nicht weiter Gefahr laufen will, die eigenen Konzepte gegen den Willen und den Widerstand der Handlungsadressaten und damit kontraproduktiv durchzusetzen.

2.6 Resümee

Im Vorausgegangenen wurden wissenschaftliche Erklärungsansätze zum Phänomen des Weglaufens von Kindern und Jugendlichen dargestellt und auf ihren Erklärungswert für eine geschlechtsspezifische Betrachtungsweise geprüft.

Dabei wurde gezeigt, daß die herrschenden Wissenschaftstraditionen in bezug auf die Beschreibung und Deutung weiblicher Lebenszusammenhänge spezifischen Beschränkungen unterworfen ist. Diese sind wesentlich gekennzeichnet durch

- den "konservativen Diskurs", d.h., daß die Theoriebildung Bezug nimmt auf Herrschaftsverhältnisse zwischen den Geschlechtern, die die Unterdrückung von Mädchen und Frauen festschreibt oder durch
- "die diskursive Verdrängung", d.h., daß die Theoriebildung von den Herrschaftsverhältnissen zwischen den Geschlechtern abstrahiert und durch deren Nichtberücksichtigung die bestehende Unterdrückung des weiblichen Geschlechts wenn auch nicht dezidiert festschreibt, so doch nicht entgegenwirkt.

Deutlich wurde aber auch, daß die sozialisationsbezogenen, sozialstrukturellen Ansätze und der Etikettierungsansatz erste Zusammenhänge zwischen patriarchalischen Normen und Strukturen und der Lebenssituation ausreißender Mädchen verdeutlichen. Keine der Autorinnen (*Homer, Conen, Kieper*) setzt ihre Theorien und Erklärungen jedoch in bezug zur Frauenforschung. Auch gelingt ihnen nicht die Überwindung der Opfer- und Defizitperspektive auf Mädchen.

Abgesehen von dem medizinisch-psychiatrischen Erklärungsansatz können die dargestellten Theoriestränge jedoch für eine umfassendere Erklärungsreichweite des Ausreißens von Mädchen aus Familien genutzt werden.

Bei den psychologisch-pädagogischen Ansätzen müßte der Bezug auf das soziale Umfeld auch dazu genutzt werden, daß die Sicht auf das "Opfer des sozialen Umfeldes als Täter mit gestörter Ich-Entwicklung" verlassen wird. Die sogenannte Tat wird dann als Handlung bezeichnet, die in den Sinnzusammenhang des Individuums gestellt wird.

Bei den sozialisationsbezogenen Ansätzen muß der Blick von den "Problemfamilien" ausgeweitet werden auf Familienkonstellationen, die nicht dem traditionellen Familienmuster entsprechen und je spezifisches Konfliktpotential beinhalten. Auch gilt es, individuelle Lernprozesse vor dem Hintergrund von Theorien geschlechtsspezifischer Sozialisation und deren Bedeutung für Konflikte und Ausbrüche von Mädchen darzustellen.

Ein erhebliches Erklärungspotential wird in den sozialstrukturellen Erklärungsansätzen gesehen, zudem wenn die Perspektive auf die Diskrepanz zwischen gesellschaftlichen Normen und den gegebenen Möglichkeiten zu deren Erwerb ausgeweitet wird auf das Konfliktpotential in sich widersprüchlicher Normen.

Auch der Etikettierungsansatz bietet noch weitere Möglichkeiten, die Bedeutung von stigmatisierenden Kommunikationsprozessen für das Selbstkonzept von Mädchen zu erfassen und letztlich den Ausbruch von Mädchen aus Familien mitbewirken.

Ein integrativer Deutungsansatz muß sowohl mikro-, wie auch makrogesellschaftliche Aspekte berücksichtigen. D.h. eine umfassende Erklärung des Weglaufens von Mädchen sollte drei Analyseebenen mit in Betracht ziehen:

- Auf einer gesellschaftlichen/makrosoziologischen Ebene gilt es zu verstehen, warum es in einer Gesellschaft überhaupt zu einer Anzahl von Fällen des "Ausreißens" kommt und wie Steigerungen in der Rate dieser Fälle zu deuten sind.
- Auf einer subsystembezogenen/mikrosoziologischen Ebene gilt es zu klären, in welcher Weise und unter welchen spezifischen Voraussetzungen sich die zunächst abstrakt-gesellschaftlich vorgegebenen Tatbestände in konkrete Handlungen umsetzen.
- Auf einer kommunikationstheoretischen/individuellen Ebene gilt es, das Verhalten der weglaufenden Mädchen nicht an gesellschaftlichen Normvorstellungen zu messen und als "abweichend" zu definieren, sondern die Bedeutung und den Sinngehalt dieses Handelns zu offenbaren.

Dies bedeutet,

- den *sozialisationsbezogenen Ansatz* auszuweiten auf die geschlechtsspezifische Sozialisation und deren Bedeutung für Art und Inhalte von mädchenspezifischen Erziehungskonflikten,
- den *sozialstrukturellen Ansatz* von der Bedeutung der ökonomischen Lage auf das Herrschaftsverhältnis zwischen den Geschlechtern zu erweitern und nicht nur Diskrepanzen zwischen Norm und Normerreichung, sondern auch Divergenzen innerhalb gesellschaftlicher Normerwartungen an Mädchen zu thematisieren sowie
- den *Etikettierungsansatz* für weitere Möglichkeiten zu nutzen, stigmatisierende Kommunikationsprozesse in Familien als Ursache für das Weglaufen von Mädchen

zu erkennen.

Die Ursachen und Bedingungen des Ausbrechens von Mädchen können dabei erklärt werden,
- auf einer sozialstrukturell bestimmbaren Ebene von Konfliktpotentialen und darauf bezogenen Familiensituationen,
- aus einer aus der Sicht der Heranwachsenden wenig fördernden und unterstützenden Familienkommunikation und -dynamik,
- aus darauf bezogenen psychischen Reaktionsmustern.

Dabei ist die Frage nach dem eigentlich auslösenden Faktor möglicherweise zwar zu beantworten, aber letztlich nicht von entscheidender Aussagekraft. In einer komplexen, lebensgeschichtlich als Spirale zu verstehenden Interaktion unterschiedlicher Verursachungsfaktoren und darauf bezogener Reaktionen des Individuums greift ein klassisches Ursache-Wirkungs-Denken zu kurz.

Bezogen auf den Untersuchungsgegenstand "Familienflucht von Mädchen" wären unter integrativem Erklärungsinteresse vor allem folgende Problemdimensionen zu betrachten und zu verknüpfen:
- geschlechtsspezifische Konfliktpotentiale,
- sozial vorgegebene Verschärfungszusammenhänge,
- innerfamiliäre Verhältnisse und
- subjektive Deutungen der Mädchen (Bedeutungsdimensionen).

Bezogen auf das *Thema des Konfliktpotentials* gehe ich dabei von der Annahme aus, daß es sich um Spannungen, Widersprüche und Konflikte handelt, die in erster Linie ihre Grundlage im Patriarchat haben. Dies ist eine bewußte Setzung, die die ebenso wirkenden Herrschaftsaspekte des Kapitalismus und Adultismus nicht außer acht läßt. Es soll aber dasjenige Konfliktpotential herausgestellt werden, dem Mädchen zur Zeit der Pubertät ausgesetzt sind. Besondere Bedeutung wird dabei der — im weiteren Sinne — sexuellen Entwicklung beigemessen, denn ich gehe davon aus, daß die Bedeutung, die die Sexualität der weglaufenden Mädchen sowohl in der Problemdefinition durch die Jugendhilfe als auch innerhalb der dargestellten Erklärungsansätze erhält, weder rein zufällig noch willkürlich ist, sondern vielmehr bestimmten sozialen Gesetzmäßigkeiten folgt.

Wie sich dieses mädchenspezifische Konfliktpotential in Familien äußert, welche Umgangsformen und Bewältigungsressourcen vorhanden sind, ist nun von weiteren Faktoren abhängig. Schichtzugehörigkeit, strukturelle Vollständigkeit oder Unvollständigkeit, normative Divergenzen zwischen Familien und sozialem Umfeld, Wohnlage, Kulturkonflikte bei ausländischen Familien in der Bundesrepublik und viele andere ökologische Faktoren wirken auf das familiale Binnenverhältnis ein und können die Konflikte von Mädchen und ihren Familien zusätzlich verschärfen. Die geschlechtsspezifischen *Verschärfungszusammenhänge* sollen nicht einer Schuldzuschreibung bestimmter Familien Vorschub leisten, sondern zusätzliche reale Belastungen der Bewältigung des mädchenspezifischen Konfliktpotentials verdeutlichen und auf deren sozialstrukturelle Ursachen verweisen.

Neben dem geschlechtsspezifischen Konfliktthema und seinen Verschärfungszusammenhängen ist dann das *familiäre Binnenverhältnis* zu betrachten, das letztlich ausschlaggebend für die Umsetzung des Konfliktpotentials in Ausbruchsversuche ist, denn nicht aus allen von Verschärfungszusammenhängen betroffenen Familien laufen Mädchen weg. Die Aufgabe der Belastungsverarbeitung und -reduktion kann dauerhaft nur gelingen, wenn zwischen allen Beteiligten, den Familienmitgliedern, ein ständiger Austausch von wechselseitigen Erwartungen und ein Aus- und Angleichen der Ansprüche erfolgt. Das Familiensystem muß ständig neu "justiert" werden, um im Gleichgewicht zu bleiben. Dies gilt vor allem im Verhältnis der Eltern zu ihren heranwachsenden Kindern. Während bei letzteren die Entwicklung bestimmt wird durch Intensivierung der Triebwünsche, Ausbau der kognitiven Fähigkeiten, steigende Außenorientierung, etc. finden sich bei den Eltern eher entgegengesetzte Tendenzen (vgl. *Stierlin* 1980, S. 34). Die innerfamiliäre Grundkonstellation ist also von vornherein konfliktträchtig; Balance und Harmonie stellen sich nicht von selbst ein.

Als ausschlaggebende Variablen des familiären Binnenklimas lassen sich Beziehungsmodus und Art der Verhaltenskontrolle bestimmen. Vor dem Hintergrund dieser zweidimensionalen Typologie (Beziehungsmodus und Verhaltenskontrolle) kann das Weglaufen auch unterschiedliche Bedeutungen für die Mädchen (Bedeutungsdimensionen) haben. Es können vier zentrale Bedeutungsdimensionen analytisch unterschieden werden, die in der Praxis vielfach auch miteinander verbunden sind:
- Weglaufen als Spannungsreduktion,
- Weglaufen als Signal,
- Weglaufen als Ausdruck einer Alternativorientierung,
- Weglaufen als Ausdruck von Ausstoßungsprozessen (vgl. *Elger u. a.* 1984).

Ein anspruchsvolles Erklärungskonzept liegt in der Verbindung insbesondere der sozialisationsbezogenen und sozialstrukturellen Ansätze sowie des Etikettierungsansatzes, wenn diese
- bewußt Mädchen in den Mittelpunkt der Forschung stellen,
- den Lebenszusammenhang von Mädchen daraufhin untersuchen, inwieweit er Konfliktpotential enthält, das die Entwicklung erschwert und behindert,
- versuchen, die historische Genese dieser Lebensbedingungen aufzuzeigen,

- den Stellenwert von Fluchtversuchen in Biographien den jeweiligen Deutungsmustern und Selbstinterpretationen der Mädchen zu entnehmen,
- den sexistischen Gehalt von Alltagstheorien und Wissenschaftstheorien ideologiekritisch hinterfragen.

Kapitel 3:
Familienflucht von Mädchen als Thema der Jugendhilfe

3.1 Fragestellungen, Materialgrundlagen und Auswertungsmethoden

In diesem Kapitel soll die Bedeutung, die das Weglaufen von Mädchen in der Problemdefinition der Jugendhilfe einnimmt, ideologiekritisch untersucht werden. Es geht hierbei primär um Definitionen und Reaktionen der Jugendhilfe auf "Verhaltensauffälligkeiten" von Mädchen, die im Zusammenhang mit primären Sozialisationsorten (Familie) zu sehen sind, weniger um solche, die im Kontext von Jugendhilfe, z. B. der Heimerziehung selbst ihren Entstehungsort haben.

Für die Analyse jugendhilfespezifischer Definitionen und Reaktionen werden verschiedene Zugänge gewählt:
- Darstellung und Einschätzung bereits vorliegender Untersuchungen über die Bedeutung des Weglaufens bei den Heimeinweisungsgründen von Mädchen,
- Auswertung einer eigenen Aktenanalyse bei Neuanträgen von Freiwilliger Erziehungshilfe und Fürsorgeerziehung unter quantitativer und qualitativer Perspektive zur Rekonstruktion fachlicher Entscheidungsprozesse und dem Stellenwert des Weglaufens bei Diagnose und "Erziehungsplanung".

Theoretische Bezugsrahmen dieser Bewertung sind — wie bereits ausgeführt — die Frauenforschung und Erklärungsansätze abweichenden Verhaltens.

Die Bewertung vorliegender Problemdefinitionen erfolgt auf der Folie der in Kapitel 1 dargestellten Diskurse der Frauenbewegung und der in Kapitel 2 diskutierten theoretischen Konzepte der Entstehung abweichenden Verhaltens.

Auf Weglaufen von Kindern und Jugendlichen reagieren Instanzen der Jugendhilfe u. U. mit Erziehungshilfen, die eine Erziehung außerhalb des eigenen Elternhauses, in Heim oder Pflegefamilie, zur Folge haben. Von daher sind vorhandene empirische Untersuchungen daraufhin zu überprüfen, welcher Stellenwert dem Weglaufen bei den Heimeinweisungsgründen zukommt und ob geschlechtsspezifisch unterschiedliche Problemdefinitions- und Handlungsorientierungen zu konstatieren sind.

Da empirische Untersuchungen in der Jugendhilfe selten sind, z. T. mit methodischen Mängeln behaftet und darüber hinaus häufig als veraltet bezeichnet werden müssen, sollte für meine Fragestellung auf eine eigene empirische Untersuchung zurückgegriffen werden. Diese Untersuchung war repräsentativ angelegt. Es wurden mittels eines umfassenden Erhebungsbogens (s. Anhang) die Akten von 206 Mädchen, für die in der Zeit vom 1.1.1984 bis 31.12.1984 in Hessen ein Antrag auf Freiwillige Erziehungshilfe oder Fürsorgeerziehung[30] gestellt wurde, untersucht. Mittels einer EDV-Auswertung der codierten Fragebögen wurden die in den Akten enthaltenen Angaben zur Person der Mädchen, ihrem familiären Hintergrund, den individuellen und familiären Problemen und der "Auffälligkeit" erfasst. Die institutionell erfolgten Hilfen vor Beantragung einer Freiwilligen Erziehungshilfe oder Anordnung von Fürsorgeerziehung wurden ebenso festgehalten wie auftauchende Probleme während der durchgeführten Maßnahme etc. Dabei wurde der Zeitraum von der Antragstellung bis 31.12.1985 in die Auswertung einbezogen.

Die methodischen Probleme einer Aktenanalyse sind in der Fachliteratur bereits diskutiert (vgl. u. a. *Müller* 1980). Bemängelt wird vor allem die Problemkumulation in diesen Dokumenten und die Abhängigkeit der Aktenführung von unterschiedlichen Verständnissen/Herangehensweisen der Fachkräfte. Diese Kritikpunkte sollen hier nicht unberücksichtigt bleiben, jedoch mit folgenden Aspekten relativiert werden.

- Die Aktenführung ist nicht so beliebig wie häufig dargestellt wird, da ihnen z. T. standardisierte Erhebungsbögen bzw. Raster zugrunde liegen, die wiederum fachlich diskutiertes Produkt sind und damit fachlichen Reflexionsstand spiegeln.
- Die Akten sind — neben offiziellen Jugendhilfestatistiken — immer noch die einzigen Quellen, die repräsentative Aussagen zulassen (z. B. über die Häufigkeit des Vorkommens von Familienflucht bei Mädchen in öffentlicher Erziehung). Neben Häufigkeitsauszählungen sind mittels des codierten Erhebungsbogens auch Korrelationen möglich (z. B. der Zusammenhang von Familienflucht und Familienkonstellation).
- Die Akten können "gegen den Strich" gelesen werden, insofern als vorhandene oder unzureichende Informationen als mangelnde fachliche Qualifikation bewertet

---

[30] "Einem Minderjährigen, der das 17. Lebensjahr noch nicht vollendet hat und dessen leibliche, geistige oder seelische Entwicklung gefährdet oder geschädigt ist, ist *Freiwillige Erziehungshilfe* zu gewähren, wenn diese Maßnahme zur Abwendung der Gefahr oder zur Beseitigung des Schadens geboten ist und die Personensorgeberechtigten bereit sind, die Durchführung der Freiwilligen Erziehungshilfen zu fördern" (§ 62 JWG). Für die Gewährung der FEH, deren Ausführung und Aufhebung sind in den Ländern Bayern, Hessen und Bremen die Jugendämter zuständig, in den übrigen Ländern die Landesjugendämter (vgl. § 74, Abs. 2 JWG)

Fürsorgeerziehung (FE) kann vom Vormundschafts- bzw. Jugendgericht angeordnet werden, wenn "der Minderjährige zu verwahrlosen droht oder verwahrlost ist" (§ 64 JWG) oder aus Anlaß einer Straftat eines Jugendlichen (§ 9 JGG i.V.m. § 5 JGG). Für die Ausführung der FE ist in Hessen der Landeswohlfahrtsverband zuständig. Das Jugendamt hat in diesen Fällen an der FE mitzuwirken. Mit der Ausführung der FE erhält die jeweils zuständige Behörde originäre Erziehungsbefugnisse, die die Ausübung des elterlichen Sorgerechts einschränken.

werden können (z. B. nach Datenlage selten vorkommender sexueller Mißbrauch bei gleichzeitiger Kenntnis über die Häufigkeit aus anderen Quellen wie Expert(inn)eninterviews).

Die Möglichkeiten der Aktenanalyse sind begrenzt, aber sinnvoll mit Blick auf statistisch sich zeigende Besonderheiten wie z. B. zeitliche Veränderungen in bezug auf ein bestimmtes Problem bzw. Phänomen oder Unterschiede in geschlechtlicher oder altersbezogener Hinsicht.

Neben diesen "Relativierungen" der Kritik an Aktenanalysen soll jedoch auch ein eigener weiterer Kritikpunkt angeführt werden. Da häufig nicht wie bei der vorliegenden Arbeit nach dem Prinzip des Methodenpluralismus verfahren wird, sondern eine Methode wie die quantitativ orientierte Aktenanalyse in den Vordergrund tritt, kommt es zu "Auswertungsüberreizungen". Damit ist gemeint, daß einerseits Überinterpretationen erfolgen, andererseits Daten erhoben werden, die so kaum interpretierbar sind und eher einen "Datenfriedhof" darstellen als daß sie Aufschluß über Sinn- und Handlungszusammenhänge geben.

Hinweisen möchte ich aber auf weitere Analysemöglichkeiten, die allerdings wenig genutzt werden (anders bei *Aich* 1973). So gibt eine qualitativ orientierte Aktenanalyse die Möglichkeit, themenorientiert oder fallbezogen, Handlungskompetenzen von Fachkräften zu dechiffrieren. Diese Vorgehensweise wurde im Rahmen dieser Arbeit praktiziert, wobei der theoretische Bezugsrahmen der Dechiffrierung wie bei der Analyse der wissenschaftlichen Erklärungsansätze die "Normalitätskonstruktion Weiblichkeit" sowie die "Sexualisierungskonstruktion" (vgl. dazu Kapitel 1) durch die Fachkräfte im Kontext sozialpädagogischen Handelns ist. Auch hier kann wieder davon ausgegangen werden, daß ideologische Grundmuster über das Sein und die Rolle von Mädchen/Frauen ebenso in die Aktenführung und damit in die Themen und "Fälle" eingehen, wie die realitätsgerechte Darstellung sozialer Wirklichkeit weiblicher Lebenswelten.

Es erfolgt somit eine quantitative und qualitative Bestimmung der Bedeutung des Weglaufens bei Interventionen öffentlicher Erziehung unter Berücksichtigung
- der individuellen Lebensgeschichten von Mädchen mit ihren "Auffälligkeiten" und "Potentialen";
- der Familiengeschichten für die Entwicklung von Mädchen;
- zentraler geschlechtsspezifischer Problemlagen von Mädchen;
- der erfolgten Unterstützungen der Jugendhilfe mit ihren Begründungszusammenhängen;
- diskriminierender geschlechtsspezifischer Handlungsweisen von Fachkräften der Jugendhilfe;

- indirekter Diskriminierung aufgrund von Vernachlässigung gesellschaftlicher Diskriminierung von Mädchen;
- offensiver pädagogischer Aktivitäten zum Abbau von Diskriminierung gegen Mädchen.

Diese Herangehensweise hat den Vorteil, daß nicht bereits durch die Anlage der Untersuchung eine Reduzierung der Problemperspektive auf das "Weglaufen" erfolgt. Dies würde wenig förderlich sein, um die gängige Perspektive auf das Weglaufen als "abweichendes und auffälliges Verhalten" zu verlassen und eher den Sinngehalt individueller Handlungen im Kontext struktureller Problemlagen und institutionellen Handelns aufzuspüren und nachzuzeichnen. Erst die umfängliche Analyse der Situation von Mädchen, die in öffentlicher Erziehung sind, ermöglicht eine Bewertung des Stellenwertes von Weglaufen aus der Familie und der weiteren Entwicklung dieses Phänomens im Kontext institutionellen Handelns.

3.2 Weglaufen als Heimeinweisungsgrund — Ergebnisse bisheriger Untersuchungen

Kinder und Jugendliche, die ausreißen, beschäftigten die Jugendhilfe in doppelter Hinsicht: einerseits als Klientel, das aufgrund der Indikation "Fortlaufen, Umhertreiben" (von zu Hause) in den Zuständigkeitsbereich öffentlicher Erziehung gerät, andererseits als Problemgruppe innerhalb der Heimerziehung, wo sie als "Entweicher/innen, Läufer/innen" Diskussionspunkt und Handlungsgrund für geschlossene Unterbringung sind (vgl. u. a. *Pongratz/Hübner* 1959, *Specht* 1967, *Ahlheim* u. a. 1971, *Gipser* 1975, *Kieper* 1980, *Bundesjugendkuratorium* 1982).[31]

Nach bisher vorliegenden Studien ist die Indikation "Fortlaufen, Umhertreiben" einer der Hauptgründe für die Heimeinweisung bei Fürsorgeerziehung und Freiwilliger Erziehungshilfe[32] in der Bundesrepublik. Laut Aktenanalysen variieren dabei die

---

[31] Nach den Bestimmungen des Bürgerlichen Gesetzbuches (BGB) teilt ein minderjähriges Kind den Wohnsitz der Eltern (§ 11). Ein/e Minderjährige/r) kann nach geltendem Recht seinen Aufenthalt nicht selbst bestimmen, weil nach § 1631 Abs. 1 BGB die Aufenthaltsbestimmung ein Teil des Erziehungsrechts der Eltern ist (vgl. hierzu §§ 1626, 1705 BGB)

[32] Fürsorgeerziehung (FE) wird vom Vormundschaftsgericht angeordnet, wenn ein/e Minderjährige/r, die/der das 17. Lebensjahr noch nicht vollendet hat, "zu verwahrlosen droht oder verwahrlost ist". Sie darf nur angeordnet werden, "wenn keine ausreichende andere Erziehungsmaßnahme gewährt werden kann" (§ 64 JWG). Als "Erziehungsmaßregel" kann die Fürsorgeerziehung auch vom Jugendgericht angeordnet werden (§ 9 JGG). Eine weitere Möglichkeit zu ihrer Anordnung ist den Gerichten im § 1666 BGB gegeben, wenn die Eltern das Kind vernachlässigen. Die Gerichte beschließen die FE "von Amts wegen oder auf Antrag, Antragsberechtigte sind das Jugendamt, das Landesjugendamt und jeder Personensorgeberechtigte" (§ 65 JWG). Im Gegen-

Heimeinweisungsgründe sowohl in den 50er und 60er Jahren (*Pongratz/Hübner* 1959, *Specht* 1967) als auch nach neueren Untersuchungen in den 70er und 80er Jahren (*Rosen* 1977; *Kolarzik* 1978; *Blandow* 1984) zudem geschlechtsspezifisch. Die Untersuchungen zeigen, daß Streunen, Umhertreiben, Fortlaufen als Indikator für "Verwahrlosung" angesehen wurde.

Die älteste Untersuchung stammt von *Pongratz/Hübner* aus dem Jahre 1950. Nach dieser Studie gab es in der Untersuchungsgruppe folgende Haupteinweisungsgründe für die öffentliche Erziehung:

Tabelle 1

Haupteinweisungsgründe bei FE- und FEH-Fällen

Auffälligkeit	männl. abs. ... % (n = 582)		weibl. abs. ... % (n = 378)	
Umhertreiben	61	20,3	72	36,7
Eigentumsdelikte	139	46,2	44	22,5
Verlogenheit	7	2,3	3	1,5
sexuelle Auffälligkeit	8	2,7	32	16,3
aggressive Auffälligkeit	11	3,7	4	2,1
Leistungsschwäche	3	0,9	3	1,5
Kinderfehler (Bettnässen etc.)	14	4,6	15	7,7
Arbeitsunlust (Schulschwänzen, Arbeitsbummelei)	58	19,3	23	11,7
		100		100

Quelle: *Pongratz/Hübner* 1959, S. 98, Entlassungen aus öffentlicher Erziehung 1950/51, in: *Ahlheim u. a.* 1971, S. 79.

Bringt man die Haupteinweisungsgründe für Mädchen und Jungen in eine Rangliste, ergibt sich folgendes Bild: Bei Mädchen steht das "Umhertreiben" an 1. Stelle, gefolgt von Eigentumsdelikten und "sexueller Auffälligkeit". Bei den Jungen stehen Eigentumsdelikte an 1. Stelle, gefolgt von "Umhertreiben" und "Arbeitsunlust".

Eine Untersuchung über die Einweisungsgründe bei Fürsorgeerziehung in den 60er Jahren zeigt keine wesentlichen Veränderungen an, wenngleich hier bei den Mädchen

---

satz zur Fürsorgeerziehung beruht die seit 1961 mögliche "Freiwillige Erziehungshilfe" (FEH) nicht auf einem Gerichtsbeschluß. Sie wird auf Antrag der Personensorgeberechtigten vom Landesjugendamt gewährt, wenn ein Minderjähriger das 17. Lebensjahr noch nicht vollendet hat und in seiner "leiblichen, geistigen oder seelischen Entwicklung gefährdet oder geschädigt ist" (§ 62 JWG).

"Eigentumsdelikte" als Problem deutlich geringer werden und der "äußeren Vernachlässigung" weichen.

Tabelle 2

Ausschlaggebende Verhaltensmerkmale für die Einleitung der FE in den 60er Jahren

Auffälligkeit	männl. abs. ... % n = 200		weibl. abs. ... % n = 200	
Sachbeschädigung	1	0,5	0	-
Kriminalität auf sex. Gebiet (ausgen. Homosexualität)	4	2,0	0	-
Aggressivität in der Gemeinschaft	2	1,0	1	0,5
Diebstahl	41	20,5	3	1,5
Schulschwänzen	15	7,5	3	1,5
Arbeitsbummelei	17	8,5	3	1,5
Widersetzlichkeit gegen Erwachsene	4	2,0	0	-
Fortlaufen von zu Hause	18	9,0	12	6,0
Ausbleiben tagsüber	1	0,5	7	3,5
unerwünschte sex. Beziehungen	2	1,0	66	33,0
äußere Vernachlässigung	5	2,5	11	5,5
	110	55,0	106	53,0[33]

Quelle: *Specht* 1967, S. 22, in: *Ahlheim u. a.* 1971, S. 80.

In der Untersuchung von *Specht* nimmt das Fortlaufen von zu Hause bei Mädchen und Jungen den 2. Rang ein. Bei Mädchen ist der häufigste Heimeinweisungsgrund "sexuelle Auffälligkeit", die "äußere Vernachlässigung" steht auf dem 3. Rang. Bei Jungen hingegen sind neben dem Weglaufen zentrale Heimeinweisungsgründe Diebstahl (1. Rang) sowie "Arbeitsbummelei" (3. Rang).

Ahlheim u. a. kommentieren die Ergebnisse der 50er und 60er Jahre als Ausdruck geschlechtsspezifischer Rollenzuweisung und daran gekoppelter unterschiedlicher Bewertungen des Verhaltens von Mädchen und Jungen.

"Nach den Untersuchungen von *Pongratz/Hübner* und *Specht* läßt sich (...) nicht sagen, daß Fortlaufen, Umhertreiben etc. häufiger bei Mädchen vorkommen als bei Jungen, son-

---

[33] Bei den restlichen 45 % männlichen und 47 % weiblichen Fällen hob sich keine Auffälligkeit besonders hervor, es handelte sich um Verhaltenskomplexe.

dern nur daß diese Verhaltensmerkmale häufiger bei Mädchen als bei Jungen als Ausdruck der 'Heimerziehungsbedürftigkeit' gewertet werden (ähnliches gilt für sexuelles Verhalten)" (*Ahlheim u. a.* 1971, S. 83) und "unerwünschte sexuelle Beziehungen, sexuelle Spiele, sexuelle Auffälligkeit, Sexualdelikte spielen bei den männlichen Probanden aller Untersuchungen eine relativ untergeordnete Rolle (...). Demgegenüber spielen sexuelle Auffälligkeit, unerwünschte sexuelle Beziehungen etc. bei weiblichen Minderjährigen eine dominierende Rolle (...) ist zu konstatieren, daß die (möglichen) Folgen sexueller Beziehungen bei Mädchen eher sichtbar bzw. kontrollierbar sind" (*Ahlheim u. a.* 1971, S. 89f.).

Wenngleich in einer Untersuchung der 70er Jahre (*Kolarzik* 1978) zu den Haupteinweisungsgründen für die Einleitung von FEH — nicht zuletzt aufgrund der Möglichkeiten von Mehrfachnennungen — weitere Aspekte wie z. B. Verhaltensstörungen hinzutreten, verändert sich das von *Ahlheim u. a.* beschriebene Bild nicht wesentlich. Bei 78,4 % der Mädchen wird von "Streunen" berichtet (1. Rang), gefolgt von Verhaltensstörungen und leichten Straftaten. Den 4. Rang nimmt die "sexuelle Gefährdung" ein, die für 34,7 % der Mädchen und für 1 % (!) der Jungen angenommen wird.

Wenngleich der begriffliche Wechsel von "sexueller Auffälligkeit" zu "sexueller Gefährdung" Hinweise gibt auf eine mögliche Perspektiverweiterung weg vom Individuum hin zu strukturellen Aspekten, so gilt doch auch für diese Untersuchung, daß sie Belege gibt, für die von *Ahlheim u. a.* konstatierte geschlechtsspezifische Rollenzuweisung.

Rangliste

Jungen	*Mädchen*
1. Verhaltensstörungen	1. Streunen/Schwänzen
2. neurotische Störungen	2. Verhaltensstörungen
3. leichte Straftaten	3. leichte Straftaten
4. Streunen/Schwänzen	4. sexuelle Gefährdung

Wenngleich die Vergleichbarkeit der Untersuchungsergebnisse nicht immer gesichert ist[34], so lassen sich doch Trends erkennen, die von *Blandow u. a.* auch auf der Grundlage ihrer Untersuchung der 80er Jahre wie folgt pointiert werden:

Die den Akten zu entnehmenden Heimeinweisungsgründe bei FE und FEH sind Spiegelbild gesellschaftlich erwarteter Sozialisationsziele von Mädchen und Jungen.

---

[34] Die Untersuchungen variieren z. B. sowohl methodisch (Vorgehen bei der Aktenanalyse, Mehrfachnennungen, Populationsgröße) als auch hinsichtlich der Zielgruppe (FE und/oder FEH) und der zugrunde gelegten Systematik der Auffälligkeitsmerkmale.

Tabelle 3

Haupteinweisungsgründe für die Einleitung von FEH, Landesjugendamt Baden 1974 (N = 48) (in %)

Auffälligkeit	Jungen	Mädchen
Leistungsstörungen	40,1	23,0
Verhaltensstörungen	74,5	62,9
neurotische Störungen	53,6	36,0
Streunen (Schwänzen)	51,7	78,4
leichte Straftaten	52,3	40,9
sexuelle Gefährdung	1,0	34,7
Sprachstörungen	6,3	2,8
süchtig/abhängig	6,0	7,3

Quelle: *Kolarzik* 1978, S. 41, in *Blandow u.a.* 1986, S. 157.

"Fortlaufen und unerwünschte sexuelle Beziehungen" bei Mädchen als Auffälligkeitsmerkmale verdeutlichen, daß die Sozialisationsbedingungen von Mädchen wesentlich bestimmt sind durch die Kontrolle ihrer Sexualität. "Fortlaufen, Eigentumsdelikte und Arbeitsunlust" als Auffälligkeitsmerkmale zeigen, daß das Sozialisationsziel und somit die Kontrolle bei Jungen auf das Arbeitsvermögen abzielt.

Durch die Untersuchung von *Blandow u. a.* wird deutlich, daß (abgesehen von den unter 10jährigen Mädchen) das Weglaufen bei den Verhaltensweisen der Mädchen im Vergleich zu den Jungen eine größere Rolle spielt bei den Gründen für den Beginn von Betreuungen durch das Jugendamt. Wird die Dimension Umhertreiben/Weglaufen bei 40,6 % der 10- bis 15jährigen Mädchen und 55,9 % der über 15jährigen Mädchen genannt, so liegt der Anteil bei den 10- bis 15jährigen Jungen bei 24,5 % und bei den über 15jährigen Jungen bei 34,4 %. Diese Zahlen weisen auch darauf hin, daß die Bedeutung dieser Verhaltensweise bei Mädchen mit zunehmendem Alter steigt und letztlich den 1. Rang einnimmt.

Auch die Aktenuntersuchung von *Blandow u. a.* kommt zu dem Ergebnis:

"... daß die Gründe 'Umhertreiben/Weglaufen' und 'Sexualverhalten' unter dem gemeinsamen Nenner des mißbilligten oder befürchteten auffälligen Sexualverhaltens zu sehen sind" (*Blandow u. a.* 1986, S. 180).

Dabei verweisen die Autoren auch auf die Betrachtung verschiedener Unterkategorien:

"In der Kategorie 'Weglaufen' dominiert bei den Mädchen deutlich die Ausprägung 'längeres Wegbleiben/Wegbleiben über Nacht', bei den Jungen die Ausprägung 'zu spät nach Hause

Tabelle 4

Gründe für den Beginn der Betreuung durch das Jugendamt (in %)[35]

unter 10 Jahre			
Mädchen		*Jungen*	
1. Verhaltensstörungen	15,4	1. Verhaltensstörungen	25,0
2. Schule/Beruf	7,7	2. Schule/Beruf	25,0
3. Erziehungsschwierigkeiten	7,7	3. Erziehungsschwierigkeiten	14,0
		4. Psychische Störungen	13,7
		5. Umhertreiben/Weglaufen	6,8
		6. Delinquenz	6,8
10 – 15 Jahre			
Mädchen		*Jungen*	
1. Schule/Beruf	56,2	1. Schule/Beruf	67,3
2. Erziehungsschwierigkeiten	50,0	2. Erziehungsschwierigkeiten	57,1
3. Umhertreiben/Weglaufen	40,6	3. Delinquenz	55,1
4. Sexualverhalten	28,1	4. Umhertreiben/Weglaufen	24,5
5. Delinquenz	21,9	5. Verhaltensstörungen	22,4
6. Verhaltensstörungen	15,6	6. Psychische Störungen	10,2
7. Psychische Störungen	12,5	7. Sexualverhalten	4,1
über 15 Jahre			
Mädchen		*Jungen*	
1. Umhertreiben/Weglaufen	55,9	1. Delinquenz	46,9
2. Schule/Beruf	52,9	2. Umhertreiben/Weglaufen	34,4
3. Erziehungsschwierigkeiten	47,1	3. Schule/Beruf	31,2
4. Sexualverhalten	35,3	4. Erziehungsschwierigkeiten	25,0
5. Delinquenz	14,7	5. Verhaltensstörungen	9,4
6. Psychische Störungen	2,9	6. Sexualverhalten	9,4
		7. Psychische Störungen	6,3

[35] Es handelt sich um insgesamt 222 Akten (96 Mädchen = 43% und 126 Jungen = 57%), die von einer großstädtisch-jugendamtlichen Abteilung im Jahre 1980 wegen Beendigung der Erziehungshilfen abgelegt wurden (vgl. *Blandow u. a.* 1986, S. 140f.).

kommen/Herumtreiben auf der Straße'. Und in der Kategorie 'Sexualverhalten' gibt es bei den Jungen keine einzige Nennung, die auf praktizierte Sexualität mit Partnern hinweist (...), während immerhin 16 % der Gruppe der 10- bis 15jährigen und 23 % der ältesten Gruppe der Mädchen unerwünschte Sexualkontakte zu gleichaltrigen Freunden, einem Erwachsenen oder wechselnden Männern nachgesagt wird" (*Blandow u. a.* 1986, S. 180 f.).

Blandow u. a. erklären diese und andere Definitionsprozesse der Jugendhilfe mit geschlechtsspezifischen Normierungen und Geschlechtsrollenstereotypen der Fachkräfte. Dies bedeutet, daß bei Mädchen insbesondere solche Verhaltensweisen in das Blickfeld sozialer Instanzen kommen, die eine Abweichung von der normierten Frauenrolle befürchten lassen (vgl. *Blandow u. a.* 1986, S. 190 f.).

Der Rekurs auf die Untersuchungsergebnisse der Studien von *Pongratz/Hübner*, *Specht*, *Ahlheim*, *Kolarzik* und *Blandow* zeigt, daß das Weglaufen von Kindern und Jugendlichen einen bedeutenden Stellenwert für die Problemdefinition und Interventionslegitimation der Jugendhilfe hat. Dies belegt auch der folgende Exkurs über das Weglaufen aus Heimen als Anlaß für geschlossene Unterbringung. Darüber hinaus werden in diesem Exkurs jedoch auch Argumente für eine andere Problemsicht und Handlungsorientierung dargestellt.

4. Exkurs: Weglaufen aus Heimen als Anlaß geschlossener Unterbringung

Die Reaktion auf das Weglaufen von Kindern und Jugendlichen erfährt eine zusätzliche Verschärfung, wenn dieses Phänomen bei bereits erfolgter Heimunterbringung auftritt. So ergab eine Umfrage der Arbeitsgemeinschaft für Erziehungshilfe (AFET) bei Heimen, die geschlossene Unterbringung[36] praktizieren, an erster Stelle der Indikationen "Entweichen", ferner "Selbst- und Fremdgefährdung" und letzlich "Verhaltensauffälligkeiten" (vgl. *Gerken* 1982). Mit "Entweichen" ist hier aber vor allem häufig auftretendes Weglaufen einer Person gemeint, was durch die Termini "ständiges Entweichen" und "extreme Entweichungsgefahr" ausgedrückt werden soll.

Neben der "Entweichung" als entscheidendem Kriterium für geschlossene Unterbringung treten weitere Definitionen wie "Bindungslosigkeit", "Delinquenz und Gefährdung" (vgl. *Gerken* 1982, S. 126 ff.). "Bindungslosigkeit" wird sowohl als Ur-

---

[36] Die Diskussion um geschlossene Unterbringung von Kindern und Jugendlichen wird innerhalb der Jugendhilfe intensiv geführt (vgl. u. a. *Bundesjugendkuratorium* 1979; *Birtsch/Harsch/Sonnenfeld* 1981; *Deutsches Jugendinstitut* 1981; *Wolffersdorff-Ehlert* 1987). Die Gegner/innen sind mindestens so zahlreich wie die Befürworter/innen. So kann es mir in diesem Zusammenhang auch nicht um eine differenzierte Darstellung dieser unterschiedlichen Positionen gehen. Wichtig erscheint mir aber, auf die Gründe näher einzugehen, die die Befürworter/innen veranlassen, für geschlossene Unterbringung zu plädieren.

sache von "Entlaufen" als auch als zusätzliche, selbständige Indikation genannt. So spricht das Mädchenheim Birkenhof von "Bindungslosigkeit und Entweichung als Indikatoren für geschlossene Unterbringung" und beschreibt seine weibliche Klientel als Mädchen mit "Schwierigkeiten bei Auswahl und Erhaltung sozialer Kontakte" (*AFET* 1979, S. 35), "was wohl auch so zu verstehen ist, daß bei Mädchen, die Kontakte zum Prostituiertenmilieu (Zuhälter) unterhalten, geschlossene Unterbringung indiziert ist" (*Gerken* 1982, S. 130). Bindungslosigkeit wird also nicht mit mangelnden Beziehungen, sondern eher mit zu vielen als falsch definierten Beziehungen interpretiert.

Weglaufen wird als Indikation für geschlossene Unterbringung schlechthin von den befragten Heimen angegeben. Die männliche Klientel setzt sich überwiegend aus "Dauerentweichern bzw. Dauerentweichern mit Gefahr krimineller Handlungen" (*AFET* 1979, S. 86) zusammen; die weibliche Klientel überwiegend aus "Dauerentweicherinnen mit sexuellen Auffälligkeiten" (vgl. *AFET* 1979, S. 87).

Zu anderen Ergebnissen kommt die Arbeitsgruppe "Indikationen für geschlossene Unterbringung" der Internationalen Gesellschaft für Heimerziehung (IGFH):

"Der Bericht weist auf ein deutliches Abweichen der Praxis von den offiziellen Indikationen hin: Während die offiziellen Indikationen — wie bereits dargestellt — in erster Linie auf Entweichungen und verschiedenartige Verhaltensauffälligkeiten abstellen, konzentrieren sich die Überlegungen der einweisenden Stellen vornehmlich auf die soziale Situation und die allgemeine Entwicklung der Jugendlichen bis zum Entscheidungszeitpunkt" (*Gerken* 1982, S. 131).

Die Kommission stellte weder eine besondere Häufung von Auffälligkeiten noch von ständigem "Entweichen" fest. Auch die angebliche besondere Gefahr, die die Notwendigkeit der geschlossenen Unterbringung legitimieren soll, war nicht festzustellen.

"Der IGFH-Bericht spricht daher von der Dominanz 'rückwärts gerichteter' Indikationen (...), bei denen die Einweisenden (...) die Erziehungsziele, die speziell mit der geschlossenen Unterbringung verbunden werden, selten benennen; der Schwerpunkt liegt vielmehr auf einer gewünschten Beeinflussung bisheriger negativer Entwicklungen durch Beendigung, Unterbrechung oder Vermeidung von Umwelteinflüssen und ähnlichem" (*Gerken* 1982, S. 131).

Danach stellt sich also die Frage, inwieweit es sich bei dieser Problemdefinition durch die Jugendhilfe um "Artefakte" (vgl. *Stein-Hilbers* 1985) handelt. So wird gerade im Hinblick auf die Unterbringung nach §§ 62 ff. JWG auf die Notwendigkeit zur Individualisierung von Problemlagen und zur Problemreduktion auf Symptome durch den Gesetzestext verwiesen.

"Jugendämter benötigen diese Symptome/Störungen als rechtliche und legitimatorische Grundlage für Eingriffsmöglichkeiten nach dem JWG. (...) Mein (...) Einwand bezieht sich auf die sogenannten 'sexuellen Auffälligkeiten' der Mädchen und das 'Umhertreiben', die lange Zeit Haupteinweisungsgründe für Mädchen waren. Ich vermute, daß hinter diesen Begriffen über verschiedene Jahre hinweg sehr unterschiedliche Verhaltensweisen verborgen waren, sowohl hinsichtlich der Erscheinungsformen als auch der Entstehungsgeschichte" (*Stein-Hilbers* 1985, S. 142).

Stein-Hilbers führt diese Aussage jedoch nicht weiter aus. Sie sieht den wesentlichen Einweisungsgrund in den

"Lebens- und Arbeitsbedingungen faktisch alleinerziehender Mütter, denen aufgrund ihrer eingeschränkten Möglichkeiten die Integration ökonomischer Alltagsnotwendigkeiten, die Verwirklichung emotionaler Bedürfnisse für sich und ihre Kinder, von Erziehungsanforderungen und persönlicher Glückssuche nicht mehr gelingt" (*Stein-Hilbers* 1985, S. 142).

Auch *Ute Projahn*, Leiterin des Rheinischen Landesjugendheimes für Mädchen in Remscheid, hält die durch Untersuchungen festgestellten Heimeinweisungsgründe für nicht so bedeutsam bzw. verfälschend. Sie verweist auf die Familienverhältnisse und deren Wirkung für die Mädchen.

"80 % der Mädchen kommen aus geschiedenen Ehen bzw. aus zerrütteten Familienverhältnissen. (...) Die Grundproblematik ist in dem frühkindlichen familiären Spannungsraum zu suchen. (...) Auf der Suche nach der eigenen Identität beginnt das Streunen und Herumirren. Das eigene Selbstwertgefühl ist (...) gering und hinter Symptomen wie Weglaufen, Prostitution, Drogenproblematik, Schule schwänzen usw. versteckt, bleibt hinter den Problemen der fehlenden Identität, Selbstakzeptanz und dem mangelnden Selbstwertgefühl als sekundär zurück" (*Projahn* 1985, S. 146).

Die bisherigen Forschungen und Untersuchungen zum Phänomen des Weglaufens für Handlungsorientierungen der Jugendhilfe sind zur Beurteilung der Bedeutung des Weglaufens von Mädchen im Kontext ihrer Lebensgeschichte und öffentlicher Erziehung von unterschiedlicher Reichweite. Betonen ältere Untersuchungsergebnisse den herausragenden Stellenwert des "Weglaufens/Streunens" bei Heimeinweisungen, relativieren heutige Aussagen diese Ergebnisse mit Rekurs auf den Symptomcharakter. In der Interpretation von Ahlheim u. a. wird das Weglaufen jedoch nicht als Symptom gedeutet, sondern seine Relevanz als Verwahrlosungskriterium in Kombination mit anderen Kriterien gesehen. Gerade dadurch wird dem Weglaufen seine "Geschlechtsneutralität" genommen und auf die geschlechtsspezifischen Definitionsprozesse verwiesen.

Die Familie als problematischer Lebensort und die Ein-Elternteil-Familie mit strukturell begrenzten Ressourcen gerät in neueren Untersuchungen ins Blickfeld. So erstrebenswert die Überwindung individueller Erklärungsansätze ist, so verschleiernd kann wiederum dieser an sich erweiterte Blick sein, wenn er dadurch von den Geschlechtsdifferenzen ablenkt und somit zur "diskursiven Verdrängung" beiträgt. Von daher haben gerade diejenigen Erklärungsansätze ihren Wert, die auf die Zusammenhänge von geschlechtsspezifischer Sozialisation, Geschlechtsrollenstereotypen und der Heimeinweisung von Jugendlichen verweisen.

3.3 Weglaufen im Kontext der Problemlagen von Mädchen und Angebote der Jugendhilfe — empirische Erhebung

Vor dem Hintergrund der Begrenzungen bzw. Schwerpunktsetzungen vorliegender Untersuchungen sollte die Frage der Bedeutung des Weglaufens von Mädchen bei der Beantragung und Durchführung öffentlicher Erziehungshilfe durch eine empirische Untersuchung (Aktenanalyse) unter Berücksichtigung der beschriebenen Aspekte erschlossen werden.

Die Aktenanalyse[37] basiert auf der Auswertung von 206 Akten über Mädchen, für die im Laufe des Jahres 1984 beim Landeswohlfahrtsverband Hessen ein Antrag auf Freiwillige Erziehungshilfe oder Fürsorgeerziehung gestellt worden war. Der Auswertungszeitraum der Lebensverläufe endet bei allen Mädchen im Dezember 1985.

3.3.1 Die Mädchen, ihre Familien und Problemlagen

Die Mädchen

Für 201 Mädchen wurde im Jahre 1984 beim Landeswohlfahrtsverband Hessen ein Antrag auf Freiwillige Erziehungshilfe (FEH) und für fünf Mädchen auf Fürsorgeerziehung (FE) gestellt.[38] Dies entspricht einem Anteil der Mädchen von 32 %; d.h. für 438 Jungen wurden entsprechende Anträge gestellt. Von insgesamt 615 FEH-Anträge entfielen 414 auf Jungen und 201 auf Mädchen; von den FE-Anträgen 24 auf Jungen und 5 auf Mädchen (vgl. Tabelle A 1). Ende 1984 befanden sich in Hessen insgesamt 1765 Jugendliche in der Freiwilligen Erziehungshilfe: 71 % der Jugendlichen waren männlich und 28 % weiblich. Bei den 75 Jugendlichen in Fürsorgeerziehung waren 60 % männlich und 40 % weiblich. Diese Daten belegen die von *Blandow* u. a. (1986)

---

[37] Die Aktenanalyse ist Bestandteil der Studie "Zur Situation von Mädchen in allen Bereichen der Jugendhilfe", die im Auftrag der Bevollmächtigten für Frauenangelegenheiten der Hessischen Landesregierung durchgeführt wurde (vgl. *Institut für soziale Arbeit e.V./Landeswohlfahrtsverband Hessen* 1987). Sie wurde gemeinsam mit *Loren Knoch, Cornelia Claus-Divaris* und *Hanne Zwerger* erarbeitet, die als "Mädchenbeauftragte" auf Anregung des Projektes in der Hauptverwaltung und den Zweigstellen des Landeswohlfahrtsverbandes beschäftigt waren. Hier werden die Ergebnisse für meine Forschungsfragen neu strukturiert bzw. akzentuiert.

[38] Die in diesem Kapitel enthaltenen Daten sind im Anhang in Tabellen dargestellt.

vertretene These, daß einerseits Konflikte von Mädchen für die Jugendhilfe seltener als bei Jungen Anlaß für Interventionen sind, andererseits jedoch "härtere" Maßnahmen (vgl. FE-Anteil) erfolgen.

Ein Zeitvergleich (1978-1983) zeigt auch, daß innerhalb der überörtlichen Hilfen eine deutliche Abnahme der Fürsorgeerziehung erfolgt ist. Dies könnte als Beleg für einen Wandel gelten, "eingreifende" Sozialarbeit zunehmend durch eine auf Zusammenarbeit und Zustimmung angelegte Arbeitsweise zu verändern. Bedenklich stimmt jedoch, daß der Mädchenanteil an der Fürsorgeerziehung von 30% im Jahre 1978 auf 40% im Jahre 1984 angestiegen ist, wenngleich auch bei deutlichem Rückgang der absoluten Zahlen (vgl. Tab. A 2).

Die Initiative zur Inanspruchnahme von Jugendhilfe geht in weit überwiegendem Maße von den Eltern in Verbindung mit dem Jugendamt aus. Lediglich sechs der 206 Mädchen ergriffen selbst die Initiative, um unerträglichen familiären Situationen bzw. anderen Angeboten der Jugendhilfe zu entkommen (vgl. Tab. A 3). Dies läßt die These zu, daß Jugendhilfe mit ihren Angeboten von Mädchen in Krisen und Konflikten kaum als Chance und Alternative gesehen wird.[39]

Vor diesem Hintergrund erstaunt jedoch die lediglich von knapp 10% der Mädchen (22) konkret geäußerte Ablehnung zur FE/FEH, sowie die Zustimmung von fast 50% der Mädchen (111) (vgl. Tab. A 4). Möglicherweise werden durch Kontakte Distanzen und Vorurteile zum System der Jugendhilfe abgebaut. Dabei spielt das Alter der Mädchen sicher genauso eine Rolle wie die mangelnden Alternativen zu den Angeboten der Jugendhilfe.

Das Alter der Mädchen zum Zeitpunkt der Beantragung liegt zwischen sieben und 17 Jahren. Die meisten Mädchen (60) sind 15 Jahre; 75% aller Mädchen sind zwischen 13 und 16 Jahren (vgl. Tab. A 5).

94,2% der Mädchen sind deutscher Nationalität. Der Anteil ausländischer Mädchen[40] beträgt somit 5,8% bei Freiwilliger Erziehungshilfe und Fürsorgeerziehung (vgl. Tab. A 6); bei Hilfen zur Erziehung nach §§ 5, 6 JWG sind dies 9,7% (Stand: 31.12.1983, vgl. *Institut für soziale Arbeit e.V.* 1986, S. 87). Die Unterbringungsquote ausländischer Mädchen liegt mit 0,40 deutlich unter der deutscher Mädchen

---

[39] Nicht zuletzt auch deshalb werden neuerdings Konzepte von "Mädchenhäusern" entwickelt, die auf stärkere Erreichbarkeit und Akzeptanz durch Mädchen angelegt sind (vgl. hierzu *Institut für soziale Arbeit e. V.* 1986 und Punkt 5.2.3).

[40] Drei Mädchen haben die US-amerikanische und jeweils ein Mädchen die türkische, italienische oder jugoslawische Staatsbürgerschaft. Desweiteren hat ein Mädchen die ungarische Staatsangehörigkeit und vier Mädchen haben eine doppelte Staatsangehörigkeit: deutsch/italienisch, deutsch/amerikanisch, deutsch/schwedisch, deutsch/englisch (vgl. Tab. A 6).

mit 0,61, wobei jedoch in Regionen mit hohem Ausländeranteil an der Wohnbevölkerung der Anteil fast gleich ist (vgl. Tab. A 7). So liegt z. B. in Offenbach der Anteil der ausländischen Mädchen bei 6,4 auf 1.000 und bei deutschen Mädchen bei 7,2 auf 1.000 (vgl. *Institut für soziale Arbeit e. V.* 1986, S. 86). Diese Entwicklungen schlagen sich offensichtlich jedoch (noch) nicht in der FE/FEH nieder.

Möglicherweise hängt dies damit zusammen, daß öffentliche Erziehungshilfe für ausländische Mädchen neue Erfordernisse an die Jugendhilfe stellt. Öffentliche Interventionen werden gerade in Familien mit patriarchalisch streng strukturierten türkischen Familien als besondere Verletzung kulturell gewachsener Ehrenkodexe verstanden.

Von den untersuchten 206 Mädchen befinden sich 95,1 % in einer schulischen Ausbildung. Mit 44,2 % besuchen die weitaus meisten Mädchen die Hauptschule, weitere 14,6 % die Realschule und 13,6 % die Sonderschule. Acht Mädchen besuchen ein Gymnasium o. ä. und 27 ein Berufsvorbereitungs- oder Grundbildungsjahr (vgl. Tab. A 8). Entsprechend ihrer sozialen Herkunft ist der Anteil der Hauptschülerinnen hoch. Freiwillige Erziehungshilfe und Fürsorgeerziehung sind Reaktionen auf familiäre Schwierigkeiten eben insbesondere in Familien aus sozial benachteiligten Schichten.

Die Akten enthalten desweiteren Beschreibungen zu Eigenschaften der Mädchen. Dies sind jedoch für die 206 Mädchen insgesamt lediglich 405 Nennungen, wobei die Negativbeschreibungen mit 245 Nennungen überwiegen. Interessant ist dabei, daß Selbständigkeit mit 32 Nennungen am häufigsten erwähnt ist (vgl. Tab. A 9).

Die Familien der Mädchen

Nur 31,7 % der Mädchen leben zum Zeitpunkt der Antragstellung mit beiden leiblichen Eltern zusammen. Dies verweist auf hohe Scheidungsquoten in den Familien der 206 Mädchen. 15,6 % der Mütter sind wiederverheiratet und der Anteil der ledigen Mütter ist von 16,7 % zum Zeitpunkt der Geburt der Mädchen auf 4,0 % gefallen (vgl. Tab. A 10). D.h., daß Neukonstellationen im Familienleben lediglich für ein Drittel der Mädchen nicht zutreffen. Dies verwundert nicht, da die meisten Mütter (34 %) bei Geburt ihrer Töchter unter 20 Jahre alt waren (vgl. Tab. A 11).

Die Veränderungen im Familienverband haben Konsequenzen für das Sorgerecht. In 46,1 % liegt das Sorgerecht bei der leiblichen Mutter und in 9,8 % bei dem leiblichen Vater; bei 30,4 % der Mädchen haben die leiblichen Eltern gemeinsam das Sorgerecht. Bei 8,8 % der Mädchen hat das Jugendamt das Sorgerecht (vgl. Tab. A 12).

Neuere Untersuchungen machten darauf aufmerksam, daß Kinder aus Ein-Eltern-Familien bei Hilfen zur Erziehung, FE und FEH deutlich überrepräsentiert sind (vgl. *Institut für soziale Arbeit e. V.* 1984; *Trauernicht* 1988). Bezogen auf ihren Bevölkerungsanteil sind dies 61 auf 1.000 bei Ein-Eltern-Familien und zwei auf 1.000 bei Zwei-Eltern-Familien.

Diese Untersuchungsergebnisse weisen zudem aus, daß die Last gescheiterter Ehen in den weitaus meisten Fällen bei den Müttern liegt, obgleich diese physisch und psychisch hoch belastet und materiell außerordentlich schlecht abgesichert sind (vgl. *Institut für soziale Arbeit e.V.* 1987). Dies bestätigen auch die Daten über Bildungsabschluß und Berufstätigkeit der Mütter im Vergleich zu den Vätern. Diese zeigen, daß sowohl die Väter (mit 67,1%) als auch die Mütter (mit 73,0%) zum überwiegenden Teil einen Hauptschulabschluß o.ä. haben. Geschlechtsspezifische Unterschiede gibt es für die (Fach-)Hochschulreife (13,4% der Väter und 2,7% der Mütter) und bei den Personen ohne Bildungsabschluß (16,2% der Mütter und 8,5% der Väter) (vgl. Tab. A 13).

Nicht nur bei den Bildungsabschlüssen, sondern auch für die Berufsausbildung der Eltern liegen nur unvollständige Angaben vor (in ca. 35-40% keine Angaben). Die vorhandenen Daten weisen jedoch auch deutliche geschlechtsspezifische Unterschiede auf. 69,5% der Väter sind Facharbeiter/Gesellen und 18,5% ohne Berufsausbildung. Bei den Müttern hingegen sind neben 58,8% Facharbeiterinnen/Gesellinnen 40,5% ohne berufliche Ausbildung (vgl. Tab. A 14).

Auch hinsichtlich der beruflichen Situation gibt es geschlechtsspezifische Unterschiede. Für 24,1% der Väter wird als beruflicher Status Arbeitslosigkeit angegeben; für 50% der Mütter der Status Hausfrau. Für die Mütter wird in 6,7% Arbeitslosigkeit als beruflicher Status angeführt. Berufstätig sind 66,4% der Väter und 38,8% der Mütter (vgl. Tab. A 15).

Die Bildungs-, Ausbildungs- und berufliche Situation der Mütter unserer Untersuchungsgruppe als auch ihre Verantwortung für die Versorgung des Familienhaushaltes entspricht gesellschaftlichen Geschlechtsrollenerwartungen. Zur Zeit der Geburt ihrer Töchter bzw. weiterer Kinder Ende der 50er/Anfang der 60er Jahre waren die Erwartungen an berufliche Ausbildung und Tätigkeit von Frauen geringer ausgeprägt als heute. Das unterdurchschnittliche Alter der Mütter zum Zeitpunkt der Geburt der 206 Mädchen ließ darüber hinaus eine eigenständige existentielle Absicherung nicht zu, die zudem insofern auch nicht erwartet wurde, da die weitaus meisten Frauen verheiratet waren! Die schlechte Arbeitsmarktsituation gerade für Frauen mittleren Alters ohne berufliche Ausbildung behindert derzeitig den Ausstieg aus ökonomischer Abhängigkeit von Sozialhilfe und Armut. Berücksichtigt man weiterhin die mangelnden Versorgungsmöglichkeiten für Kinder bei Abwesenheit beider Elternteile aus beruflichen Gründen, so ist ein Anteil von fast 40% berufstätiger Mütter als hoch zu bewerten.

Der Aufenthaltsort der Mädchen zum Zeitpunkt der Antragstellungen auf FE/FEH zeigt, daß 21,8 % der Mädchen bei ihren alleinlebenden Müttern lebten und lediglich 4,4 % bei ihren alleinlebenden Vätern waren (vgl. Tab. A 16).

Allgemeine Problemlagen der Familien

Die am häufigsten genannten Problemlagen der Familien in den Akten werden ganz allgemein mit "familiären Problemen" benannt. Hierauf wird in 53,8 % der Akten verwiesen. 44,6 % der Akten weisen auf die Finanznöte hin, 21 % auf eine zu enge Wohnung. Von Gewalt in der Familie berichten 18,3 % der Akten und von Suchtproblematik 18,8 %. In 37,6 % der Akten wurde der Fakt des "Alleinerziehens" als Problem benannt (vgl. Tab. A 18). In 57,8 % der Fälle ist die Mutter Hauptversorgerin des Familienhaushaltes. Eher noch als die Väter (3,4 %) werden die Mädchen selbst als Hauptversorgerinnen (4,9 %) genannt (vgl. Tab. A 17).

Unterschiede hinsichtlich der Benennung von Problemlagen gibt es vor allem auch nach Familienkonstellationen (vgl. Tab. A 19). Bei den ledigen Müttern wird überdurchschnittlich oft von Finanznöten, enger Wohnung, sozialer Isolation und langer Krankheit berichtet. Auch wird hier — etwas unspezifisch — "alleinerziehend" als Problemlage benannt. Dies trifft auch für die verwitweten und geschiedenen Mütter zu. Bei den Verwitweten wird auch überdurchschnittlich häufig von sozialer Isolation berichtet. Bei Herkunftsfamilien und wiederverheirateten Familien werden überdurchschnittlich häufig "familiäre Probleme" und "Gewalt in der Familie" erwähnt. Bei den Herkunftsfamilien kumuliert der Problemdruck des weiteren aufgrund von Finanznöten, enger Wohnung und Suchtproblematik eines oder beider Elternteile. "Familiäre Probleme" und "Suchtproblematik" liegen auch überdurchschnittlich oft bei getrennt lebenden Müttern vor. Die Datenkorrelationen für den Familienstand des leiblichen Vaters und den benannten Problemlagen der Familie unterscheiden sich kaum. Auffällig ist zu dem, daß bei Geschiedenen und Herkunftsfamilien insgesamt mehr einzelne Problemlagen benannt werden als bei den anderen Familienkonstellationen.

Bei 51,8 % der 206 Mädchen wird von einer inkonsequenten Erziehungshaltung der Eltern berichtet. In weiteren 29,8 % wird diese als autoritär bezeichnet. Als vernachlässigend wird die Erziehungshaltung in 6,5 % der Familien und als verwöhnend in 4,2 % beschrieben (vgl. Tab. A 20).

Weitere Aufschlüsse über die familiäre Situation der Mädchen ergeben sich aus einer qualitativen Betrachtung der Situationsbeschreibungen innerhalb der Akten.[41]

---

[41] Alle Namens- und Ortsangaben sind anonymisiert.

Zunächst einmal ist bemerkenswert, daß die überwiegende Anzahl der Familien patriarchalisch strukturiert ist bzw. bei geschiedenen bzw. getrennt lebenden Frauen war und dies von den Fachkräften auch wahrgenommen und bewertet wird.

"Der Vater verhält sich ausgesprochen autoritär, schreit die Kinder häufig an, wenn er 'seine Ruhe' haben will. Das sie wild sind und oft nicht so parieren, wie er es für notwendig hält, lastet er seiner Frau an. Er macht deutliche Unterschiede im Umgang mit den Söhnen und Töchtern. Die geringe Wertschätzung bezüglich seiner Frau findet bei den Töchtern ihre Fortsetzung. (...)
Die Haushaltsführung ist ganz Sache der Frau. Frau S. ist mit der Arbeit, die noch sehr vermehrt wird durch die Tatsache, daß alle Kinder — außer der Zweitjüngsten — jede Nacht einnässen, überfordert. Herr S. macht seiner Frau Vorwürfe und entzieht sich, in dem er z. B. zum Frühstück zu einer Tante von ihm geht. Unterstützung von außen — z. B. Haushaltshilfe oder Beratung — lehnt er strikt ab. (...) Herr S., der arbeitslos ist, kümmert sich kaum um die Familie. Bedingt durch das patriarchalische Familiensystem hat P. mehr Respekt vor dem Vater. Die untergeordnete Rolle von Frau S., mit der P. sich identifiziert, hat zur Folge, daß P. ihre Mutter kaum respektiert."

"Hauswirtschaftliche Aufgaben werden von der Mutter und den Töchtern erledigt, in der Erziehung ist der Vater der Bestimmende."

"Bei Familie B. handelt es sich um eine normale, durchschnittliche Familie. Der Vater ist Alleinverdiener, die Mutter versorgt Haushalt, Kinder sowie den im Haushalt lebenden Großvater. R.'s Bruder zeigt nach Aussagen der Eltern keinerlei Schwierigkeiten. Er entwickelt sich völlig unauffällig und normal, so daß die Eltern ihn als Vorbild und R. größtenteils als negatives Beispiel hinstellen."

Die Rolle der Mädchen im Familienverband wird mehrfach thematisiert und vor dem Hintergrund der Beschreibung des patriarchalischen Systems auch problematisiert.

"Vor der Heimeinweisung im Verlauf des 7. Lebensjahres war C. bereits erheblich mit Hausarbeit belastet, was sich zunächst nach der Heimentlassung während des 10. Lebensjahres fortsetzte."

"I. hat wiederholt die Aufgabe, die beiden Kinder zu betreuen. Sie wurde in der Familie stark gefordert; Betreuung der beiden kleinen Kinder der Schwester, übermäßige Inanspruchnahme bei der Haushaltsführung."

Als Problem wird jedoch aber auch erachtet, wenn die Mädchen ihre häuslichen Pflichten nicht oder nur unzulänglich wahrnehmen.

"K. beteiligte sich früher teilweise an der Bewältigung der Hausarbeit. Zur Zeit weigert sie sich überwiegend, zu Haus Mithilfe zu leisten. (...) K. verfügt über viele praktische Fähigkeiten, wie sie im häuslichen Bereich gefordert werden, weigert sich aber, diese angemessen einzubringen."

Verhaltenskontrolle und Beziehungsmodus variieren tendenziell nach Familientypus. In Herkunftsfamilien mit zwei leiblichen Elternteilen sowie in zusammengesetzten Familien dominiert eine hohe Verhaltenskontrolle mit zumeist zentripetalem Beziehungsmodus, der aber auch ambivalent bis ausstoßend sein kann.

"Der Vater ist das Oberhaupt der Familie. Er entscheidet. Bei den Überlegungen sagt die Mutter ihre Meinung, sie trifft aber keine Entscheidung. Wie der Vater sagt, ist die erzieherische Haltung eher vom Verstand geprägt, gefühlsmäßige Dinge könnten bei seinen Überlegungen keine Berücksichtigung finden, (...) obwohl Herr O. sich bemüht, (...) kommt es zu Zusammenstößen, da er enge Grenzen setzt und sich dabei stark an seiner Jugendzeit orientiert."

Konfliktthemen sind Wahl des Freundeskreises, Ausgangszeiten, erste sexuelle Erfahrungen und Diebstähle. Auf diese Probleme reagieren alleinerziehende Mütter zwar ebenfalls überfordert, jedoch seltener als Herkunfts- und zusammengesetzte Familien mit rigider Verhaltenskontrolle. Der Beziehungsmodus der Mutter wird oft als indifferent beschrieben; die Verhaltenskontrolle als niedrig bzw. widersprüchlich.

"Die Mutter hat zur Zeit keine erzieherische Linie, denn T. ist von der Mutter nicht mehr lenkbar. Diese hat inzwischen resigniert, z. B. hat T. mit Freunden bei ihrer Tante, die sich in Urlaub befindet, eine Stereoanlage gestohlen. Mutter informiert Kripo, teilte dies nicht der Tochter mit, weil sie befürchtete, T. würde von zuhause entweichen."

"Geht Frau B. auf die Wünsche von C. ein und erfüllt diese auch, so kommt C. sofort mit der nächsten Forderung, ohne eine Verhaltensänderung sichtbar werden zu lassen. C. verändert ihr Verhalten nur dann, wenn sie etwas von der Mutter erwartet; dann kann sie durchaus freundlich sein (... z. T. erfüllt sie auch Wünsche gegenüber C., die den finanziellen Rahmen der Familie eigentlich überschreiten)".

Problemlagen und Verhaltensauffälligkeiten der Mädchen

Bevor es zu einer Antragstellung auf FE/FEH kommt, werden am häufigsten Probleme mit der Schule benannt: "Schulleistung" (47,8 %) und "unregelmäßiger Schulbesuch" (43,8 % aller Mädchen) (vgl. Tab. 21 A). In 36,3 % aller Akten wird vom *"Weglaufen"* der Mädchen berichtet und in 33,3 % von "Konflikten um Ausgangszeiten und Wahl des Freundeskreises". Bei 34,3 % der Mädchen wird "Diebstahl" erwähnt. Nach Auskunft der Akten haben 15,9 % der Mädchen "Kontaktprobleme" und 9,5 % haben das Problem der "Distanzlosigkeit". Hiernach sind 28,4 % der Mädchen "aggressiv",

6,0 % "auto-aggressiv", sowie 4 % depressiv". "Suicidgefahr bzw. -versuche" bestehen bei 19,4 % der Mädchen. Bei 13,9 % der Mädchen bestehen "Alkohol- und Drogenprobleme". "Sexuelle Auffälligkeit" wird bei 12,4 % der Mädchen angegeben; bei 1 % "Prostitution". Bei "Mißhandlung" wird ein Anteil von 9 % der Mädchen und bei "sexuellem Mißbrauch" von 4,5 % benannt.

Eine Korrelation der Problemlagen von Mädchen mit ihrem Aufenthaltsort weist tendenzielle Unterschiede auf (vgl. Tab. A 22). So werden bei den Herkunftsfamilien (leibliche Eltern) "Konflikte um Ausgangszeiten und Freundeskreis" und "Weglaufen" überdurchschnittlich oft als Problem benannt. Bei Adoptiv- und Pflegeeltern werden "Aggression, Autoaggression, Depressivität und Hospitalismusschäden" möglicherweise öfter erkannt und in den Akten benannt. Bei den alleinlebenden Müttern liegen "unregelmäßiger Schulbesuch und Aggression" über dem Durchschnitt. "Mißhandlungen" gegen Mädchen treten am häufigsten bei der Konstellation "Mutter und Stiefvater" sowie bei den leiblichen Eltern auf. Jedoch sind die Absolutzahlen sehr gering, so daß hier nicht überinterpretiert werden darf.

Die in den Akten erwähnten Problemlagen sind nicht mehr nur — wie bei früheren Studien — auf der Ebene von Verhaltensauffälligkeiten anzusiedeln. Hier bestätigen sich Ergebnisse einer neueren Aktenuntersuchung von *Murr u. a.*, die einen zeitlichen Wandel "weg von den individuellen Schuld- und Mangelzuschreibungen, hin zu einer Betonung der gesellschaftlichen Einbettung der Klientenprobleme, hier naturgemäß zuerst der familialen Sozialisationsbedingungen" (*Murr u. a.* 1984, S. 254), konstatierten.

Bei der Erhebung und Auswertung der in unserer Aktenanalyse erwähnten Problemlagen werden diese zumeist als "Signale gestörter Sozialisationsbedingungen" gesehen. Zitate aus den Akten verdeutlichen, daß dieser Sinnzusammenhang jedoch von den sozialen Fachkräften für sozialpädagogische Deutung und fachliches Handeln nicht immer leitend ist. Auffällig häufig werden eher die Probleme beschrieben, die die Mädchen *machen* und weniger die, die sie *haben*. Ebenfalls bedeutsam anzusehen, sind die unterschiedlichen qualitativen und quantitativen Erklärungsdimensionen in den einzelnen Lebensbereichen.

In den Akten am häufigsten und zumeist im Zusammenhang thematisiert sind das *"Weglaufen"* und die "Konflikte um Freundeskreis und Ausgangszeiten". So lautet es bspw. in einem Antrag auf FEH:

"K. bereitet uns bereits seit mehreren Jahren erzieherische Schwierigkeiten. Kontakte zu Beratungsstellen haben bisher keine Erfolge gebracht. Die Probleme spitzen sich momentan sehr zu. So bleibt K. nächtelang von zu Hause weg ohne anzugeben, wo sie sich aufhält. Es kommt ständig zu Auseinandersetzungen aufgrund der entstandenen Mißtrauensverhältnisse aller Familienmitglieder untereinander."

Die Schuld an den Problemen in der Familie wird der Tochter zugeschrieben, Mißtrauensverhältnisse nicht erläutert und allein auf ihr Verhalten bzw. Wegbleiben zurückgeführt. Diese Argumentationsmuster finden sich häufig:

"Unsere Tochter ist trotz gegenteiliger Versprechungen erneut über Wochen aus unserem Haushalt entwichen. Sie hat seit dieser Zeit auch keine Schule besucht. Ihre Kontakte zu anderen Jugendlichen sind für uns weiterhin nicht kontrollierbar. Unsere Forderung, sich dem Familienalltag anzupassen mit der Übernahme von angemessenen Pflichten und pünktliche Einhaltung von Ausgehzeiten sowie nach regelmäßigem Schulbesuch sind größtenteils erfolglos. Dies führt zu Spannungen, Auseinandersetzungen und immer wieder zu teilweise längerfristigen Entweichungen mit unbekanntem Aufenthalt unserer Tochter. Wir sehen darin eine große Gefährdung und haben seit geraumer Zeit keinen erzieherischen Einfluß mehr auf unsere Tochter. Wir halten deshalb die anderweitige Unterbringung für dringend notwendig, um einer weiteren Verwahrlosung entgegen zu wirken."

Und aus Sicht sozialer Fachkräfte:

"... hat noch während der Schulzeit begonnen, sich herumzutreiben und die Eltern mit Selbstmordankündigungen unter Druck zu setzen. Sie kam spät nachts nach Hause, übernachtete ohne Kenntnis der Eltern bei Schulkameradinnen. Mit 16 Jahren ist sie mit einem sechs Jahre älteren Mann zusammengezogen, hat ihn nach einem Jahr verlassen (er verlangte Treue), hat unregelmäßig gearbeitet und sich nachts in zweifelhaften Spelunken herumgetrieben. (...) hat immer versucht, zwischen den Eltern Zwistigkeiten und Auseinandersetzungen zu schüren, insbesondere die Mutter aufzustacheln. Sie ist eine Dirne."

Seltener sind Aktennotizen, die das Motiv bzw. die Funktion des Weglaufens von Mädchen herausstellen.

"I. ließ in der Folgezeit immer stärker durchblicken, daß sie zu ihrem Vater nach M. gehen wollte. Dies bestärkte sie einmal durch Weglaufen nach M. (...)"

"Die Wunschvorstellung (zur Mutter ziehen zu können, d. V.) scheint sich wie ein roter Faden durch I.'s Denken hindurchzuziehen. Solange jedoch dieser Wunschgedanke in I.'s Vorstellung realisierbar erscheint und die Realisierung nur daran zu scheitern scheint, daß das Jugendamt hierzu seine Zustimmung verweigert, solange wird Inge u. E. in Konfliktsituationen sich sehr leicht dem Konflikt entziehen und ausweichen auf ihre private Wunschvorstellung, daß nämlich ein Umziehen zur Mutter für sie eine grundsätzliche Lösung ihrer Problemsituation bedeuten würde."

"D. fühlt sich von der Mutter emotional nicht angenommen, sondern vernachlässigt. Die Kindesmutter hat eine enge Freundin mit der sie regelmäßig Alkohol über Gebühr konsumiert

— deshalb ist D. dann entwichen, weil sie diese Situation nicht mehr ertragen hat. Zunächst lief sie zum Vater, der sich bemühte, aber dann kapitulieren mußte."

Zentrales Thema von Aktennotizen sind auch Inhalte, die sich auf das *sexuelle Verhalten der Mädchen* beziehen. Die überwiegenden Anmerkungen und Erläuterungen weisen eine merkwürdige Ambivalenz von Opferperspektive und "Lolita-Syndrom" auf.

"Durch gezielte Gespräche, Kontrollen und Einschränkungen gelingt es zwar, Freundschaften zu Jungen zu steuern, jedoch liegt der Verdacht nahe, daß die Frage der Sexualität bei diesen Freundschaften mitunter eine tragende Rolle spielt und von der Jugendlichen verwechselt wird mit der Frage einer Bindungsaufnahme."

"Mehrfach ist sie aus Heimen, in denen sie im Rahmen von FEH untergebracht war, entwichen und hat sich dann jeweils tagelang umhergetrieben, wobei es auch zum Geschlechtsverkehr mit ihr offenbar nur flüchtig bekannten Männern gekommen sein soll."

"Zur Aufwertung des stark angegriffenen Selbstwertgefühls sucht sie Anerkennung außerhalb der Familie. Hier pflegt sie Kontakte zu verschiedenen Bundeswehrsoldaten. Die Selbstbestätigung der Jugendlichen dürfte hauptsächlich im sexuellen Bereich liegen."

"C. ist extrem stark von ihren sexuellen Wünschen beherrscht. Sie möchte sie möglichst kurzfristig befriedigen und konstruiert um den jeweiligen Wunsch eine 'Liebesgeschichte'."

"(...) zeigt sie sich den Jungen gegenüber aufdringlich und ordinär. Sie faßt ihnen an die Geschlechtsteile und sucht durch Schlägereien mit ihnen die ständige Berührung. Über die älteren Mädchen des Hauses, die zum größten Teil feste Beziehungen haben, äußert sie sich in schmutzigster Weise. A. hat auf diesem Gebiet eine rege, sogar schon perverse Phantasie."

"Ihr Festhalten an dem Kontakt zu B. (19jähriger Freund) beruht möglicherweise darauf, daß sie mit ihm zum ersten Mal Geschlechtsverkehr hatte."

"Vor einigen Wochen sei G. spurlos verschwunden gewesen. Die Eltern fanden ihre Tochter zusammen mit einem Türken im Bett. Die Gefährdung auf sexuellem Gebiet soll von einem Psychiater bereits vor Jahren bestätigt worden sein mit dem Hinweis, sich auf zunehmende 'Ausbrüche' einstellen zu müssen."

Viele dieser Aktennotizen enthalten eine Reduktion der Problemperspektive ("Sexualisierung abweichenden Verhaltens"). Selten sind erklärende Beschreibungen, die eine Überwindung dieser individualisierenden Sichtweise und Zuschreibung beinhalten.

"Auf der Suche nach Bestätigung, Anerkennung und Sicherheit und mit anderen diffusen Erwartungen wechselt G. die Männer, in der Hoffnung, das zu finden, was sie sucht. Aufgrund ihres 'schlechten Rufs' hat sie oft mit Männern zu tun, die sie als Objekt sehen, was dazu führt, daß sie enttäuscht wird und weiter sucht."

Beim "sexuellen Mißbrauch" stehen eher Andeutungen und Verdachtsmomente als klare Aussagen in den Akten.

"Längere Zeit konnte man beobachten, daß P. Probleme im sexuellen Bereich hatte. Sie erzählte manchmal von Erlebnissen mit Jungen, welche sie nach ihren Aussagen betastet (im Intimbereich) oder in einem einmaligen Fall sogar vergewaltigt hatten. P. erzählte, daß es sich bei diesem Jungen um ihren Bruder handelte."

"Unglaubwürdige und phantasievolle Schilderungen von zu Hause. (...) Laut M.'s Aussagen ist sie in der Wohnung der Mutter von einem Amerikaner vergewaltigt worden. Nachdem sie das der Mutter erzählt hatte, habe sie lediglich geäußert: 'Das kann jedem mal passieren'."

"So konnte sie es nicht aushalten, daß mit ihr ein Problem von vielen Seiten beleuchtet und diskutiert wurde. Dieses 'Nichtaushalten' gipfelte in frechen Worten, die Pflegeschwester wurde in der Schule beschimpft, (...) es ging sogar so weit, daß sie den Pflegevater unsittlicher Handlungswünsche bezichtigte."

"In den Osterferien hat M. der Schwester ihrer Mutter erzählt, daß der Vater mit ihr seit Jahren sexuelle Spielereien vorgenommen hat." Weiter folgt kein Hinweis, später heißt es dann: "Das zur Zeit gravierendste Problem ist M's. Labilität im sexuellen Bereich. Sie geht, wenn sie unbeaufsichtigt ist, mit jungen Leuten in das nahegelegene Feld."

Einige wenige Aktennotizen enthalten auch Hinweise auf Symptome, die häufig mit sexuellem Mißbrauch einhergehen. Diese werden jedoch nicht als solche interpretiert, sondern stehen bspw. unvermittelt neben Beschreibungen zum sexuellen Verhalten.

"Im Alter von ca. 10 Jahren sei G. dadurch aufgefallen, daß sie Nachbarjungen ihre Brüste gezeigt habe. Weiterhin habe sie ihren damals 5-jährigen Bruder mehrfach am Penis gezogen. Zur gleichen Zeit war eine Freßsucht bei G. bemerkt worden."

Klare Analysen von Vorgängen sind selten und pädagogische Handlungen unzulänglich. Eher wird auf Ärzte und Polizei zurückgegriffen.

"Dann berichtete S. nach Aufforderung durch die Mutter davon, daß sie wieder bei dem amtsbekannten Herrn X. gewesen sei. Sie habe dort einen Hund spazierenführen sollen und war deshalb, um das Tier dort abzuholen, mit in die Wohnung gegangen. Herr X. habe sie dann aufgefordert, ihm ihr 'Fötzchen' zu zeigen. Sie habe sich dagegen gewehrt und hätte ihm gesagt, sie sei doch keine 'Nutte'. Trotzdem habe Herr X. nicht 'lockergelassen' und sie fortwährend dazu aufgefordert. Schließlich habe er ihr die Hose geöffnet und an ihr 'herumgefummelt'. Außerdem, so S., habe er sich dann auch selbst entblößt. Ebenso habe er ihr gesagt, daß er sie gerne einmal 'ablecken' wolle. Nachdem Herr X. sie längere Zeit so belästigt habe, sei sie dann 'abgehauen'. Vorher hätte er sie auch noch aufgefordert, sich 5 DM von ihm abzuholen dafür, daß sie den Hund spazierenführe. Schon einmal soll sich nach S.'s Angaben Herr X. in dieser Weise genähert haben. (...)

Noch einmal wiesen wir S. ausdrücklich darauf hin, nicht mehr zu Herrn X. zu gehen. Auch M. gab an, daß er hin und wieder zu Herrn X. geht. Auch er wurde aufgefordert, solche Besuche nicht wieder durchzuführen. Mit Frau B. wurde besprochen, daß sie auf jeden Fall bei der Polizei eine entsprechende Anzeige gegen Herrn X. machen solle. Desgleichen forderten wir sie auf, mit ihrer Tochter einen Arzt aufzusuchen, um festzustellen, ob S. in irgendeiner Weise durch die Handlungen des Herrn X. in Mitleidenschaft gezogen worden ist."

"Inzwischen wurde bekannt, daß Herr S., Stiefvater der M., am Abend des ... versucht hat, M. zu vergewaltigen. M. gab dazu an, daß sie mit ihrem Stiefvater alleine zu Hause gewesen sei, er habe sie angefaßt und mehrmals versucht, zu küssen. Sie habe sich dagegen gewehrt, Herr S. sei aber immer wieder zu ihr gekommen. Er habe sie schließlich mit Gewalt festgehalten, sie am Geschlechtsteil und an der Brust berührt und sie zum Geschlechtsverkehr aufgefordert. Ihr gelang es schließlich, aus der Wohnung zu flüchten. Nach Angaben von M. hat Herr S. dies bereits öfters versucht. (...)

Nach einigen Tagen kehrte M. wieder zur Mutter zurück, nachdem ihr bekannt war, daß sich ihr Stiefvater für mehrere Wochen im Ausland hinsichtlich eines Arbeitseinsatzes aufhält. Unsererseits wurde inzwischen Mitteilung an die Kriminalpolizei in M. gegeben. (...)

Mit M. wurde eingehend ihre weitere Perspektive besprochen. Zur Zeit sieht es so aus, daß sie auf keinen Fall bei ihrer Mutter und dem Stiefvater bleiben möchte, da sie Angst vor weiteren Vergehen von Herrn S. hat."

Anders als das sexuelle Verhalten der Mädchen ist der *Bildungs- und Ausbildungsbereich* gekennzeichnet durch die Diskrepanz der häufigsten Nennung als Problemlage und einer geringen Thematisierung und Erklärung dieses Problembereichs. Hier einige vereinzelte Hinweise:

"Sie verweigert sich inzwischen jeder häuslichen, teilweise auch schulischen Situation (...), macht dementsprechend, was sie will."

"C. besitzt ein recht hohes Konzentrationsvermögen und verfügt über eine ausgezeichnete geistige Beweglichkeit (IQ 111). Allerdings besitzt sie kein Leistungs- und Erfolgsstreben. (...) C.'s Leistungen in der Schule waren äußerst schwach. Sie hatte enorme Sprachschwierigkeiten (sie ist zweisprachig aufgewachsen und hat eine Zeitlang in den USA gelebt.) (...) Trotz einer offensichtlich guten intellektuellen Ausstattung — vermutlich aufgrund einer bestehenden Verwahrlosung — im Leistungsbereich keine adäquaten Leistungen erbracht und auch nicht über die notwendige Motivation verfügt."

Verbleibt die Darstellung im ersten Zitat auf einer rein schuldzuweisenden Ebene, so ist das zweite Zitat von einer bemerkenswerten Vielschichtigkeit. Es werden die Schulprobleme von C. sowohl individuell mit dem Rekurs auf ihre "mangelnde Motivation" als auch wenig aufschlußreich mit einer bestehenden "Verwahrlosung" erklärt. Eher unvermittelt und für die Leser/innen überraschend taucht mit der "Zweisprachigkeit" ein Verweis auf lebensgeschichtlich möglicherweise bedeutsame strukturelle Verursachungszusammenhänge auf. Hier bleibt die Frage offen, welchem Erklärungszusammenhang bei der Planung und Durchführung sozialpädagogischer Aktivitäten der Vorrang gegeben wird, da dieses in den Akten nicht vermerkt ist.

Mit Rückgriff auf Kenntnisse weiblicher Lebenszusammenhänge sind folgende Aktennotizen erstellt worden, die der Situation von Mädchen Rechnung tragen:

"Deutlich wurde auch, daß J. nur wenig mit beruflichen Zielen und Perspektiven anfangen kann. Einerseits möchte sie etwas lernen und vorweisen können, andererseits wirken auf sie Berufsperspektiven und der damit zusammenhängende Berufsalltag (z. B. Aufstehen, Pünktlichkeit ...) überwiegend bedrohlich und angstmachend. Rationalisierend überspielt sie diese Unsicherheit durch Äußerungen wie: 'Warum soll ich als Frau überhaupt einen Beruf lernen, ich kann doch Hausfrau bleiben'."

"Sie sieht für sich beruflich wenig Möglichkeiten und richtet von daher überwiegend ihre Aktivitäten auf die Herstellung einer für sie befriedigenden Beziehung zu einem Freund."

3.3.2 Angebote der Jugendhilfe im Kontext der Problemlagen

Vorherige ambulante und stationäre Angebote der Jugendhilfe

Bevor auf die Problemlagen der Mädchen mit Freiwilliger Erziehungshilfe oder Fürsorgeerziehung reagiert wurde, kamen eine Reihe anderer Maßnahmen zum Tragen. Abgesehen von den ambulanten Hilfen (vgl. Tab. A 23) gab es bereits eine Reihe von Fremdunterbringungen (vgl. Tab. A 24): 93 der 206 Mädchen waren bereits ein- oder mehrmals in Verwandtenpflege, einer Pflege- oder Erziehungsstelle oder einem Heim.

Wenn 43 Mädchen vor Beginn einer FEH/FE in Verwandtenpflege waren, dann geschah dies wahrscheinlich in erster Linie aus Gründen der Versorgung und Beaufsichtigung vor dem Hintergrund der sozioökonomischen Situation der Herkunftsfamilie. Hier wäre der Frage nachzugehen, ob nicht auch finanzielle Erwägungen der Jugendämter eine Rolle spielen. Wenn man davon ausgeht, daß diese Mädchen keine ihren jeweiligen Bedürfnissen und Interessen angemessene Form der privaten Ersatzerziehung erfahren haben, so scheint die Verwandtenpflege bei den betroffenen Mädchen Problemlagen hergestellt oder begünstigt zu haben, die letztlich für diese zu einer öffentlichen Erziehungsmaßnahme führten.

Auch der Wechsel von Mädchen aus einer oder bereits mehreren Pflegefamilien in die Heimerziehung ist häufig anzutreffen (vgl. Tab. A 24). Nicht selten sind den Akten mehrere Aufenthaltswechsel von Mädchen zu entnehmen (vgl. dazu auch 3.3.3.

Fallgeschichte Inge B.), die insgesamt von sehr unterschiedlicher Dauer sind (vgl. Tab. A 25).

Art der Maßnahme bei FEH/FE und Problemlagen der Mädchen

Die Durchführung der Maßnahmen erfolgt ambulant, teilstationär oder stationär. Es erfolgten 16 ambulante, vier teilstationäre und 217 stationäre Maßnahmen (vgl. Tab. A 26). Die 217 stationären Maßnahmen beziehen sich auf 176 Mädchen während des Untersuchungszeitraums. D.h., daß es auch in dieser (knappen) Zeit der öffentlichen Erziehung Wechsel der Lebensorte von Mädchen gab.

Bei den ambulanten Maßnahmen handelt es sich um 10 Erziehungskurse, fünf Familienhelfer/innen und ein/e Jugendhelfer/in. Bei den teilstationären Angeboten handelt es sich um Tagesgruppen.

Fast alle Mädchen werden stationär, zumeist in Kinder- und Jugendheimen einschließlich (Außen-)Wohngruppen untergebracht (vgl. Tab. A 27). Bei einigen erfolgt lediglich eine ambulante Maßnahme, bei anderen haben im Verlauf der FE/FEH ab dem 1.1.1984 bereits mehrere, z. T. auch mehrere stationäre Angebote gewechselt.

Vor dem Hintergrund der bereits beschriebenen Probleme der Mädchen und ihrer Familien während der Gesamtlebensgeschichte ist von Interesse, welche Probleme für den Zeitpunkt und als Anlaß der FE/FEH genannt werden und darüber hinaus die Entwicklung dieser Probleme während der FEH/FE und der damit verbundenen Veränderung des Lebensortes.

Für die 206 Mädchen wurden zum Zeitpunkt der Antragstellung 752 Nennungen über Problemlagen gemacht (vgl. Tab. A 28). Mit 109 Nennungen (59,2 %) liegt der unregelmäßige Schulbesuch an erster Stelle, mit 82 Nennungen die schlechten Schulleistungen an vierter Stelle (39,8 %). Dies bedeutet gegenüber den für die Gesamtlebensgeschichte genannten Problemlagen keine wesentliche Änderung, jedoch eine Zuspitzung. Unregelmäßiger Schulbesuch der Mädchen zieht zunehmende Konflikte in den Familien nach sich, da Instanzen sozialer Kontrolle aufmerksam werden und ihrer Aufforderung der Schulpflicht nachzukommen durch Bußgeldbescheide zusätzlich Ausdruck verleihen. Diese Situation bringt häufig "das Faß zum Überlaufen" und erklärt die Beantragung von FEH zu diesem Zeitpunkt.

"Konflikte um Ausgangszeiten und Freundeskreis" der Mädchen an zweiter Stelle der Problembenennungen (44,2 %) haben das Klima in den Familien sowieso schon verschärft. Wurde der Konflikt um die Ausgangszeiten bei 67 Mädchen während der Gesamtlebensgeschichte angegeben, so sind es zum Zeitpunkt der Antragstellungen auf FE/FEH bereits 91. Das *"Weglaufen"* nimmt nach wie vor den dritten Rang ein, ist absolut aber auch gestiegen. Galt dies bei 73 Mädchen (36,3 %) während der

Gesamtlebensgeschichte als Problem, so sind dies zum Zeitpunkt der Antragstellung 90 Mädchen (43,7%).

Nach diesen Problemlagen werden "Diebstahl" und "Aggression" benannt, die zum Zeitpunkt der Antragstellung weder merklich zu- noch abgenommen haben.

Bei 37 Mädchen (18,0%) werden "sexuelle Auffälligkeiten" benannte, bei weiteren vier Mädchen "Prostitution" (1,9%); d.h., daß auch diesem Bereich zunehmende Bedeutung bei der Beantragung von FE/FEH gegenüber der bisherigen Lebensgeschichte zukommt. Demgegenüber spielt der "sexuelle Mißbrauch" mit zwei Nennungen als bei Antragstellungen relevantem Aspekt eine geringere Rolle als innerhalb der Lebensgeschichten mit insgesamt neun Nennungen. Beachtlich angestiegen sind (dennoch?) die Nennungen für solche Problemlagen, die häufig Begleitphänomene sexuellen Mißbrauchs sind wie Autoaggression, Fettleibigkeit/Eßsucht und auch Kontaktprobleme, Depressivität, Überanpassung. Es gibt gute Gründe anzunehmen, daß der sexuelle Mißbrauch häufiger auftritt, als dies in den Akten dokumentiert bzw. von den sozialen Fachkräften wahrgenommen wird.

Bemerkenswert sind auch die Ergebnisse der Erhebung im Hinblick auf die genannten Problemlagen während der Freiwilligen Erziehungshilfe und Fürsorgeerziehung (vgl. Tab. A 29). Inzwischen ist aus dem *"Weglaufen"* das *"permanente Entweichen"* geworden, das bei den Problemen nun den zweiten Rang einnimmt. Bemerkenswert dabei ist aber auch, daß dies nur noch für 46 Mädchen gegenüber 90 Mädchen bei der Antragstellung benannt wird. Dies läßt die Aussage zu, daß für einen Teil der Mädchen durch die FE/FEH eine Entschärfung, für einen anderen Teil eine Verschärfung ihrer Lebensbedingungen stattgefunden hat.

Mit durchschnittlich 24,1% Entweichungsquote kann somit konstatiert werden, daß gut jedes fünfte Mädchen in FE/FEH "permanent entweicht".

Als ein "neuer" Problemkomplex bildet sich offensichtlich während der FE/FEH der Bereich der Schwangerschaften/Kindesgeburten und/oder Abbrüchen heraus: acht geborene Kinder sowie 18 weitere bestehende Schwangerschaften bei 206 Mädchen.

Es ist kein Zufall, daß dieser Bereich neben dem "Entweichen" als Problemlage benannt wird, stellt sich doch für die Jugendhilfe hier die Frage nach Konzept und Grenzen sozialpädagogischen Handelns. Dies wird ersichtlich aus Aktennotizen wie dem folgenden.

"M. suchte Emotionalität, Zuwendung und Geborgenheit außerhalb der Pflegefamilie und nahm wahllos Kontakte zu männlichen Wesen auf. (...) Da die Suche nach Geborgenheit bei M. auch den sexuellen Bereich umfaßte, nahm Petting und auch Geschlechtsverkehr eine mehr und mehr dominierende Rolle bei den Partnerschaften ein. Aus einer dieser letzten Freundschaften resultierte dann die Schwangerschaft, die M. in einen recht tiefen Konflikt stürzte."

Der in der Jugendhilfe häufig benutzte Begriff "wahllos" kennzeichnet eine Problemsichtweise, die bestimmt ist durch die Fachkräfte. Mit diesem Terminus wird auf "häufig wechselnde" Bekanntschaften der Mädchen abgestellt und nicht vorhandene Auswahlkriterien unterstellt. Auch die Dominanz von Sexualität in den Freundschaften der Mädchen bleibt solange Unterstellung, wie es keinerlei bestätigende Hinweise aus der Sicht der Mädchen gibt (und diese sind in den Akten nicht erwähnt), aber reichlich Hinweise aus der Mädchenforschung, die auf die für Mädchen unbefriedigende Praxis der Sexualität mit Jungen/Männern verweisen (vgl. hierzu u. a. *Savier/Wildt* 1978).

Keinerlei Aufschluß gibt die Aktenlage über eine offensive Sexualpädagogik der Erziehungshilfen. Breiten Raum nimmt hingegen die Darstellung der von den Fachkräften als unrealistisch eingeschätzten Lebensvorstellungen der Mädchen ein.

"... geht im Moment total davon aus, daß der Vater des zu erwartenden Kindes, ein junger amerikanischer Soldat, sie heiraten wird, daß sie von der Armee eine Wohnung gestellt bekommen und sie hat Vorstellungen, daß sie ungefähr 4.000 DM im Monat zum Leben zur Verfügung haben ..."

"... will ihren Freund heiraten und dann eine eigene Familie gründen (drei Kinder bis zum 20. Lebensjahr)."

Den Wünschen der Mädchen wird die Realität gegenübergestellt, die häufig genug einmal mehr Enttäuschungen und Zurückweisungen bedeuten. Diese werden auch häufig als solche beschrieben.

"M. hat während des Klinikaufenthaltes von H. nur brieflich mit ihr in Kontakt gestanden. (...) Gleichzeitig konnten H. und M. insoweit Klarheit in ihrer Beziehung schaffen, als daß er nicht bereit war, eine verantwortungsvolle Rolle in der Beziehung zu übernehmen."

Detailliert sind ebenfalls Beschreibungen, die ein Auseinanderklaffen zwischen Bedürfnissen der jungen Mütter und ihrer Kinder konstatieren.

"Das Ineinklangbringen ihrer eigenen Bedürfnisse mit den Anforderungen des Kindes stellte sich als schwieriger heraus, als U. erwartet hatte. Da U. an das Leben in der Gemeinschaft hier gewöhnt war, hatte sie anfangs Probleme mit dem Alleinsein; z.B. als ihr Kind noch sehr viel schlief."

"Wir konnten bei N. anfänglich beobachten, daß sie sich ihrer Tochter E. gegenüber sehr viel Mühe gab. Dies änderte sich bald. Uns ist des öfteren aufgefallen, daß N. ihre Tochter in aller Hast und Eile verpflegte. (...) N. selber legte einen großen Freiheitsdrang an den Tag, durch den sie sich natürlicherweise durch ihre Tochter eingeschränkt sehen mußte."

Durchgängig ist den Berichten und Stellungnahmen zu entnehmen, daß sich

Fachkräfte bemühen, den zu Müttern gewordenen Mädchen "mehr Realismus" zu vermitteln, d.h. Lebenssituation und gesellschaftlich-normative Lebensorganisation stimmig zu machen und damit letztlich die Mutterrolle anzuerziehen. Daß die zumeist appellative Vorgehensweise letztlich kaum wirkungsvoll ist, wird auch gesehen. Mädchen, für die (Mutter-und-Kind-)Heime kein lohnenswerter Lebensort sind, werden nicht erreicht.

"Ich war immer ein freier Mensch, konnte tun und lassen, was ich wollte. Nie hat jemand nach mir gesehen oder gefragt, ich brauche das. Ich brauche meine Freiheit. Hier in diesem Haus fühl ich mich so eingeengt und eingesperrt. (...)
Wir versuchten noch mit N. zu reden, sie ließ sich aber auf nichts ein."

Einbezug der Jugendpsychiatrie und Problemlagen der Mädchen

Fast jedes fünfte Mädchen war vor Beantragung der FE/FEH stationär in der Psychiatrie (37 Mädchen) (vgl. Tab. A 30). Die Verweildauer lag bei 15 Mädchen zwischen sechs Wochen und einem halben Jahr, bei neun Mädchen bis zu sechs Wochen, bei acht Mädchen einem halben und einem Jahr und bei fünf Mädchen über einem Jahr. Sechs Mädchen waren "geschlossen" untergebracht.

Begründet wird die Psychiatrie-Unterbringung am häufigsten mit Suicidgefahr/-versuch (15 Nennungen = 40,5 %), *Weglaufen* (14 Nennungen = 37,8 %), Diebstahl (10 Nennungen = 27,0 %) und schlechter Schulleistung (neun Nennungen = 24,3 %) (vgl. Tab. A 31). Aggression wird bei acht der 37 Mädchen benannt, bei vier Autoaggression und bei zwei Mädchen Depressivität.

Bei den sechs Mädchen, die geschlossen in der Psychiatrie untergebracht gewesen waren, wurden je viermal "Suicidgefahr/-versuch" und "Weglaufen" als Unterbringungsgrund benannt; dreimal zudem "unregelmäßiger Schulbesuch".

Aufschlußreicher noch als diese Benennung von zumeist drei Anlässen, Gründen oder Problemen sind die Argumentationsmuster für und die Erwartungen an die Psychiatrie. 31 der 37 Mädchen wurden zwecks Diagnose in der Kinder- und Jugendpsychiatrie untergebracht. 13 der Mädchen wurden über einen längeren Zeitraum psychiatrisch behandelt. Anlaß waren attestierte neurotische Verhaltensstörungen und Dissozialität:

"Verhaltensstörungen im Kindesalter mit starker hysterischer Komponente, reaktiv auf die Familienverhältnisse."

Anlaß für Psychiatrieunterbringung sind auch Akutsituationen bzw. Überforderung der Instanzen der Jugendhilfe:

"Nach einem erneuten Entweichen aus dem Heim wurde M. Mitte August aufgegriffen und in die Kinder- und Jugendpsychiatrie überführt. Der Beschluß gemäß § 1631b BGB wurde von uns am ... beim hiesigen Vormundschaftsgericht erwirkt."

Die Aktendokumentationen bringen wenig Informationen über Sinn und Zweck von Psychiatrieunterbringungen.

Beispiel: Für das Mädchen A. wurden von den Eltern zwei Psychiatrieunterbringungen veranlaßt (je 1 bzw. 7 Monate). Als Einweisungsgründe wurden Selbstgefährdung, sexuelle Auffälligkeit, sexuelle Verwahrlosung und Weglaufen von zu Hause benannt. Die Psychiatrie diagnostizierte u. a. eine ausgeprägte "Verwahrlosungssymptomatik" und eine "neurotische Depression" und brachte A. geschlossen unter. Während dieser Zeit konnte sie mehrmals "entweichen", außerdem unternahm sie einen Selbstmordversuch. Dennoch berichtet die Psychiatrie von Erfolgen in der Behandlung:

"Sie äußerte vor kurzem, sie wolle bis zu ihrem 18. Lebensjahr auf der geschlossenen Station verbleiben, da sie hier endlich die Ruhe fände, ihren schulischen Aufgaben nachzugehen, ohne ihre frühere ständige Unruhe, die sie selbst damit erklärt, daß sie sich auf nichts mehr habe konzentrieren können, da sie immer befürchtete, sie versäume dann etwas Wesentliches, weshalb sie einen so unsteten und reizoffenen Lebenswandel geführt habe. Auch jetzt könne sie sich noch nicht von innen heraus steuern und sei froh über die geschlossenen Türen, die auch Ablenkung und Zerstreuung von ihr fernhielten."

So empfahl die Jugendpsychiatrie der Jugendhilfe eine langfristig geschlossene Unterbringung, "da die Jugendliche bei offener Führung nicht in der Lage sei, eine stabile emotionale Beziehung aufzubauen".

A. wurde 1984 nach Gewährung der FEH in einem offenen Kinder- und Jugendwohnheim untergebracht. Sie begann eine Berufsausbildung und fiel lediglich durch ein Eigentumsdelikt auf. Die Aktenlage gibt keinen Anlaß zu der Annahme, daß dieser Erfolg auf die Psychiatrieunterbringung zurückzuführen ist. Auch dieser Einzelfall zeigt, daß Jugendhilfe und Psychiatrie oft eher unvermittelt nebeneinander stehen. Der Verdacht drängt sich auf, daß Jugendhilfe aufgrund eigener Überforderung situativ auf die Psychiatrie zurückgreift, sich durch die Diagnosestellung des Ausmaßes der Verhaltensstörungen von Mädchen vergewissert, um dann jedoch noch Kenntnisnahme der medizinisch-psychiatrischen Problembeschreibungen ihrer eigenen Fachlichkeit wieder bewußt wird, die Verantwortlichkeit aufnimmt. Die These ist nicht empirisch gesichert, aber plausibel.

Der Umfang des Rückgriffs der Jugendhilfe auf die Psychiatrie ist nicht unerheblich: Von den 206 Mädchen wurden 20 während der FE/FEH zur stationären Unterbringung in die Kinder- und Jugendpsychiatrie gebracht (vgl. Tab. A 32). Dabei gibt es einen signifikanten Zusammenhang zwischen *"permanentem Weglaufen"* während der Maßnahme und der Nutzung von Psychiatrie. Bei 55 % der 20 Mädchen gegenüber 18,8 % der übrigen Mädchen wurde dieses Phänomen benannt. Dies kann so interpretiert werden, daß Jugendhilfe auf "permanentes Entweichen" mit erhöhter Inanspruchnahme von Jugendpsychiatrie reagiert. Die Überforderung im Umgang mit diesem Phänomen ist in vielen Akten dokumentiert:

"In den Osterferien hat M. der Schwester ihrer Mutter erzählt, daß der Vater mit ihr seit Januar 19.. sexuelle Spielereien vorgenommen hat. Aus diesem Grund wurde M. im Einvernehmen mit ihren Eltern am ... im .... untergebracht. Die plötzliche Herausnahme aus der Familie und die massive Ablehnung, die der Vater nunmehr M. entgegenbrachte, führten zu einer für M. nicht mehr zu verkraftenden Situation. Da sie mit Entweichungen reagierte und das Kinderheim sich mit der Betreuung von M. überfordert sah, wurde sie am ... in das Jugendpsychiatrische Krankenhaus ... überwiesen."

Diagnosestellung und Empfehlung zur geschlossenen Unterbringung in einem Bundesland, das geschlossene Unterbringung im Rahmen von Jugendhilfe nicht zulässt, rufen die Jugendhilfe letztlich wieder auf den Plan, die im Rahmen ihrer Möglichkeiten und Einschätzungen unterbringt.

Aus einen Kurzgutachten der Psychiatrie:

"Bei A. bestehen sicherlich erhebliche Tendenzen, sexuell zu verwahrlosen und kriminell zu werden. Dies beruht wahrscheinlich auf einer milieureaktiven, neurotischen Fehlentwicklung, die dringend psychotherapeutisch zu behandeln ist. Da A. bei noch fehlender Krankheitseinsicht sich einer solchen Behandlung durch Entweichen entziehen würde, ist es ratsam, sie zumindest erst einmal mehrere Wochen lang auf einer geschlossenen Station zu behandeln".

Aus dem Beschluß des Amtsgerichts:

"Nach ihren Äußerungen (...), ihrem Gehabe und nach den Berichten des Stationsarztes scheinen ihre Gedanken stark von sexuellen Dingen behaftet zu sein".

Im Anschluß an den Psychiatrieaufenthalt wird A. Ende Dezember 19.. in einer sozialtherapeutischen Einrichtung untergebracht. (Dies allerdings nur für einen Tag, da die Mutter mit diesem Heim nicht einverstanden ist, die Tochter wieder mit nach Hause nimmt und die FEH zurückzieht).

Beendigung der Freiwilligen Erziehungshilfe und Fürsorgeerziehung

Bei 86 der 206 Mädchen wurde die Maßnahme im Laufe der Jahre 1984/85 beendet (41,8 %) (vgl. Tab. A 33). In den meisten Fällen (28) wurde die Zustimmung zur FEH widerrufen. Der nächsthäufige Grund bei weiteren 12 der 86 Mädchen ist die "Aufhebung der Maßnahme wegen *längerer Entweichung bzw. Untertauchen*". Bei 11 Mädchen wurde die Maßnahme mit Abschluß der Übungs- und Erfahrungskurse beendet. Bei einem Mädchen wurde die Maßnahme aufgehoben wegen Unterbringung in der Psychiatrie. Acht Mädchen wurden volljährig und bei sechs Mädchen wurde "Zweckerreichung" als Beendigungsgrund benannt. Wenn lediglich bei 6 von 86 Mädchen, also 7% "Zweckerreichung" als Maßnahmebeendigungsgrund angegeben werden, so ist dies für die Jugendhilfe ein bedrückendes Ergebnis.

3.3.3 Zwei Fallgeschichten —
Ergebnisse der qualitativ orientierten Aktenanalyse

Weitere interessante Hinweise und Informationen des Umgangs der Jugendhilfe selbst mit den Problemlagen der Mädchen enthalten folgende zwei Fallgeschichten.[42] Hier soll das Zusammenspiel dieser Problemdimensionen verdeutlicht und unter Bezug auf den Einzelfall nachvollziehbar gemacht werden.

Karin B. — Ein Jugendhilfefall oder eine ganz normale Mädchenbiographie?

Karin B. wurde 1970 in einer südhessischen Großstadt geboren. Mit den Eltern und dem zwei Jahre jüngeren Bruder verbrachte sie ihre Kindheit in ihrer Geburtsstadt. Die Familie lebte in einer Mietwohnung des sozialen Wohnungsbaus in einem Wohngebiet, dem mangelnde soziale Infrastruktur attestiert wird. Der Vater ist erwerbstätig, zur Zeit arbeitet er in einer Ladenkette als Substitut. In der Vergangenheit mußte er mehrfach den Arbeitsplatz wechseln, Ursache war jeweils die Schließung der entsprechenden Firma. Frau B. geht verschiedenen Aushilfstätigkeiten nach. Die Arbeitsteilung innerhalb der Familie ist offenbar an tradierten Rollenkonzepten orientiert:
"Herr B. geht in erster Linie seiner Arbeit nach und überläßt den häuslichen Bereich völlig seiner Frau".

Von Karins früher Kindheit sind keine herausragenden Ereignisse bekannt, abgesehen vom Verdacht auf spastische Lähmungen, weswegen mit ihr im ersten Lebensjahr regelmäßig gymnastische Übungen durchgeführt wurden. Nach Angaben der Mutter besuchte Karin gerne den Kindergarten. Im dritten Schuljahr zeigten sich bei Karin Leseschwierigkeiten, seitdem besucht sie regelmäßig und mit Interesse ein Institut für Legastbenietherapie. In der Schule galt sie als "... pedantisch, ehrgeizig und auffällig angepaßt, ohne am Aufbau sozialer Beziehungen interessiert zu sein".

Im Jahr 1980, Karin war 10 Jahre alt, kam es zum ersten Kontakt mit einer Erziehungsberatungsstelle. Anlaß hierfür war Karins Weglaufen von zu Hause. Eine weitergehende Beratung kam aber nicht zustande.

"... da Herr B. sich ständig weigerte, an der Beratung teilzunehmen."

---

[42] Diese und weitere anonymisierte Falldarstellungen finden sich in: *Institut für soziale Arbeit e.V./Landeswohlfahrtsverband Hessen* 1987.

Karin scheint dann noch öfter weggelaufen zu sein, und die Mutter suchte immer wieder Rat zur Bewältigung ihrer erzieherischen Probleme. Im Jahre 1983 wurde mit Karin ein IQ-Test durchgeführt, der ihr eine insgesamt hohe intellektuelle Leistungsfähigkeit bescheinigte. Zu diesem Zeitpunkt war der Problemdruck so groß, daß es zum FEH-Antrag kommt:

"Karin bereitet uns bereits seit mehreren Jahren erzieherische Schwierigkeiten. Kontakte zu Beratungsstellen haben bisher keine Erfolge gebracht. Die Probleme spitzen sich momentan sehr zu. So bleibt Karin nächtelang von zu Hause weg ohne anzugeben, wo sie sich aufhält. Es kommt ständig zu Auseinandersetzungen aufgrund der entstandenen Mißtrauensverhältnisse aller Familienmitglieder untereinander."

Problematisch wird auch die Tatsache, daß sich Karin weigert, die vielen praktischen Fähigkeiten, über die sie offenbar verfügt, in einer für die Eltern angemessenen Weise im häuslichen Bereich einzubringen. Neben Lügen und Schwindeln wird auch ihre Uneinsichtigkeit bemängelt:

"Für Karin ist es nicht einsichtig, daß das Mißtrauen auf den Erfahrungen beruht, daß sie mehrmals gestohlen hat und in Diebstähle verwickelt war, sie als Kind in Gefahr war, von einem älteren Mann offensichtlich sexuell mißbraucht zu werden und sie sich häufig schon in Lügen verstrickt hatte."

In bemerkenswerter Weise werden hier Zusammenhänge zwischen Lügen und sexuellem Mißbrauch hergestellt und die Glaubwürdigkeit von Karin damit infrage gestellt.

Karin wird zu diesem Zeitpunkt als sprachgewandt und relativ sicher beschrieben. Sie bezeichnet sich selbst eher als anspruchslos, zugeschrieben wird ihr, daß es ihr angeblich schwerfalle, eigene Interessen auch einmal zurückzustellen. Deutlich wird, daß Karin sich dem jüngeren Bruder gegenüber zurückgesetzt fühlt und unter den Auseinandersetzungen und dem widersprüchlichen Verhalten der Eltern leidet:

"Sie fühlt sich unverstanden und ungerecht behandelt. Durch die geplante Heimunterbringung glaubt sie sich offensichtlich in die Rolle des Sündenbocks gedrängt. Obwohl sie die Situation zu Hause unerträglich findet, fällt ihr der Schritt zur Heimunterbringung schwer."

Karin ist fast 14 Jahre alt, als die Jugendhilfemaßnahme verfügt und ihre Fremdplazierung beschlossen wird:

"Karin braucht dringendst ein pädagogisch gut strukturiertes Umfeld, das ihr ihre Grenzen aufzeigt und Orientierungshilfen bietet. Sie muß lernen, ihr eigenes Handeln realistischer einzuschätzen und ihre Beziehungen zu den einzelnen Familienmitgliedern klarer zu sehen, damit sie ihren Platz in der Familie neu findet und ihn angemessen ausfüllen kann. (...) Hierbei muß insbesondere angestrebt werden, Herrn B. stärker in die Verantwortung für die familiäre Situation mit hineinzunehmen."

Karin wird in ein Kinder- und Jugendheim in der Nähe ihres Wohnortes eingewiesen. Sie hat Schwierigkeiten, sich einzuleben, zu ihrer gleichaltrigen Zimmergenossin unterhält sie jedoch eine enge Freundschaft. Weil sie mehrfach aus dem Heim verschwindet, wird sie nach zwei Monaten aus dieser Einrichtung entlassen und in ein anderes Heim in einer Kleinstadt eingewiesen. Den Eltern wird dabei nahegelegt, eine jugendpsychiatrische Untersuchung bei Karin anzustreben. Im neuen Heim lebt sich Karin offenbar verhältnismäßig gut ein, sie hofft, nach einem halben Jahr wieder nach Hause zurück zu dürfen. Als sie einsehen muß, daß ihr Wunsch nicht zu realisieren ist, schlägt ihr Verhalten um:

"1984 durchlief Karin eine Phase, in der sie ständig durch patzig-aggressives, unzufriedenes Verhalten auffiel, ohne daß die Ursache ihres veränderten Verhaltens uns ersichtlich wurde. (...) In dieser Zeit war es für alle, die mit Karin zu tun hatten, schwer, mit ihr auszukommen und sie anzunehmen."

Erst als geklärt war, daß fürs erste keine Rückkehr nach Hause in Betracht kam, konnte sich Karin einleben und neu orientieren.

Sie besucht die Hauptschule mit gutem Erfolg, die Ferien verbringt sie bei den Eltern. Die Mutter hält laufend Kontakt zu Karin, während der Vater unsichtbar bleibt. Ihre Kontakte sucht sie vorwiegend außerhalb des Heimes, mit einem Jungen aus der Nachbargruppe ist sie befreundet. Sie wird als ordentlich und sauber beschrieben. Von einem Therapieangebot will sie keinen Gebrauch machen.

Ein erfolgreich absolviertes Betriebspraktikum in einem Kaufhaus führt dazu, daß sie sich im Herbst 1985 in ihrem Heimatort eine Lehrstelle als Verkäuferin sucht, die sie im Sommer 1986 antreten wird. Für diesen Zeitpunkt ist auch ihre Rückkehr zu den Eltern geplant. Einen befriedigenden Hauptschulabschluß dürfte sie inzwischen erreicht haben.

Die genannten Gründe, die bei Karin zur Einleitung der Maßnahme führen, hat sie mit der Mehrheit der Mädchen gemeinsam, für die FE oder FEH beantragt wurde: weglaufen, Konflikte mit den Eltern über die Erledigung häuslicher Aufgaben, Ausgangszeiten und Freundeskreis, auch der Hinweis auf sexuelle Gefährdung fehlt bei Karin nicht.

Bei Aktendurchsicht fällt auf, wie beiläufig und ungebrochen typisch weibliche Sozialisationsmuster wiedergegeben werden, etwa zur Mutter von Karin:

"Der Haushalt wird überwiegend durch Frau B. alleine geführt. ... Im häuslichen Bereich und in der Erziehung der Kinder fühlt sie sich häufig allein gelassen."

Es ist allein die Mutter, die sich verantwortlich für die Erziehung der Kinder fühlt. Sie sucht die Erziehungsberatungsstelle auf, sie ist es auch, die die Verantwortung für die Heimeinweisung Karins übernimmt:

"Offensichtlich erst durch die Entscheidung von Frau B., ihn lieber mit der Erziehungsverantwortung für beide Kinder alleine zu lassen, als den bestehenden Zustand weiterhin zu ertragen, konnte sich Herr B. bereit erklären, die geplante Maßnahme mitzutragen."

Karin scheint sich lange an tradierte Muster gehalten zu haben, sie hält sich für anspruchslos und gilt als geschickt und anstellig. Dann jedoch bricht sie aus dem vorgegebenen Rahmen aus:

"Karin beteiligte sich früher teilweise an der Bewältigung der Hausarbeit. Zur Zeit weigert sie sich überwiegend, zu Hause Mithilfe zu leisten. ... Karin verfügt über viele praktische Fähigkeiten, wie sie im häuslichen Bereich gefordert werden, weigert sich aber, diese angemessen einzubringen."

Karin wird als Mädchen gesehen, das Probleme *macht*: sie läuft weg, streunt, sie hat den falschen Umgang. Auch ein offenbar versuchter sexueller Mißbrauch in der Kindheit ist lediglich Anlaß, ihr zu mißtrauen. An keiner Stelle in der Vorgeschichte wird der Versuch sichtbar, Karin als jungen Menschen zu begreifen, der Probleme *hat*. Die Erziehungsberatung aus Anlaß des ersten aktenkundigen Weglaufens wird abgebrochen, weil sich der Vater dem Beratungsangebot verweigert. Nach den Gründen, die eine 10jährige dazu bringen, von zu Hause wegzulaufen, wird nicht gefragt bzw. diese scheinen offensichtlich nicht erwähnenswert. Im Zentrum des Interesses steht die Stabilität des Familiensystems, die Nöte des Individuums bleiben nachrangig. Obwohl sich bis 1983 die Schwierigkeiten für Karin verstärkt haben, wird den Eltern lediglich weitere Beratung angeboten. Mit Karin wird ein IQ-Test durchgeführt; ihre Probleme bleiben aber unbearbeitet. Auch während ihres ersten Heimaufenthaltes wird diese Sichtweise durchgehalten. Bindungslosigkeit und aggressives Verhalten gegenüber Jungen tauchen als Negativbeschreibungen in Karins Verhalten auf, eine offenbar intensive Mädchenfreundschaft wird nur unter dem Aspekt der Abgrenzung gegenüber der Erziehern/innen und unerwünschter Aktivitäten gesehen, nicht aber als Anknüpfungspunkt für eine andere Sichtweise. Auch für Karin gilt: Mädchenfreundschaften werden nicht ernstgenommen, schroffes und aggressives Verhalten gegenüber männlichen Jugendlichen ziemen sich nicht. Dabei ließen sich doch leicht gute Gründe für derartige Reaktionen bei Mädchen finden. Daß Karins mehrfaches Weglaufen während der ersten Wochen im Heim mit Heimwechsel und der Empfehlung zur Psychiatrisierung sanktioniert wird, liegt ganz auf der bis dahin durchgehaltenen Linie, die geprägt ist durch Blindheit und Hilflosigkeit.

Daß es dann doch nicht zum Psychiatrieaufenthalt kommt, ist für Karin ein Glücksfall. Im zweiten Heim kann sie sich offenbar besser zurechtfinden, an ihr werden viele positive Eigenschaften wahrgenommen und anerkannt. Sie findet Wertschätzung, sie kann sich aus der konflikthaften Bindung zum Elternhaus lösen und ein besseres Verhältnis vor allem zur Mutter aufbauen.

Auch wenn nicht explizit erwähnt, scheint doch erkannt worden zu sein, daß für und mit Karin drei Problemfelder zu bearbeiten waren: Die Ursachen für die Weglauftendenzen in der Kindheit, der zur Entwicklung von Jugendlichen notwendige Abgrenzungs- und Ablöseprozeß von den Eltern in seiner schmerzlichen Ambivalenz sowie der sexuelle Mißbrauch in der frühen Kindheit.

Inge B. — Häufiger Wechsel des Lebensortes

Inge wurde 1967 in einer hessischen Kleinstadt geboren. Ihre Mutter, eine Arbeiterin, hatte innerhalb von 10 Jahren sechs Kinder geboren, von denen Inge das zweitjüngste ist. Vom Vater weiß man, daß er selten arbeitete und sich praktisch nicht um seine Kinder kümmerte. Als Inge drei Jahre alt war, wurde die Ehe der Eltern geschieden. Das Sorgerecht für Inge und ihre Geschwister übernahm das Jugendamt, weil die Mutter mit der Versorgung und Erziehung ihrer Kinder wohl überfordert war.

Das Jugendamt veranlaßte, daß Inge und ihre jüngste Schwester ab 1973 einen Kindergarten besuchen konnten:

"Die Kindergartenleiterin berichtete über Inge, daß sie in der Kindergruppe kaum Anschluß habe und sogar von den anderen Kindern gemieden würde. Inge würde als Stinkliesel beschimpft und abgelehnt. Sie habe ein enormes Liebesbedürfnis, andererseits schlage des öfteren dieses Liebesbedürfnis in Tobsucht um. (...)
Inge sei in der bedauernswerten Lage, kaum Bestätigung und Zuwendung, sowohl von den Schwestern, als auch von der Mutter zu erlangen. Sowohl ihr Einnässen als auch ihr Toben sei als Appell an die Umwelt zu verstehen."

Diese Schwierigkeiten wurden zum Anlaß genommen, Inge und ihre jüngere Schwester in einem Kinderheim unterzubringen, Inge war zu diesem Zeitpunkt knapp sieben Jahre alt. Drei ältere Geschwister von Inge befanden sich ebenfalls in einem Heim, lediglich die älteste Schwester verbrachte ihre Kindheit im mütterlichen Haushalt und scheint sich heute in einer vergleichsweise günstigen Situation zu befinden.

Als Ergebnis eines IQ-Testes, der Inge eine generelle Intelligenzbeeinträchtigung attestierte, wurde sie für eine "heilpädagogische Sonderbeschulung" vorgeschlagen. In der ersten Zeit ihres Heimaufenthaltes scheint Inge wenig auffällig gewesen zu sein. Sie habe sich gut integriert und sogar nach kurzer Zeit nicht mehr eingenäßt. Später jedoch wird berichtet, daß sie Kontakte nur zu den Außenseitern knüpfte, im Klassenverband mitunter auch etwas wegnehme und auf den Wechsel einer Lehrerin "hysterisch" reagiert habe. Nach etwa dreijährigem Heimaufenthalt wurde für beide Schwestern dann die Unterbringung in eine Pflegefamilie erwogen. Offensichtlich hat es dabei zwischen Heimleitung, Jugendamt und der in Aussicht genommenen Pflegemutter Differenzen gegeben. In den Akten liest sich das so:

"So habe die Gruppenleiterin der zukünftigen Pflegemutter von Inge schon bei dem ersten Besuch der Pflegemutter im Heim massive schulische Schwierigkeiten für Inge vorausgesagt, da sie nur wenn man ihr sehr sehr viel mittags helfe, zu einigermaßen ausreichenden Leistungen in der Lage sei.

... das Heim scheint, so die uns zur Verfügung stehenden Unterlagen, den Kontakt zur Pflegemutter nicht gerade gefördert zu haben. So wird mehrmals berichtet, daß das Heim bei Besuchen der Pflegemutter bei Inge darauf bestanden habe, daß diese noch Schulaufgaben machen müsse. So habe das Heim dann auch das Jugendamt vor die Entscheidung gestellt, entweder Inge sofort zur Pflegemutter zu überführen oder aber die Besuche der Pflegemutter bei Inge zu unterbinden."

Die Pflegemutter war eine relativ junge Frau, die zusammen mit ihrer Mutter und ihrem Bruder in einem Haushalt lebte. Die jüngere Schwester Inges, die von ihr als ständig bevorzugt und auch begabter erlebt wurde, war schon einen Monat vor Inge in diser Familie aufgenommen worden. Die zentrale Figur in diesem Familienverband, die Großmutter, scheint die jüngere Schwester akzeptiert, die ältere, Inge, jedoch abgelehnt zu haben. Für Inge bedeutete dies die Wiederholung der Konstellation im mütterlichen Haushalt und die Bestätigung der eigenen Minderwertigkeit. Die Pflegemutter und eine Lehrerin vereinbarten, sie die dritte Klasse wiederholen zu lassen,

"damit Inge die Chance haben sollte, neue Kontakte zu knüpfen und um durch bessere Schulleistungen die Motivation von Inge zu verbessern."

Inges Aggressionen insbesondere gegen die jüngere Schwester führten dazu, daß ein Neurologe zugezogen wurde,

"der leicht dämpfende Mittel verschrieb, als auch eine Erziehungsberatungsstelle einschaltet, beides jedoch ohne den gewünschten durchschlagenden Erfolg."

Nach der Aufnahme eines weiteren Pflegekindes in der Familie war Inge für diese Familie nicht mehr tragbar:

"... kam es zu kleineren Diebstählen durch Inge. Sie hat dann auch Süßigkeiten gekauft und die unter die Klassenkameraden verteilt und sei viel in der Nachbarschaft herumgestreunt. Sie soll geäußert haben, daß sie es immer schlimmer treiben werde, bis sie letztendlich zur leiblichen Mutter nach Hause zurück dürfe."

Sie ist 12 Jahre alt, als daraufhin der Antrag auf Freiwillige Erziehungshilfe mit dem Ziel ihrer erneuten Heimunterbringung gestellt wird. Die Liste der aktenkundigen Schwierigkeiten und Fehlhaltungen ist nun schon recht lang:

"Will nicht an einem Ort bleiben, sucht ständig nach neuen Menschen und Spielkameraden, entfernte sich aus der Pflegestelle ohne Bescheid zu geben, wollte keinen Pflichten nachkommen, hatte häufig Streit mit anderen Kinder, warf mit Steinen und bedrohte andere, in dem sie ankündigte diese mit dem Messer erstechen zu wollen, wollte bei Kontaktaufnahme immer etwas schenken."

Von diesem Zeitpunkt an entfaltet die üblicher- und zynischerweise sogenannte Heimkarriere ihre volle Dynamik. Inge verbrachte in der Zeit von Oktober 1979 bis August 1982
- einige Tage im Kinderheim A zur Abklärung des weiteren Aufenthaltortes,
- neun Monate im Kinderheim B,
- drei Monate im Kinder- und Jugendheim C,
- sechs Monate im Kinderheim D,
- drei Wochen in einer Kinder- und Jugendpsychiatrie,
- etwa zwei Wochen in einem Übergangswohnheim,
- sieben Monate in einem Mädchenheim in einem anderen Bundesland,
- sechs Wochen in einer Pflegestelle,
- zwei Wochen in einem Übergangswohnheim,
- drei Monate im Haushalt der Mutter.

Seit 1982 lebte sie in einer Einrichtung mit pädagogisch-therapeutischer Intensivbetreuung. Auf all diesen Stationen wiederholte sich für Inge, was schon von der ersten Einrichtung als Grund für ihre Entlassung angegeben wurde:

".. die fehlende Bereitschaft des Herrn G., Inge weiterhin in seinem Hause zu betreuen, da diese zweimal ausgerissen war."

Inge riß immer wieder aus, auf der Suche nach der Mutter oder dem Vater. Nach dem ersten Rauswurf wurde sie auf eigenen Wunsch in einer Einrichtung untergebracht, die sich in räumlicher Nähe zum Wohnort ihrer Mutter befand. Von dort aus suchte sie immer wieder ihre Mutter und auch ihre Großmutter auf, ebenso versuchte sie, zu ihrer früheren Pflegemutter zu gelangen. Zwischenzeitlich hatte sich auch der Vater gemeldet und Interesse am Kontakt zu seiner Tochter signalisiert. Damit scheint er neue Hoffnungen in dem Mädchen ausgelöst zu haben:

"Inge ließt in der Folgezeit immer stärker durchblicken, daß sie zu ihrem Vater nach B. gehen wollte. Dies bestärkte sie einmal durch Weglaufen nach B."

Einerseits wurden zwar Inges Neigungen, wegzulaufen, als Folge ihrer Tendenz gesehen, sich größeren Anforderungen zu entziehen, dennoch wurde davon ausgegangen, "... daß der Weglauftendenz Inges evtl. tatsächlich mit der Unterbringung in der Nähe ihres Vaters entgegengewirkt werden könnte."

Eine frühere Aufnahme als geplant im Heim C wurde durch das Heim B dadurch erreicht, daß man dort in Erwägung zog, Inge für die noch verbleibende Zeit von drei Wochen in einer jugendpsychiatrischen Einrichtung unterzubringen. Im neuen Heim war Inge einer weiteren schweren Enttäuschung ausgesetzt; nachdem Inge dort zu Anfang einen guten Start hatte und glücklich darüber schien, Kontakt zu ihrem Vater zu haben, verschlechterte sich die Situation zusehends,

"nachdem Herr B. seiner Tochter wegen einer relativ geringen Verfehlung eine Kontaktsperre von vier Wochen auferlegte."

Die Ausbrüche von Inge wurden nun häufiger und länger andauernd, in dieser Zeit soll sie Kontakt zum Drogen- und Zuhältermilieu gehabt haben.

Nach Angaben des Heimes war sie nun überhaupt nicht mehr ansprechbar, sie schrie, tobte, schlug Scheiben ein und sprach von Selbstmord. Das führte dann zu ihrer Einweisung in eine psychiatrische Anstalt, die sich jedoch nicht zuständig fühlte: "Da eine weitere Unterbringung der Inge in einer geschlossenen Einrichtung aus Sicht der Ärzte nicht notwendig erscheint und vom Gericht nicht gebilligt wird, soll Inge voraussichtlich am (...) in das Übergangswohnheim (...) verbracht werden und dort verbleiben, bis eine andere Einrichtung für Inge gefunden ist."

Die weiteren Zwischenstationen durchläuft sie nach dem selben, immer wiederkehrenden Muster, so werden z. B. für ein halbes Jahr 12 Weglaufversuche aktenkundig gemacht. Als sie auf ihren Streifzügen eine junge Frau kennenlernte, die bereit war, sie bei sich aufzunehmen und dabei auch vom Jugendamt unterstützt wurde, schien erstmals wieder die Aussicht auf das Entstehen einer dauerhaften Beziehung für Inge zu bestehen. Aber auch daraus wurde nichts, Inge lief immer wieder weg, auch hier schien ihr Wunsch, zu ihrer Mutter zurückzukehren eine große Rolle zu spielen:

"Diese Wunschvorstellung scheint sich wie ein roter Faden durch Inges Denken hindurchzuziehen. Solange jedoch dieser Wunschgedanke in Inges Vorstellung realisierbar erscheint und die Realisierung nur daran zu scheitern scheint, daß das Jugendamt hierzu seine Zustimmung verweigert, solange wird Inge u.E. in Konfliktsituationen sich sehr leicht dem Konflikt entziehen und ausweichen auf ihre private Wunschvorstellung, daß nämlich ein Umsetzen zur Mutter für sie eine grundsätzliche Lösung ihrer Problemsituation bedeuten würde."

In der Erwartung, daß dadurch bei Inge ein Erfahrungsprozeß in Gang gesetzt werden würde, wurde schließlich der Rückkehr in den mütterlichen Haushalt zugestimmt. Der dreimonatige Aufenthalt Inges bei der Mutter war geprägt durch ständige laute Auseinandersetzungen, auch dort lief sie wieder weg und die Mutter gab ihr zu verstehen, daß sie nicht weiter bei ihr bleiben könne. Nun wurde eine pädagogisch-therpeutische Intensivbetreuung für Inge veranlaßt, sie erklärte sich bereit, in diese Einrichtung einzuziehen.

Aus heutiger Sicht läßt sich sagen, daß damit ihre "Wanderjahre" für's erste beendet waren. Zwar riß sie noch einige Male aus, auch Diebereien und Schulschwierigkeiten treten noch auf. Besonders belastend sind für sie ihr recht geringes Selbstvertrauen und ihre Beziehungsschwierigkeiten:

"Die Schwelle, die sie selbst setzt, um jemanden an sich heran zu lassen, ist sehr niedrig, obwohl aufgrund unserer bisherigen Beobachtungen dieses Verhalten nicht als prostitutiv bezeichnet werden kann, sondern wohl primär ein Ausdruck der Beziehungsprobleme ist, die sie selbst allerdings auch sehr stark 'pflegt'."

Die erstaunten Leser/innen erfahren aus ihrer Akte jetzt erstmals, daß sie in früherer Zeit offenbar das Opfer von Vergewaltigungen geworden war:

"Inge hat eine außerordentlich starke Sperre, sich ärztlich näher untersuchen zu lassen und kommentiert das zum Teil auch mit ihren Erfahrungen aus früheren Vergewaltigungen, trotzdem kann dies allein kein Grund dafür sein, daß sie sich ärztlichen Maßnahmen entzieht."

In weiteren Heimberichten wird nun immer problematisiert, ob und inwieweit sich Inge ärztlich untersuchen läßt. Ein weiterer Hinweis auf die oben erwähnten Vergewaltigungen taucht nicht mehr auf. Inges Hinweis auf eine versuchte Vergewaltigung in der Zeit ihres Aufenthaltes in dieser Einrichtung führt zwar zu einer polizeilichen Vernehmung, der Vorfall wird aber als belanglos eingestuft und nicht weiter verfolgt.

Nachdem Inge den Hauptschulabschluß erreicht hatte, nahm sie an einem G 3-Lehrgang teil, den sie aber aufgab, da er sowieso keinen Sinn habe und für ihre berufliche Zukunft nicht als Grundlage angesehen werden könne. Von der Einrichtung her wurde auch gesehen, daß Inge mit diesem Kurs wohl überfordert war. Inzwischen hat sie eine Maler- und Lackiererlehre begonnen, innerhalb der Einrichtung eine eigene Wohnung bezogen, sie hat sich einen kleinen Bekanntenkreis aufgebaut und fühlt sich nach eigenen Aussagen in der dortigen Region wohl. Zu ihren Angehörigen hält sie telefonischen Kontakt und besucht sie gelegentlich, bleibt jedoch auf Distanz. An Männerbekanntschaften oder einer festen Beziehung ist sie nicht interessiert, sie warte geduldig auf die "große Liebe".

Inges Lebensgeschichte ist sicher durch viele Problemfelder geprägt, zwei sollen hier erwähnt werden. Die sich nie erfüllende Sehnsucht nach Geborgenheit, Zuwendung, Angenommensein ist bestimmend für Inges Kinderjahre. Sie läuft einem idealtypischen Elternbild hinterher, die Leere, die die Versagungen in ihrer frühen Kindheit in ihr hinterlassen haben, läßt sich aber nicht füllen. Gerade die Figuren, auf die sie ihre stärksten Hoffnungen richten muß, ihre leiblichen Eltern, sind besonders ungeeignet, ihr zu helfen. An ihr zeigt sich, wie grundlegend für einen Menschen Liebe und Geborgenheit sind, aber auch, daß das Festhalten an Mutter- und Vaterimago und ihre Übertragung auf die biologischen Eltern diese Wunscherfüllung gerade verhindert. Ein Beispiel hierfür ist die Erwartung, die in die späte Kontaktaufnahme zwischen Inge und ihrem Vater gesetzt wurde. Es scheint schon eine ideologische Überhöhung der Bedeutung biologischer Vaterschaft zu sein, wenn von einem Mann erwartet wird, daß er sich plötzlich um ein heranwachsendes Mädchen kümmert, nachdem er jahrelang alle seine Kinder vernachlässigt und praktisch nicht gesehen hat. Weitaus realistischer und eben nicht mit positiven Erwartungen befrachtet war der Versuch, Inge durch die Rückkehr zu ihrer Mutter die Gelegenheit zu geben, zu einer realitätsgerechten Einschätzung der Möglichkeiten ihrer Mutter zu gelangen, wobei jedoch nicht zu übersehen ist, daß diese Vorgehensweise auch Hilflosigkeit ausdrückt.

Zum anderen ist zu fragen, wie es möglich ist, daß die Tatsache mehrfacher Vergewaltigungen einer der Jugendhilfe überantworteten jungen Frau lediglich als — nicht einmal respektive — Begründung für die Verweigerung einer gynäkologischen Untersuchung benannt wird bei einer Aktenführung, die sich sonst die Beschreibung der Zustände, Auffälligkeiten und Fehlverhalten gern zur Aufgabe macht. Daß spezifische Bedingungsformen weiblicher Lebenszusammenhänge ignoriert oder nicht erkannt werden, ist verbreitete Praxis; die gewaltförmige sexuelle Unterwerfung von Mädchen und Frauen als Teil dieses Zusammenhangs dient der Absicherung männlicher Vorherrschaft und ist darum schwer ihrem Anschein von Normalität zu entkleiden. Genau darauf ist hinzuarbeiten, die Deformierungen und Verkrüppelungen, denen weibliche Kinder zusätzlich ausgesetzt sind, müssen thematisiert werden.

3.4 Resümee

Den Untersuchungsergebnissen zufolge kommt dem Weglaufen von Mädchen bei der öffentlichen Erziehung eine bedeutsame Rolle zu. Hierauf verweisen die Rangplätze, die das Weglaufen bei den Problemlagen der Mädchen in der Gesamtlebensgeschichte, zum Zeitpunkt der Antragstellung von FE/FEH, als auch während der Maßnahmen haben.

Das Weglaufen von Mädchen bedeutet nicht zuletzt deshalb für die Jugendhilfe eine Herausforderung, als es auch auf die Grenzen der praktizierten Jugendhilfe verweist. Indem 25 % der Mädchen in öffentlicher Erziehung "permanent" entweichen und dieses auch als zweithäufigster Grund — neben Widerruf — der Maßnahmebeendigung genannt wird, wird ersichtlich, daß die Jugendhilfe von vielen Mädchen nicht als akzeptabler, alternativer Lebensort gesehen wird. Die erhöhte Inanspruchnahme von Kinder- und Jugendpsychiatrie bei ständig weglaufenden Mädchen verstärkt den Eindruck, daß Jugendhilfe sich durch das Weglaufen überfordert fühlt.

Allein diese Daten zeigen, daß es wenig zweckvoll ist, das Weglaufen als Symptom anderer Problemlagen marginalisieren zu wollen. Das Weglaufen ist real und schafft allein schon durch diese Tatsache — unbeschadet der Funktion, Wirkung und Folgen des Weglaufens — Probleme für alle Beteiligten.

Die Tatsache, daß das Weglaufen von Mädchen in öffentlicher Erziehung den Fachkräften selbst Probleme schafft, begünstigt eine als individuelle Fehlhaltung der Mädchen ausgelegte Problemsicht. Die Mädchen werden als "Akteure" und hieran gekoppelt als "Schuldige" gesehen. Selten wird das Weglaufen gedeutet in seinem Sinnzusammenhang für die Mädchen selbst. Signal, Spannungsreduktion, Alternativorientierung und Ausstoßung sind keine praktizierten Interpretationsmuster.

Hinsichtlich der Problemdefinition der Fachkräfte überwiegt insofern eine diskriminierende Betrachtungsweise, als daß die Probleme von Mädchen verengt werden auf Bereiche, die eng mit gesellschaftlichen Rollenerwartungen verknüpft sind. Vorherrschend sind Betrachtungsweisen, die auf den "konservativen Diskurs" mit seiner Normalitätskonstruktion Weiblichkeit und seiner Sexualisierungskonstruktion als Problemdefinitionshintergründe verweisen. Sexualisierte Weiblichkeitsbilder bestimmen die Sicht: Lolita, Flittchen, Dirne etc. "Weglaufen und sexuelle Gefährdung/Verwahrlosung" bei Mädchen und "Weglaufen, Eigentumsdelikte" bei Jungen als-Auffälligkeitsmerkmale sind Spiegelbild gesellschaftlicher Geschlechtsrollen und geschlechtsspezifischer Diskriminierung. Dadurch trägt Jugendhilfe selbst zu einem Mädchenbild des "Flittchens", der Prostituierten bei. Die tatsächliche Stärke vieler dieser leidgeprüften Mädchen, ihre beeinträchtigten Lebensperspektiven durch individuelle Erfahrungen und strukturelle Begrenzungen werden nicht sichtbar.

Neben dem "konservativen Diskurs" kommen auch andere Sichtweisen zum Tragen. Die Verdrängung von Konflikten und Belastungen von Mädchen, die sogenannte "diskursive Verdrängung" weiblicher Lebenszusammenhänge, wird offensichtlich. Dies zeigt sich nicht nur in der mangelnden Wahrnehmung eklatanter Beeinträchtigungen wie den sexuellen Mißbrauch, sondern auch in der Vernachlässigung typischer Ambivalenzen wie den Balanceakt von "Sittsamkeit und Sinnlichkeit".

Problembeschreibungen durch Fachkräfte der Jugendhilfe weisen auf rigide aber auch auf patriarchalische Familiensysteme. Neben individuellen Schuldzuweisungen an Mädchen tritt die "Opferperspektive". Dabei wird jedoch die "Defizitperspektive" auf Mädchen nicht verlassen. Ihr Verhalten, ihr Weglaufen wird selten als Signal verstanden, ihr Handeln selten als Ausdruck geschlechtsspezifischer Lebensbedingungen interpretiert. Indem der Sinn in den Handlungen der Mädchen nicht gesehen wird, erscheinen sie auch nicht als handelnde Subjekte ihrer eigenen Lebensgeschichte.

Fällt die Bewertung der Jugendhilfepraxis im Kontext der Frauenforschung (wie in Punkt 1.1 skizziert) noch relativ leicht, stellt sich dies in bezug auf die Theorie abweichenden Verhaltens anders dar. Zwar ist zu vermerken, daß in der Jugendhilfe eine größere Sensibilität gegenüber Zuschreibungen negativer Eigenschaften und Charaktermerkmale vorhanden ist und durchaus auch Hinweise auf leidvolle Lebensumstände der Mädchen zu finden sind, aber letztlich kein Perspektivenwechsel einer durchgängig noch am psychologisch-pädagogischen Defizitmodell verhafteten Orientierung festzustellen ist.

Dies ist m. E. darauf zurückzuführen, daß eher sogar noch überhaupt keine theoretische Orientierung vorhanden ist; nicht analysiert, sondern beschrieben wird. Nicht Kausalität und Ursache-Wirkungs-Denken prägt die Aktenführung, sondern die Phänomenologie von Ereignissen. Vor diesem Hintergrund verwundert denn auch nicht, daß sich kaum Hinweise auf Indikationen und Prognosen finden lassen.

Gegen den Strich gelesen, verweisen die Akten aber auch auf Hintergründe und Zusammenhänge der Familienflucht von Mädchen.

Durch ein gleichsinniges Zusammenwirken geschlechtsspezifischer Konfliktpotentiale, sozial vorgegebener Verschärfungszusammenhänge und ungünstiger innerfamilialer Beziehungsstrukturen und Kommunikationsprozesse wird ein Ich-stärkender und Selbstrepräsentation ermöglichender Sozialisationsprozeß erschwert bzw. verhindert. Reifungs- und Verselbständigungsprozesse verlaufen nicht kontinuierlich; Ablösung(sversuche) erfolgt(en) eruptiv, mit massiven Krisen verbunden.

Den Mädchen wird eine positive Bewältigung geschlechtsspezifischer Krisen und Konfliktpotentiale durch ungünstige soziale Ausgangsbedingungen (soziale Marginalisierung), hieraus resultierende geringe familiäre Ressourcen (materieller und sozialer Art) und spezifische innerfamiliare Strukturen erheblich erschwert bzw. unmöglich gemacht.

Bezüglich der innerfamiliären Strukturen kommen ambivalenten bis ausstoßenden Beziehungen gekoppelt mit widersprüchlichen bis hohen Verhaltenskontrollen große Bedeutung bei der Forcierung des Ausreißverhaltens, der Familienflucht der Mädchen und dem gleichzeitigen Aufbau einer Außenorientierung (Alternativorientierung) zu.

Von daher wird der Selbstinterpretation der Mädchen hinsichtlich der Familienflucht im nächsten Kapitel ausführlich Platz eingeräumt.

Kapitel 4:
Familienflucht von Mädchen —
strukturelle Verursachung und Selbstaussagen

4.1 Fragestellungen, Materialgrundlagen und Auswertungsmethoden

In diesem Kapitel soll der Frage nachgegangen werden, ob sich spezifische Zusammenhänge zwischen weiblichen Lebenskontexten — vor allem in den Bereichen Familie, peer-group — und den Ursachen und Erscheinungsformen der Familienflucht von Mädchen erkennen lassen. Damit wird gegenüber dem vorherigen Kapitel (Problemsicht der Jugendhilfe) ein anderer methodischer Zugang gewählt. Nicht mehr die Problemsicht einer Institution und der dort Beschäftigten steht im Mittelpunkt des Interesses, sondern die Selbstaussagen und Deutungen von betroffenen Mädchen und die Einordnung dieser Aussagen in ein auf strukturellen Verursachungskomplexen aufbauendes Interpretationsraster.

Das hier darzustellende Material stammt aus einem in den Jahren 1981 bis 1984 durchgeführten Forschungsprojekt ("Jugendliche Ausreißer/innen und sozialpädagogische Krisenintervention"), bei dem der mädchenspezifischen Perspektive ein besonderer und eigener Stellenwert zukam.

Den Kern des ursachenbezogenen Untersuchungsteils bildeten leitfadenstrukturierte Gespräche mit Mädchen, die bis auf wenige Ausnahmen auf Tonband aufgezeichnet und transkribiert wurden. Zusätzlich zur Transkription wurden für jedes Interview die während des Gesprächs wirksamen Rahmenbedingungen wie z.B. Ort der Aufnahme, Befindlichkeit der Beteiligten, Kontextwissen etc. schriftlich fixiert.

Ein Leitfaden sollte dazu beizutragen, alle für wesentlich erachteten Gesichtspunkte im Rahmen eines Interviews anzusprechen. Innerhalb des durch den Leitfaden vorgegebenen Rahmens sollte jedoch ein großer Spielraum zur Selbstthematisierung der Befragten verbleiben; eine Beeinträchtigung des explorativen Charakters des Interviews durch eine "Leitfadenbürokratie" (*Hopf* 1978) sollte ausdrücklich vermieden werden. So ist denn auch der Interviewleitfaden (s. Anhang) eher als Orientierung denn als geschlossener Katalog zu verstehen.

Die geführten 38 Interviews sind zum Teil von unterschiedlicher Dauer (Minimum: 30 Minuten, Maximum: 2 1/2 Stunden) und Qualität. Entfaltet sich in einer Reihe von Gesprächen ein Dialog, innerhalb dessen die jeweilige Befindlichkeit, die aktuelle Lebenssituation und die lebensgeschichtliche Entwicklung offen thematisiert werden und "logische" Strukturen sichtbar werden, so bleibt in anderen Interviews die Kommunikationsstruktur zwischen der Interviewerin und der Befragten stark asymmetrisch; Subjektivität und Selbstexploration entfalten sich kaum, manche relevante Information kommt überhaupt erst nicht zur Sprache. Als Gründe für diese Streubreite kommen unterschiedliche Verbalisierungsfähigkeiten von Mädchen, situative Rahmenbedingungen und individuelle Befindlichkeiten in Frage.

Die Auswertung der Interviews erfolgt mit der Intention der Erschließung der Sinngebung, die die Mädchen ihrem Alltagshandeln zugrundelegen und die sie zur Deutung ihrer sozialen Umwelt verwenden. Ich gehe dabei davon aus, daß sie in der Lage sind, die Situation zu definieren, aus der heraus sie weggelaufen sind. Das Reflexionsniveau dabei war allerdings unterschiedlich; insgesamt läßt sich sagen, daß eine Oberflächenstruktur der "Definition der Situation" bei allen Mädchen bewußt verfügbar und sprachlich darstellbar war. Der Zusammenhang zwischen ihren Interpretationen und den Bedingungen und Strukturen des alltäglichen Handelns wird vor dem theoretischen Hintergrund erschlossen.

In der qualitativen Auswertung stellt sich zunächst die Aufgabe, die erhaltene Fülle biographischen und anderen Materials[43] in geeigneter Weise systematisch aufzuarbeiten im Sinne der Herausarbeitung von "Regelmäßigkeiten", die über die Betrachtung des Einzelfalles hinausweisen und in bezug zu den Ausgangsfragestellungen gesetzt werden können. Derartige Strukturierungsversuche stellen immer einen Balanceakt dar: Die Reduktion von Komplexität stellt einerseits die notwendige Vergleichbarkeit und die Möglichkeit der intersubjektiven Vermittlung erst her, bedeutet aber auch gegenüber dem authentischen Material — besonders für die mit den Dimensionen

---

[43] Weitere Materialgrundlagen waren:
- z.T. Zweitinterviews mit Mädchen,
- Aufzeichnungen aus informellen Kontakten mit Mädchen aus dem Kreis der Befragten über einen längeren Zeitraum,
- Aufzeichnungen aus der teilnehmenden Beobachtung in Aufnahmeeinrichtungen (Mädchenschutzstelle/Aufnahmeheime),
- Videoaufzeichnungen von Gruppendiskussionen mit Mädchen,
- Akten über befragte Mädchen,
- Informationen über die befragten Mädchen aus Gesprächen mit Mitarbeitern/innen von Jugendämtern, Aufnahmeeinrichtungen und Beratungsstellen,
- Aussagen über die Ursachen des Weglaufens aus den in der ersten Phase geführten Experten/innengesprächen,
- Selbstzeugnisse von Mädchen in Form von Fotos, Briefen und Tagebuchaufzeichnungen.

des jeweiligen "Falls" vertrauten Forscherin ist das erfahrbar — eine oft einschneidende Einbuße. Aus diesem Grunde müssen Typisierungen nach zwei Richtungen hin hinterfragt werden:
- Stellen sie den erwünschten Grad der Reduktion von Komplexität tatsächlich her und
- erfassen sie den Gegenstand der Forschung in der gewünschten Tiefe, berücksichtigen sie die Dynamik seiner Entwicklung?

In der vorliegenden Untersuchung wird versucht, das Problem der Typisierung so zu handhaben, daß sowohl die Soziogenese als auch die Individualgenese des Phänomens "Weglaufen" zum Ausdruck kommen. Dabei soll folgenden Prinzipien Rechnung getragen werden:
- Es wird eine Verbindung von Empirie und Theorie dergestalt angestrebt, daß zwar Beliebigkeit der Materialerhebung vermieden wird durch theoriegeleitete Annahmen zum Phänomen, diese aber nicht eine Kategorisierung behindern, die sich aus dem empirischen Material selbst ergibt.
- Das biographische Material soll so präsentiert werden, daß mit dem Grad der Reduktion von Komplexität auch Trennschärfe zwischen den einzelnen Kategorien erreicht wird. Aus Gründen der Einordnung und Einschätzung der Bedeutung der jeweiligen Kategorie sollen Informationen aus bereits vorhandener wissenschaftlicher Literatur den Rahmen für die Präsentation der jeweiligen Fallgeschichte abgeben.
- Eine Prozeßorientierung innerhalb der Fallgeschichten soll der Dynamik der biographischen Entwicklung gerecht werden. Die Betonung dabei liegt zwangläufig auf den Krisen- und Konfliktsituationen, die dem Weglaufen vorausgegangen sind, wobei neben der Dynamik der Konfliktentwicklung auch das "statische" Moment (Anlässe) des Fluchtversuchs erfaßt werden soll.
- Die Prämisse der Subjektivität, die bereits durch die Befragung der Mädchen selbst eingelöst wird, soll besonders auch dadurch betont werden, daß die Mädchen nicht nur als "Opfer" bestimmter Konstellationen gesehen werden, sondern die subjektiven (Entscheidungs-) Momente zum Tragen kommen.
- Die Fallgeschichten sollen die Sichtweise der Mädchen, ihre Einschätzung der Situation in den Vordergrund stellen. Dies heißt, daß z.B. die angegebene Ansicht, daß die Eltern verständnislos reagieren, nicht relativiert wird. Der Schwerpunkt der Darstellung liegt somit auf Konfliktthema und Konfliktverlauf aus der Sicht der Betroffenen.

Die Anlässe der Flucht von Mädchen sind Ausgangspunkt der Analyse. Diese Anlässe werden als Oberflächenerscheinung des Phänomens Weglaufen von Mädchen betrachtet, die eine Vertiefung der Analyse unter zwei Aspekten nötig macht:

- Es bedarf der Darstellung der Tiefenstruktur des Themas und
- des Kommunikationsrahmens dieses Themas.

Um die Tiefenstruktur des Themas zu erfassen, werden die Inhalte des Konfliktes dargestellt, wie sie von den Mädchen beschrieben werden. Zur Erfassung des Kommunikationsrahmens wird die Entwicklung des Konfliktinhalts in Beziehung gesetzt zu den Beziehungsmodi innerhalb der Familien und der Art der Verhaltenskontrolle. Diese familiären Binnenverhältnisse stehen in engem Wechselverhältnis mit vielfältigen Außeneinflüssen, die entweder das Thema oder den Kommunikationsrahmen, aber auch beide zugleich in eine Dynamik bringen können, die als Verschärfungszusammenhänge angesehen werden müssen, die gehäuft Ausbruchsversuche nach sich ziehen. Dabei wird der familiale Bezugsrahmen aber nicht als abgeschlossenes System betrachtet, sondern einer sozialökologischen Betrachtung unterzogen.

Die Darstellung der Forschungsergebnisse orientiert sich an folgender Systematisierung: Abgesehen von dem 1. Teilkapitel werden die Teilkapitel eingeleitet mit einer kurzen Fallgeschichte, die in das jeweilige Themenfeld einführt. Sodann werden bereits vorliegende Erkenntnisse zu den verschiedenen Themenbereichen dergestalt aufbereitet, daß deren strukturell angelegter Konfliktgehalt für Mädchen deutlich wird. Die sich jeweilig anschließenden Fallgeschichten und ihre Kommentare offenbaren den Zusammenhang von strukturellem Konflikt und Weglaufen als einer möglichen Form der Konfliktbearbeitung. Dies bedeutet somit, daß die Fallgeschichten nicht lediglich Belegmaterial für theoretische Ausführungen sind. Neben ihrem Erklärungswert bezüglich der Umsetzung struktureller Konflikte vieler Mädchen im Ausbruch einiger Mädchen, verweisen sie auf die Bedeutung und Komplexität auch anderer Problemdimensionen im Leben dieser Mädchen.

4.2 Mädchenspezifisches Konfliktpotential geschlechtsspezifischer Sozialisation und "kleine Fluchten"

In Kapitel 1 ist auf Konstruktion und Funktion eines sexualisierten Weiblichkeitsbildes bereits hingewiesen worden. Sowohl die ideologiekritische Auseinandersetzung mit den Erklärungsansätzen zur Familienflucht (Kapitel 2) als auch mit der Problemdefinition der Jugendhilfe (Kapitel 3), lassen vermuten, daß der — im weiteren Sinne — sexuellen Entwicklung von Mädchen eine zentrale Bedeutung bei der Familienflucht von Mädchen zukommt. Diese Annahme erhärtet sich bei einer vergleichenden Betrachtung der von Mädchen und Jungen angegebenen ausschlaggebenden Konfliktanlässe, die zum Weglaufen geführt haben (vgl. dazu *Elger u.a.* 1984, S. 125 f.). Während zwei Drittel der Mädchen Konflikte um Ausgangsregelungen und Wahl des Freundeskreises als Fluchtanlaß nannten, galt dies lediglich für ein Viertel der Jungen, bei denen sich ansonsten kein spezifischer Konfliktanlass herauskristallisierte. Noch deutlicher zeigen sich die Unterschiede bei der jeweiligen Beziehungswahl. Haben 24 % der Mädchen konkret wegen der Wahl ihres Freundes Konflikte mit den Eltern, so haben die Jungen keine erwähnenswerten Konflikte wegen der Wahl ihrer Freundinnen und lediglich 10 % wegen des "schlechten Umgangs" mit männlichen Freunden.

Diese Hinweise stimmen überein mit Ergebnissen aus der neueren geschlechtsspezifischen Sozialisationsforschung,[44] die auf der Suche nach der soziokulturellen Bedingtheit weiblicher Geschlechterkonzepte auf eine insgesamt augenfällig größere Beaufsichtigung und erhöhte Kontrolle von Mädchen durch verschiedene Sozialisationsinstanzen verweist (vgl. hierzu und im folgenden *Bilden* 1980 und *Hagemann-White* 1984). Dabei ist insbesondere eine erhebliche Verschärfung der Kontrolle während der Pubertät von Mädchen durch die Eltern zu verzeichnen. *Bilden* erklärt dies mit Kontrollversuchen gegenüber potentiellen sexuellen Gefährdungen und *Hagemann-White* verweist auf eine daran gekoppelte begründete Angst um die körperliche und sexuelle Unversehrtheit der Mädchen. Beide Autorinnen gehen weiterhin davon aus, daß dieser Doppelaspekt von Hilfe und Kontrolle gerade im Ablösungsalter zu einer Fixierung auf das Elternhaus und zu einer weiteren Beschränkung der Selbstsozialisation[45] von Mädchen führt. Das "Mehr" an Sozialisation insbesondere durch Eltern erfahren Mädchen von Geburt an; auch hier zeichnet sich ein deutlicher Zusammenhang von Geschlechtszugehörigkeit und sexueller Entwicklung ab (vgl. *Scheu* 1978).

In Elternhaus, Kindergarten und Schule findet eine Sexualerziehung statt, die bei Jungen gekennzeichnet zu sein scheint

"durch ein ambivalentes Schwanken der Erwachsenen zwischen Kontrollversuchen und amüsiert-bestätigender Anerkennung männlicher Triebhaftigkeit (= Stärke) (...) Sexualerziehung der Mädchen scheint charakterisiert durch Unterdrückung sexueller Betätigung ..." (vgl. *Bilden* 1980, S. 799).

Im 6. Jugendbericht wird darauf verwiesen, daß diese sexuelle Unterdrückung auch Folge der objektiven Bedrohung des weiblichen Körpers ist.

"Die eigene Sexualität des Mädchen unter Kontrolle zu halten, sie gar nicht erst als eigenen Anspruch entstehen zu lassen, um Mädchen vor Gefährdungen zu bewahren, drückt sich in

---

[44] Abzugrenzen von der neueren Sozialisationsforschung ist ein älterer geschlechtsspezifischer Forschungsansatz, der auf anthropologischen und erbbiologischen Theorien aufbauend, lediglich nach Art und Ausmaß feststehender Geschlechtsunterschiede fragte.

[45] *Bilden* geht von der These aus, daß der grundlegende Unterschied in der Sozialisation von Mädchen und Jungen darin liegt, daß bei Mädchen ein eher passiver Sozialisationsmodus, bei Jungen ein eher aktiver Sozialisationsmodus zum Tragen kommt; d.h. Mädchen werden mehr durch Andere sozialisiert (vgl. *Bilden* 1980, S. 792).

der Tendenz der Eltern aus, Mädchen möglichst nicht unbeaufsichtigt zu lassen" (*Deutscher Bundestag* 1984, S. 32).

Dies hat u. a. einerseits zur Folge, daß Mädchen eine diffuse Vorstellung der Gefährlichkeit von Außenwelt vermittelt wird und sie ebenfalls diffus erfahren, "daß ihre Bewegungsbegrenzungen eng mit der Sexualisierung ihres Körpers für andere zusammenhängt" (*ebd.*), sie andererseits aber gerade durch die größere Beaufsichtigung eine Minderung von Selbstbehauptung und Selbstvertrauen erfahren. Die eigene Persönlichkeitsentfaltung hängt nicht zuletzt auch mit der Möglichkeit zusammen, unbeaufsichtigte Räume für sich zu strukturieren, sich Umwelt aktiv anzueigenen, eigene Interessen zu entwickeln und zu stabilisieren, um ein gesundes Maß an personaler Unabhängigkeit zu entwickeln.

"Die zunehmende Handlungsfähigkeit des Kindes ist eine relative, je nach dem Verhältnis der möglichen bzw. zugestandenen eigenen Kontrolle, die das Kind über seine Lebensumstände hat, und der Fremdkontrolle, Außenstabilisierung durch Erwachsene. (...) Die Fremdkontrolle steckt den Rahmen dafür, ob und was das Kind an Handlungsfähigkeit erwerben soll, kann und darf" (*Bilden* 1980, S. 787).

Behütung und Kontrolle durch weitgehende Negation weiblicher Sexualität erfahren mit Beginn der Körperumwandlung in der Pubertät eine äußerst ambivalente Veränderung. Wird — wie schon erwähnt — einerseits die Kontrolle durch die Eltern noch erhöht, gerät andererseits der Körper der Mädchen ins Zentrum der Betrachtung und wird — unter Einwirkung über Medien vermittelter Normen von Weiblichkeit — auf den "Defizitblick" getrimmt, der mit einer beständigen Wahrnehmung der eigenen körperlichen Mängel zu einer weiteren Verunsicherung von Mädchen führt.[46] Gleichzeitig vermitteln die zentralen Sozialisationsinstanzen und hier insbesondere auch die Eltern, eine sexuelle Kultur von "Sittsamkeit und Sinnlichkeit", die nach wie vor gesellschaftlich funktionale Form der Triebgestaltung, die für Mädchen und Frauen von jeher Konfliktpotential enthält. Die "Sinnlichkeit als erotisches Anziehungsvermögen" hat sich innerhalb der von der "Sittsamkeit" gesetzten Normen und Grenzen zu entfalten. Dies bedeutet eine Gratwanderung von erlaubten und unerlaubten Mitteln, einen Balanceakt von "Sich-Anbieten und Sich-Bewahren". Ein Konfliktpunkt zwischen Eltern und Töchtern in der Pubertät ist häufig das Aussehen der Mädchen, wobei hier insbesondere die Art der Ausgestaltung ihrer zunehmenden Weiblichkeit gemeint ist. So können Stöckelschuhe, schwarze Unterwäsche, geschlitzte enge Röcke

---

[46] Sehr plastisch hier die Parallele zu dem *Rousseauschen* Erziehungskonzept, das die Abhängigkeit der Frauen von dem Urteil der Umwelt als geeignetes Mittel für die Durchsetzung des neuen Frauenbildes preist (vgl. Kapitel 1).

den Trägerinnen die Anerkennung als "Objekt der Begierde" als auch die Stigmatisierung als "Hure" bringen.[47] Zurecht weist der 6. Jugendbericht darauf hin, daß bislang die Entwicklung von Körperkonzepten als wichtiger Teil der Identität von Mädchen weitgehend vernachlässigt worden ist.

"... Wie Mädchen mit ihrem eigenen Körper umgehen, wie sie sich in ihm zu Hause fühlen und was er für sie in Kindheit und Jugend bedeutet, welche Stereotypen und Vorschriften sich an ihm festmachen" (*Krüger* 1984, S. 7).

sind als Schlüsselfragen weiblicher Sozialisation zu sehen.

War der Balanceakt von "Sittsamkeit und Sinnlichkeit" früher insbesondere auch durch starre gesellschaftliche Sexualnormen konflikthaft, so bringt heute die Liberalisierung der Sexualnormen eine Verschärfung des Grundkonflikts. *Beck-Gernsheim* (1983) verweist darauf, daß die größere Freiheit zu einer anderen Form von Fremdbestimmung für Mädchen geführt hat, da dem prinzipiell zwar größeren Handlungs- und Erfahrungsspielraum ein neuer Zwang der sexuellen Verfügbarkeit gegenübersteht.

"Während früher sexuelle Beziehungen qua vorherrschender Norm strikt untersagt waren, entsteht jetzt nicht selten ein Druck, sexuelle Beziehungen einzugehen, auch wenn das Mädchen nicht will, mehr um 'mithalten' zu können, weil es angeblich 'dazugehört', um nicht den Freund zu verlieren" (*Beck-Gernsheim* 1983, S. 326).

Gerade wenn in Familien die sexuelle Entwicklung der Mädchen zu den Tabuthemen gehört und wenig reflektiert mit einer Mischung aus Schutz und Kontrolle behandelt wird, kommt es zu Auseinandersetzungen über die Ausgangszeiten und die Wahl des Freundeskreises, wenn Eltern glauben, darüber die "sexuelle Gefährdung" ihrer Töchter minimieren zu können. Dagegen lehnen sich Mädchen jedoch u. U. auf, da sie die Kontrolle der Eltern als unangemessenen Ausdruck von Macht interpretieren und nehmen sich den für Experimente und Entfaltung eigenen Handlungsspielraum.

Die Fallgeschichten von Anja und Tanja stehen stellvertretend für diese Konfliktkonstellationen und möglichen Reaktionen von Mädchen.

Anja: "... *immer will er mir was aufzwängen, er will immer wieder seine Macht beweisen....*"

Anja ist 1966 in Ungarn geboren. Sie lebt dort zusammen mit ihren Eltern bis 1978.

---

[47] Dies ist nicht zuletzt davon abhängig, ob sie ohne festen Partner als "Freiwild" angesehen werden oder ob ihre sexuelle Attraktivität *einem* Mann zukommt, der damit auch die Kontrolle über diese "Sinnlichkeit" hat. Selbst in der Frauenbewegung wird hierüber gestritten. Bezeichnet z.B. *Alice Schwarzer* diese Art von Ausstattung als Symbole einer (neu aufgelebten) sexuellen Unterwerfung von Frauen, verstehen andere dies als ein neues, zur Schau gestelltes, positives Bewußtsein eigener Körperlichkeit.

Dann trennen sich ihre Eltern, und ihr Vater zieht nach Westdeutschland, wo er ein zweites Mal heiratet. 1980 kommen auch Anja und ihre Mutter in diese Stadt. Die Eltern von Anja setzen sich gerichtlich wegen des Sorgerechts um ihre Tochter auseinander, das dann dem Vater zugesprochen wird. Anjas Mutter bricht daraufhin jeglichen Kontakt zu ihr ab. Anja, die auf eigenen Wunsch zu ihrem Vater gezogen ist und auch ihre Stiefmutter sehr gerne mag, verlebt mit ihnen und ihrem 1979 geborenen Bruder zunächst ein unbelastetes Familienleben. Sie besucht das Gymnasium, ist viel zu Hause, hilft im Haushalt und Garten und paßt auf ihren Bruder auf, da ihre Eltern als Orchestermusiker und Musiklehrerin berufstätig sind. Auf ihren Bruder ist sie allerdings auch eifersüchtig; sie bezeichnet ihn als Liebling der Eltern.

"Ja, ja, mit meinem Bruder, das war natürlich auch schon so eine Sache für sich, weil er ist ja jetzt ihr Liebling, der ist ja ein Nachkömmling, weil die haben ja jetzt vor sechs Jahren geheiratet. Ja und dann ist er gekommen und ist an und für sich ein ganz netter Bursche. Nur eben, der kann auch unheimlich frech sein. Ja und das ist, meine Mutter verhätschelt den ja dermaßen, manchmal war ich, jetzt nicht mehr, manchmal war ich unheimlich eifersüchtig auf den."

Die ersten Konflikte mit den Eltern treten auf, als Anja mit 15 Jahren zunehmend mehr Kontakt zu Klassenkameraden/innen bekommt und des öfteren Einladungen zu Treffs und Feten annimmt. Vor allem ihr Vater versucht sie dazu zu bewegen, mehr zu Hause zu bleiben. Es gibt zunehmend Streitigkeiten um die Ausgangszeiten.

"Ja, da bin ich gerade 14 geworden. Da hat ich noch nicht so einen großen Freundeskreis und da wollt ich auch noch nicht weg. Mit 14, ich mein da will man ja sowieso nicht so viel. Und ja, ich bin ja auch immer in den Garten schön mitgefahren, schön mit Richard alles gemacht. Dann war ich die brave Tochter. Ja, hinterher gehen einem natürlich die Augen auf und da lernt man auch immer mehr Leute kennen und so was. Da waren Feten und wenn es auch nur Kaffeekränzchen sind oder eine Geburtstagsparty oder so was. (...)

Ja und das paßt dann denen nicht mehr. Mein Vater hat sowieso so eine Vorstellung. Ich weiß nicht, der kann sich damit nicht zurechtfinden, daß er nicht 'ne Tochter von 8 Jahren hat, mit der er machen kann, was er will, sondern eben eine Tochter hat, die 17 ist. Damit findet er sich nicht zurecht. Er will mir andauernd, immer will er mir was aufzwängen, er will immer wieder seine Macht beweisen, daß er der Starke ist."

Der Konflikt eskaliert weiter, als die Eltern Anja den Kontakt zu einer Klassenkameradin, ihrer besten Freundin, verbieten, weil das Mädchen ein "schlechter Umgang" für sie sei. Die Freundin stammt aus einer Arbeiterfamilie und wohnt in einer "berüchtigten" Gegend der Stadt, spielt Fußball und ist ein "jungenhaftes" Mädchen. Anja und ihre Freundin können sich nur noch heimlich treffen.

"Jedenfalls, die konnten das nicht haben, daß ich mit der zusammen bin. Die haben unheimliche Schimpfwörter gebraucht, immmer wenn ich dahin ging, und dann wurden ihre Eltern als asozial beschimpft. Da ist sie natürlich auch nicht mehr zu uns gekommen. Wenn wir also zusammen sein wollten, dann mußte ich weg. Und das paßte dann ja erst recht nicht, daß ich wegwollte."

In dieser Zeit fängt Anja an zu rauchen und hat sich auch zweimal betrunken. Sie denkt jetzt häufig daran, wegzulaufen. Als sie sich eines Abends verspätet, schließen ihre Eltern sie aus, so daß sie bei ihrer Freundin übernachten muß.

"Ich bin um 9 Uhr nach Hause gekommen. Ja, und dann wollte ich rein, da war die Kette vorgeschoben. Da haben sie mich einfach ausgesperrt. Und da bin ich zu meiner Freundin zurückgefahren und habe da geschlafen, am anderen Morgen zur Schule gegangen also mit ihr zusammen, wir waren ja in einer Klasse. Und dann mittags bin ich nach Hause gefahren und dann die Atmosphäre. Eiskalt. Kein Wort, ja und wenn mal was gefallen ist, dann auch nur was ganz Schofles. So ganz was Abwertendes, als ob sie sich vor mir geekelt hätten."

Anja versucht häufig mit ihren Eltern zu reden, es kommt aber nicht zu einer Verständigung.

"Das läuft ja immer wieder auf's selbe hinaus. Immer wieder heißt es, ich hab die große Klappe, ich bin frech, ich will immer nur weg und was weiß ich alles. Und wenn man irgendwas erklären will, nach den Gründen fragen sie überhaupt nicht. Also warum man überhaupt sowas tut. Sie sehen ganz einfach die Tatsachen und werten sie schön aus, wie sie das eben für richtig halten."

Während dieser Zeit häufiger Auseinandersetzungen hat Anja Fluchtphantasien, die sie allerdings nicht realisiert, sondern vor dem Hintergrund ihrer Zukunftsplanungen reflektiert.

"Schon so oft stand ich davor, jetzt machst du es wirklich, ja irgendwo kam dann aber der Punkt, wo die Realität mitspielt, wo ich mir eben gesagt habe, Mensch was machst du denn da. Da versaust du dir dann dein ganzes Leben, da stehst du da einfach ohne Ausbildung, ja und wo man dann eben landet. Angst würde ich das nicht nennen. Aber eben so überlegen und nachdenken, weil das ja immerhin ein Schritt ist, den man beachten sollte. (...)
Da haben wir uns mal einen ganzen Nachmittag zusammengesetzt von 3 bis 9. Und da haben wir uns nur darüber unterhalten. Wie wir das alles schaffen sollten, schon alles so in Gedanken eingeteilt und so. Auf jeden Fall war das, was hätte gehen können. Ich weiß nicht, dann kam immer wieder was dazwischen. Dann war es zuhause wieder besser und dann, dann hat sich das automatisch wieder ein bißchen gelegt. Dann war es auch mal wieder schlimmer und so ging es immer weiter."

Anjas Verhältnis zu ihrem Vater ist stark beeinträchtigt, da er ihre Wünsche und Erwartungen enttäuscht. In Konflitsituationen hält er zu seiner Frau, während diese sich eher ambivalent verhält. Mal ist sie sehr nett zu Anja, dann wieder ist sie wütend wegen Kleinigkeiten, mal sagt sie, es sei ihr völlig egal, was Anja macht, dann wieder reglementiert sie die Ausgangszeiten.

"Ja, mach mal, was du willst. Von mir aus kannst auf den Strich gehen, das macht mir auch nichts aus. Am anderen Tag hat sie dann wieder gesagt, das kommt überhaupt nicht in Frage, das sagt mir überhaupt nicht zu, du wirst auf's Gymnasium gehen und dies und das und das."

Die Ambivalenz und Rigidität des elterlichen Verhaltens sind Anja unverständlich, da sie der Ansicht ist, daß sie sich reichlich um die familiären Angelegenheiten kümmert.

"Ich hab einen kleinen Bruder, der ist jetzt 5 und auf den paß ich auch immer auf, manchmal 'nen ganzen Abend von 7 bis 12 oder so. Auf jeden Fall, dann kann ich überhaupt nicht weg, weil meine Eltern weg wollen und dann ist er alleine, dann bleib ich eben zuhause. Nachmittags paß ich auch auf ihn auf und eben auch im Haushalt mach ich unheimlich viel. Wäsche, Kochen und so, eben was so kommt, weil meine Mutter nachmittags arbeitet und vormittags hat sie auch was zu tun. (...)
Das ist alles so selbstverständlich. Ich mein, ich hab schon oft zu ihr gesagt, jetzt guck Dir doch mal andere Mädchen an, die kommen nach Hause, essen Mittagessen, hauen sich auf's Bett, evtl. lernen, gehen den ganzen Abend und Nachmittag weg und tun überhaupt nichts. Dann hat sie mir eben so Beispiele erzählt, ich mußte das früher auch machen und jetzt ist das selbstverständlich, daß du das auch machen mußt. Ja für mich ist das ja auch irgendwie selbstverständlich, weil ich seh es ein, daß sie nachmittags keine Zeit hat und dann helf ich eben. Aber trotzdem hat das doch seine Grenzen."

Anja ist enttäuscht, daß ihre Eltern dies nicht zu würdigen wissen. Sie fühlt sich insgesamt von ihnen ungerecht behandelt.

"Also, ich hab nichts gegen, wenn das streng ist, ist okay. Dann soll es streng sein, aber dann soll es auch gerecht sein. Das seh ich ein, daß man wenn man 16, 17 ist und hat am anderen Tag Schule, so um 10 Uhr halb 11 zuhause ist. Also, daß ich jetzt nicht verlange, überhaupt keine Einschränkungen zu haben, das wäre auch irgendwie doof, aber eben diese Ungerechtigkeit, das kann ich nicht haben. Also das könnte ruhig streng sein, aber das müßte dann auch schon wirklich angebracht sein und vor allem auch unheimlich ehrlich und nicht so hinterhältig und ja gehässig, ja unheimlich. So unfair, immer von hinten ankommen und immer wirklich die schwächsten Punkte auszunutzen und so was, also ich weiß nicht, das sind für mich keine Eltern, das ist irgendwie was anderes."

Phasen von Streitereien lösen sich ab mit relativ konfliktfreien Situationen. Anja lernt eine neue Freundin kennen, mit deren Mutter sie sich ebenfalls gut versteht und aussprechen kann. Ihre emotionale Beziehung zu den Eltern sieht sie als sehr gestört an, versucht aber, sich mit ihnen zu arrangieren, indem sie ihre Hilfe im Haushalt und zur Aufsicht des kleinen Bruders anbietet. Ihre Fluchtphantasien hat sie dahingehend bearbeitet, daß sie eine möglichst frühe Ablösung plant und ihren Eltern zeigen will, daß sie besser ist als deren Befürchtungen und Anschuldigungen.

"Dann hab ich mich voll auf die Gegenwart, auf Freunde und auf's tägliche Leben konzentriert und vor allem auch auf die Zukunft. Deshalb bin ich auch auf's Gymnasium gegangen, weil ich es denen zeigen wollte, daß ich mir ein Leben aufbauen kann, das mir gefallen wird und das nicht irgendwie im Siff landet und dazu brauch ich eben irgendwas und das ist auch jetzt im Moment das Gymnasium, da will ich einen guten Abschluß haben."

Kommentar

Konfliktthema zwischen Anja und ihren Eltern sind Verselbständigungstendenzen und Loslösungsaktivitäten von Anja.

Die Fluchtphantasien bei Anja entstehen, weil sie sich nicht in der Lage sieht, ihre Wünsche und die der Eltern zu integrieren. Sie findet ihre eigenen Wünsche nach Außenorientierung, Selbstbestimmung von Freundschaften etc. legitim, versteht auch die Erwartungen der Eltern, beklagt aber deren Unvermögen, die divergierenden Verhaltenserwartungen auf kommunikativer Ebene aushandeln zu können. Nicht über die Intention, die Motive ihres Handelns wird kommuniziert, sondern wenn überhaupt, dann über die Konsequenzen; dies erlebt Anja als ungerecht und konfliktverschärfend. Anjas Eltern verhalten sich wie viele Eltern, indem sie zu Beginn der Pubertät ihre Erziehungspflichten "entdecken". Ihr Verhalten ist plausibel, berücksichtigt man, daß ihr Familienleben faktisch durch Anjas Außeninteresse Irritationen erfährt. Anjas Familienorientierung und Anhänglichkeit nach vorausgegangenem Bezugspersonenwechsel ist überaus funktional, da sie durch ihre Beteiligung an Hausarbeit und Aufsicht zur Entlastung der berufstätigen Eltern beiträgt. Zur Konfliktverschärfung tragen die Eltern insofern bei, als sie auf Anjas Handlungen mit rigiden Verboten und Insistieren auf ihren eigenen Vorstellungen reagieren. Sie beschränken Anjas Aktionsradius durch Kontrollerhöhung und moralische Indoktrination. Die Erwartung früher Übernahme sozialer Verantwortung für andere, zumeist jüngere Geschwister, ist ein wesentliches Moment geschlechtsspezifischer Sozialisation, da es sich um eine Aufgabe handelt, die immer auch mit Einschränkung des eigenen Handlungsspielraums verbunden ist, Rücksicht auf andere erfordert und Einsicht in die Nachrangigkeit eigener Interessen trainiert.

Auch bei Anja werden eigene Aktivitäten und Initiativen nicht unterstützt, sondern durch erhöhte Kontrolle behindert. Auf für sie unverständliche Verbote reagiert sie mit Auflehnung und Trotz; "die Eltern sehen auf dieser Stufe der Entwicklung aber nur die Mißachtung ihrer Regeln, die Verletzung ihrer Gebote" (*Kieper 1980*, S. 157). Dies führt zu einem Teufelskreis, der auf Ausgleich ausgerichtete Kommunikation unmöglich macht. Die Polarisierung des Konfliktes, die Verhärtung der Fronten, findet aber häufig genug lediglich auf der kommunikativen oder auch kognitiven Ebene statt. Die noch vorhandene emotionale Verbundenheit bringt zusätzliche Verwirrung der Situation durch hinzutretende Ambivalenzen. Auch reagieren Anjas Eltern gleichzeitig mit Ausstoßungs- und Bindungsmomenten; einem Beziehungsmodus, der seinen Zweck bei Anja erfüllt. Die ausstoßenden Momente hinterlassen bei ihr das Gefühl der Minderwertigkeit und der Schuld. Relativ harmlose Vorfälle wie zweimalige Trunkenheit, Rauchen etc. nimmt sie während des Prozesses der Auseinandersetzungen in ihre Selbstdefinition auf als Vergehen. Ihre zu Beginn der Auseinandersetzung stehenden Appelle, daß über die Intentionen von Handeln kommuniziert werden muß, können als Ausdruck von Auseinandersetzungsfähigkeit auf diskursiver Ebene gewertet werden.

Diese Fähigkeit wird gebrochen durch die Interpretationsmacht der Eltern, die durch das ständige Insistieren auf Anjas "schwachen" Punkten, Verbitterung und Nachdruck bei Anja herbeiführen, die Anja veranlassen, auf die Situation so zu reagieren, daß sie die Fremddefinition des "schlechten" Mädchens zum Teil übernimmt und sich veranlaßt sieht, den Eltern (und letztlich auch sich) zu zeigen, daß sie "nicht irgendwie im Siff landet".

Die Tatsache, daß die Eltern keine körperliche Gewalt ausüben, sie in der Schule überzeugende Leistungen bringt, keine Probleme innerhalb der subkulturellen Bezüge hat, zu Hause materielle Annehmlichkeiten hat, führt dazu, daß sie die verbleibenden Probleme zwischen sich und den Eltern kognitiv dahingehend verarbeitet, daß die Fluchtphantasien und -wünsche einerseits aufgeschoben werden zugunsten einer konkreten Lebensplanung, andererseits gemildert werden dadurch, daß sie sich im Verlauf des Prozesses der Auseinandersetzungen kleine Freiräume erkämpft hat. Für die persönliche Sinnsetzung bedeutet dies, daß Ausbruch und Flucht für Anja zwar denkbar, jedoch letztlich keine Lösung des Problems sind. Es ist jedoch nicht auszuchließen, daß sie auf andere Reaktionsweisen zurückgreift, die als gescheiterte Konfliktlösungsstrategien, wie sie sich aus dem weiblichen Lebenszusammenhang entwickeln, bezeichnet werden müssen: Überanpassung, Flucht in Phantasie, frühe Ehe oder Formen innerer Immigration.

Tanja: "...dann hab ich gemacht, was ich wollte."

Tanja ist 1965 geboren. Der Vater arbeitet als Kaufmann, die Mutter ist Hausfrau und versorgt Tanja, ihre zwei Jahre jüngere Schwester und ihren 1969 geborenen Bruder. 1972 lassen sich Tanjas Eltern scheiden; der Vater zieht in eine weit entfernt gelegene Großstadt und bricht den Kontakt zu seiner Familie völlig ab. Zu der Trennung kommt es, weil Herr G. durch seinen Lebensstil die Familie in starke ökonomische Probleme bringt. Für die Kinder kommt die Trennung der Eltern sehr plötzlich, da Frau G.[48] die Auseinandersetzungen nicht vor ihnen geführt hat, so erklärt sie:

"Ich meine, Krach war es im Grunde genommen auch gar nicht, Streit insofern haben wir gar nicht gehabt. Es hatte einfach keinen Zweck mehr. Es waren wirtschaftliche Gründe, warum wir uns getrennt haben. Der war wahnsinnig großzügig und nicht für sich, sondern auch für die Familie. Völlig über die Verhältnisse gelebt, daß wir unsere Eigentumswohnung verkaufen mußten. Und ich hab dann angefangen, zu arbeiten, ich denke, dann schaffen wir es noch (...). Er hat einfach aus dem Vollen weitergelebt, obwohl nichts mehr da war und ich meine, ich hatte drei Kinder und fühlte mich eben für die Kinder mehr verantwortlich und denke, wenn du alleine da stehst, kommst du besser zurecht. Gerichtsvollzieher im Haus, und, und, und. Ich meine, dann kam dann eins zum anderen. Dann konnte ich hier nach Hause ziehen, meine Eltern sind oben in die 1. Etage gezogen. (...) Tanja hat mir die Schuld dafür gegeben. Sie sagt, ich bin schuld gewesen, daß ihr Papa nicht mehr bei uns sein durfte. Ich glaube, heute ist sie drüber weg, aber das hat lange gedauert, ihren Vater hat sie vergöttert."

Frau G. hat Verständnis für Tanja und sucht ihr schlechtes Gewissen durch erhöhte Zuwendung und Aufmerksamkeit auszugleichen, zumal sie nun bis 1982 halbtags in einem Versandhandel tätig ist und wegen der Kinder in das Haus ihrer Eltern gezogen ist.

"(...) deswegen vielleicht auch meine Großzügigkeit, man macht als Alleinerzieher meiner Meinung nach 'nen Fehler, indem man meint, man müßte den anderen Partner ersetzen. Und tut zuviel."

Mit 13, 14 Jahren beginnt Tanja, die Schule zu vernachlässigen; sie macht keine Hausaufgaben, kommt zu spät oder schwänzt. Dies führt dann zu mehreren Schulwechseln und der Einschaltung der Schulpsychologischen Beratungsstelle. Tanja muß u.a. das Gymnasium verlassen und besucht die Hauptschule. Die Schulschwierigkeiten veranlassen Frau G., mit Tanja Auseinandersetzungen um die Ausgangszeiten und ihre Außeninteressen zu beginnen. Tanja verbringt ihre Freizeit im wesentlichen mit älteren Jungen; die Beziehung zu Mädchen erlebt sie als konkurrenzbelastet; auch

---

[48] In einigen Fällen fanden neben den Interviews mit Mädchen auch solche mit Müttern statt.

fehlt ihr die erotische Komponente.

"Bei den meisten ist es doch so, die kennen mehr Männer als Frauen. Und die Männer haben meistens joviere Beziehungen zu Männern als die Frauen zu Frauen. Also oft lockerer. So hab ich das auch für mich gesehen. Das war für mich unkomplizierter so. (...) Mädchen, hab ich mich drüber gefreut, wenn ich mal 'ne Freundin hatte. Aber war irgendwie seltener. Weil so Jungens oder so, da ist immer noch das Spielchen dabei (...). Ich hatte nie gleichaltrige Freunde. Auch war ich mehr ein Einzelgänger oder so. Mal mit dem oder mal mit dem, mehr oberflächliche Beziehungen. Oder vielleicht mal mit Leuten ein bißchen enger. Aber nicht so eine Clique. Nie, war ich nie drin."

Tanja sieht diese Zeit als Machtprobe zwischen ihr und ihrer Mutter. Sie fühlt sich durch die mütterliche Zuneigung eingeengt.

"Ich hab mich von meiner Mutter völlig distanziert. War völlig auf 'nem Antitrip, ne. Bin gekommen, wann ich wollte. Bin gegangen, wann ich wollte. Ich bin gar nicht auf sie eingegangen, in keinster Weise. Die wußte auch nicht, was ich eigentlich mache. Und wenn sie mich einschränken wollte, bin ich völlig ausgeflippt, völlig. Da haben wir uns geprügelt. Hatt' ich drei Wochen Hausarrest. Und eine Woche konnte ich rausgehen. Und die eine Woche, da bin ich erst recht immer später gekommen. Aber das war auch nur 'ne Hilflosigkeit von ihr. Wurde da auch nicht mit fertig. Dann hat sich das hinterher, da war ich 14, mit dem Hausarrest, dann hat sich das so gelöst. Dann konnte sie das nicht mehr machen, dann hab ich gemacht, was ich wollte."

Frau G. erlebt sich bei dieser Machtprobe als Unterlegene und glaubt zudem, daß ihre Großzügigkeit falsch gewesen ist.

"Ja, zu früh, das geht nämlich dann los, mit 13, 14 fing das an, wir haben 'ne Fete. Ja ist gut. Wann muß ich zu Hause sein? Ja 9 Uhr. Wenn's irgendwo bei 'ne Schulfreundin war, das wir sie abgeholt haben, auch 10'ne. Dann ging das immer so Schritt für Schritt weiter. Dann hat sie sich immer 'ne halbe Stunde mehr genommen. Und nachher konnte ich, ich konnte gar nicht mehr zurück. Auf einmal war 10 Uhr normal, dann war 1/2 11 Uhr normal, am Wochenende wurde 11 Uhr normal, da war sie 15. Und wenn ich dann gesagt hätte, du bist um 9 Uhr zu Hause, wieso ich darf doch immer bis 11. Wie die schrittweise sich die Freiheit nehmen. Und ich hab das irgendwie zu spät mitgekriegt. Und auf einmal war es dann zu spät. (...)
Sie kann sehr lieb sein, andererseits kann sie aber auch rigoros sein und setzt das durch, egal wie. Das hat sie eigentlich immer getan, als Kind schon, sie ist sehr eigenwillig. Ist schon milde ausgedrückt. Trotzdem, wir konnten immer noch, selbst in ganz schlimmen Zeiten, miteinander reden. Das Gespräch ist nicht abgebrochen, nie. Und, sie hat das zwar nicht akzeptiert, sie hat dann trotzdem getan, was sie wollte. Aber irgendwie hat es ihr dann

wieder leid getan, wenn sie was getan hat, dann tat ihr das einerseits wieder leid, aber andererseits hat sie das nicht davon abgehalten, es trotzdem zu tun."

Für Tanja häufen sich die Probleme und Irritationen. Neben den Schulschwierigkeiten steht der Versuch, sich aus der Unselbständigkeit gegenüber ihrer Mutter zu befreien.

"Ich wollte auch selbständig sein oder so. Ich wollte nicht abhängig sein von meiner Mutter oder von irgendwem. Theoretisch, aber praktisch das in Angriff zu nehmen ist dann irgendwie eine andere Sache, ist schwerer, finde ich."

Von Klassenkameraden/innen fühlt sie sich nicht akzeptiert.

"Zum Beispiel so in meiner Klasse. Als ich 'nen bißchen älter war, nicht so die 5., 6., 7., 8., ja 8. doch, da ging das auch schon los, und da wurd' ich einfach bewertet, die machten mich zum Außenseiter. Ganz einfach. Ich hab mich ganz anders gekleidet. Ganz anders. Und da war ich direkt abgestempelt. Und die haben mir auch manchmal ganz schön wehgetan."

Unklar bleibt, warum Tanja die Stigmatisierung durch Klassenkameraden/innen in Kauf nimmt. Einerseits gibt sie an, daß sie sich vieles aus finanziellen Gründen nicht leisten konnte, andererseits ihr die Art, wie ihre Mitschüler/innen sich kleideten, auch nicht gefiel. Außerdem will sie sich — bewußt oder als Folge bereits eingesetzter Ausgrenzung — von anderen unterscheiden.

"Man findet oft Ähnlichkeit. Das ist 'nen paarmal so vorgekommen. Zuerst fand ich das ganz schön schofel. Ja, ich wollte nie eine neben mir haben oder so, die so aussieht wie ich. Ich wollte immer anders sein. (...) Da steckt unheimlich was hinter. Find ich, die Art sich zu kleiden und so. (...) Wenn ich nach draußen gegangen bin, oder was weiß ich, dann war das für mich immer unheimlich klar, ich wollte gefallen, wollte was jovles anhaben und so. Und ich habe auch meine eigene Mode ganz stark gehabt. Das ist jetzt irgendwie immer noch mein Ziel".

In dieser Situation bleibt Tanja im Anschluß an einen genehmigten 14tägigen Weihnachtsurlaub 1982 mit Freunden unerlaubt und ohne Bescheid zu geben, sechs Wochen weg. Sie trampt durch Frankreich, Spanien und Marokko. Über die Sorgen, die ihre Mutter sich macht, setzt sie sich bewußt hinweg und erlebt diese Wochen als eine Zeit wichtiger Erfahrungen. Die Erlebnisse und durchstandenen Erfahrungen unterwegs geben ihr das Gefühl, auch ohne die Mutter klarzukommen.

Unterwegs macht Tanja die Erfahrung, daß sie einerseits ihre äußere Attraktivität einsetzen kann, um zurechtzukommen, andererseits Sorge haben muß, daß ihr Gewalt angetan wird bzw. sie sich prostituieren soll.

"Und dann hat uns so'n Auto angehalten, mit zwei Jungens drin und fragten, ob wir uns irgendwie, für die war'n wir wohl Exoten, sagten se uns. Die kennen solche Mädchen da gar nicht.

Ja, wir hatten beide so'n alten Pelzmantel an, das war vielleicht auffallend für die. Haben se angehalten am Straßenrand, ob wir nicht mitfahren wollten, 'nen bißchen Spazierengehen oder so. Ja, das haben wir dann auch gemacht. Und die haben dann davon gesprochen, nach Spanien zu fahren. Nach Marokko zu fahren. Oder einfach nach Afrika. Dann haben wir uns von einer Minute auf die andere überlegt, einfach mitzufahren. (...) Und hinterher, da war ich mit dem anderen Typ 'nen bißchen enger befreundet, der das Auto hatte, der Robert. (...) Da hatten wir auch Ärger, ne. Weil ich bin irgendwie so schüchtern gewesen, jetzt auch Geld zu besorgen. Ja, mit dem einen Jungen. Der kam sogar auf die Idee, mich auf 'nen Strich zu schicken oder so. Endlich mal hier Kohle anschaffen. (...)

Ich habe unheimlich Angst vor der Dunkelheit. Unheimliche Angst, daß mir was passiert. Weil mir schon was passiert ist beim Trampen. Da war ich in einer Bushaltestelle mit dem ganzen Gepäck und habe nachts in der Bushaltestelle gepennt. Auf der Landstraße ganz allein."

Sie betont, daß sie die Zeit nur so gut durchgestanden hat, weil ihr Freund da war, bzw. wenn er mal nicht in ihrer Nähe war, sie ganz fest an Gott geglaubt hat.

"Der eine, der hat mich immer beschützt, der Robert. Das war ein unheimlich großer, breiter, ein unheimlicher Schrank. Nicht dick, aber unheimlich, der hatte unheimliche Power. Blaue Augen und blonde Haare, aber ganz verrückt. So einen hab ich auch noch nicht gesehen vorher. Weiß nicht, haben die Leute Respekt vor so was. Ist mir nix passiert."

Als Tanja nach Hause zurückkehrt, nimmt ihre Mutter sie herzlich auf. Sie hat sich zwar Sorgen gemacht, war auch wütend gewesen, gibt sich aber auch zum Teil selbst die Schuld daran, daß Tanja weggeblieben ist.

"Übermäßig streng bin ich nie gewesen, aber wie gesagt, damals mit der Schule, da hat sie vielleicht zu viel Druck gekriegt. Morgens fings schon an damit, steh auf, kommst zu spät, sie kam auch jeden Morgen zu spät. Da hab ich sie dann mitgenommen, ich ging zum Kurs zur selben Zeit, damit sie pünktlich zur Schule kam. Daß der irgendwann das zuviel wurde, daß sie in der Schule viel zu tun hatte, sie mußte viel tun, um eben die mittlere Reife zu kriegen, dann von zu Hause der Druck. (...)

Ich kenne sie, die muß immer wieder was Neues machen, was erleben. Zu Hause ist alles eng und mies. Ach mies nicht, aber, sie wollte einfach mal raus. (...)

Das war der Zwiespalt auch, einerseits hatte ich Verständnis dafür, andererseits bin ich halb verrückt geworden vor Angst. Ich bin Nächte hier herumgelaufen, hab nicht schlafen können. Und hab mir die schlimmsten Sachen vorgestellt. Aber daß ich das vielleicht früher selber gerne mal gemacht hätte, ausgeflippt, ein bißchen abenteuerlustig bin ich auch, daß ich gedacht hab, Mensch ist ja doch toll so, ... die jungen Leute, einfach so wegzufahren. Aber andererseits diese Rücksichtslosigkeit, wegzufahren, sich überhaupt nicht zu melden, uns hier völlig hängen zu lassen, dann kam das wieder dazu. Das schwankte zwischen Sorge, Verständnis, das war eigentlich alles."

Nach ihrer Rückkehr beendet Tanja mit viel Unterstützung, Verständnis und Aktionen ihrer Mutter die 10. Klasse, zieht zu ihrem 30jährigen Freund und beginnt, in einem Krankenhaus zu arbeiten. Auch weiterhin befindet sie sich in dem Zwiespalt, daß sie vieles nur mit Unterstützung anderer Menschen schafft, dies ambivalent als Chance der Verselbständigung und zugleich als Abhängigkeit erlebt.

"Ja, es wird mir äußerlich immer sehr geholfen. Ist ja wirklich 'nen Wendepunkt, damit es mir nicht so schwerfällt. Der Übergang wird mir leichter gemacht. Mit Leuten, die Erfahrung haben, die mir Zeit lassen, wo ich nicht so gedrängt werde. (...)
So äußerlich, wenn ich irgendwelche Schwierigkeiten hab, mit meiner Lohnsteuerkarte, die hab ich völlig vergessen einzureichen und hab keine Kohle gekriegt, da hat sie eine unheimliche Geduld. Die hilft mir auch, wenn die Oberschwester angerufen werden muß, wenn ich nicht kommen kann. Da hilft sie mir, da läßt sie mich nicht so alleine. Weil ich kenne mich in diesem Arbeitsleben noch nicht so aus."

Die Unterstützung durch die Mutter macht es ihr nun möglich, sich in der Beziehung zu ihrem Freund nicht ebenso abhängig wie früher von ihrer Mutter zu fühlen.

"Wollte unabhängiger sein, wollte nicht von einer Abhängigkeit in die andere. Mein Freund hat immer für mich mitgesorgt oder so. Irgendwo wollte ich das aber auch nicht. Da wollte ich jetzt einfach auch meinen Teil dazu beitragen. Wollte ich auch Geld verdienen, wollte unabhängig sein."

Aber auch weiterhin fühlt sie sich unsicher und unterlegen. Auf der kognitiven Ebene beansprucht sie Autonomie für sich und andere; die Realität aber macht ihr sehr zu schaffen.

"Das ist eine Illusion. Eine völlige Illusion, festhalten, der gehört ja nicht mir. Ich bin alleine, und es ist unheimlich schön, daß ich mit dem zusammen sein kann. Aber der gehört nicht mir. Wir sind nicht eins. Wir sind eins und eins. Aber das ist dann für mich so, ... das ist für mich manchmal ein bißchen hart. Er möchte gerne abends allein weggehen (...).
Man kann sich das Leben richtig schwermachen, durch Eifersucht und so. Dann möcht ich einfach ihn festhalten, auch wenn er mal zu seinem Freund fahren will und er will seine drei Kinder besuchen, dann wird er auf einmal ein bißchen fremd für mich. Das kann mir auch passieren. Einfach, daß man nochmal versucht, was festzuhalten oder so. Dann wird das manchmal so, daß ich mich anders haben möchte. Ich kann nicht einfach die Sachen so fliegen lassen. Oder alles so laufenlassen."

Seit Monaten gehört Tanja zu einer Sekte. Sie meditiert viel.

"Obwohl ich bin gern mit denen zusammen. Weil uns verbindet ja was. Das was uns verbindet, verbindet mich nicht mit einem Mann. Sind ganz andere Sachen vielleicht, ich weiß es nicht. Aber ich kann einfach in ihm eine unheimliche Liebe spüren. Aber das kann man sich nicht vorstellen. Ich hätte auch niemals gedacht, daß es sowas gibt, daß ich mich innerlich richtig gut fühle."

Für Tanja ist die Suche nicht abgeschlossen.

"Ich möchte einfach gerne noch so'n bißchen an mir rummontieren oder so. Bin ich echt? Ich weiß nicht, ob Du Dich immer echt fühlst. Aber manchmal ... das war nicht echt oder so. Da waren irgendwelche Erwartungen, die man an dich stellt oder Vorstellungen, die man hatte. Die erfüllst du einfach so. Man läßt sich leicht in eine Rolle zwängen."

Kommentar

Dem Weglaufen von Tanja kommen Momente von Signalfunktion ihrer Mutter gegenüber als Loslösungswunsch; Momente von Spannungsreduktion hinsichtlich des durch die Schulprobleme entstandenen Druckes zu und auch Momente von Alternativorientierung. Dennoch ist das Weglaufen als kurzfristiges Wegbleiben eher Ausdruck einer Irritation, einer Suche.

"Wir hatten zwei Wochen Ferien noch. Und hatten überhaupt völlig bekloppte Vorstellungen. Im Grunde überhaupt keine, hatten kein Ziel."

Diese Irritation betrifft nicht nur das System Familie, sondern auch Freundschaften zu Mädchen/Frauen, Cliquen, Männerbeziehungen und das eigene "Sein". Diese Irritation ist Ausdruck einer persönlichen Krise, wie sie für die Adoleszenzzeit von Mädchen, der besonderen Bedeutung der Geschlechtsrollendefinition für die Persönlichkeitsentwicklung zukommt (vgl. *Kieper* 1980). Diese krisenreiche Auseinandersetzung mit einer Welt, in der die Dualität der Geschlechterrollen unabhängig von den Handlungen der Individuen (vgl. *Hagemann-White* 1982) feststeht, äußert sich für Mädchen wesentlich auch in ihrem Umgang mit ihrem Körper und seiner äußeren Gestaltung (vgl. *Bilden* 1980). Diese Verunsicherung zeigt sich bei Tanja auch extrem in der Auseinandersetzung mit einer ihr entsprechenden Kleidung und häufigen Erkrankungen. Modekonsum und Krankheit sind Ausdruck gesellschaftlich akzeptierter weiblicher Konfliktlösungsstrategien, um auf (divergierende) Anforderungen der Umwelt zu reagieren (vgl. *Prokop* 1977). Tanja sucht durch Äußerlichkeiten wie Kleidung, eine unverwechselbare Einzigartigkeit und auch Besonderheit auszudrücken, andererseits experimentiert sie mit Sekten wie Bagwhans Sanjassin, die gerade auch durch ihre einheitliche rote Kleidung Vereinheitlichung und Gruppengefühl demonstrieren. Über die Ausgestaltung des Körpers sucht sie zu schaffen, was ihr sonst nicht gelingt. Eigene und fremde Ansprüche von Unabhängigkeit auf ökonomischer und emotionaler Ebene, von Ablehnung typischer Lebensverläufe stehen im Widerspruch zu faktischer Unselbständigkeit, starkem Wunsch nach Geborgenheit und Orientierung an Sekten. Tanja tauscht die Abhängigkeit von der Mutter durch einen wesentlich älteren Freund und der Zugehörigkeit zu Sekten ein bzw. ergänzt sie. Sie gibt an, Minderwertigkeitskomplexe zu haben, das Gefühl nicht "echt" zu sein, Rollen zu spielen. Sie ist auf der Suche, möchte noch an sich "rummontieren".

Verselbständigung, Loslösung und Entwicklung von Geschlechtsidentität sind also auch für Tanja die zentralen Konfliktthemen. Die Überfürsorglichkeit und Bindung durch die Mutter bedurfte eines zeitlichen und einschneidenden Bruchs, den Tanja als "totalen Antitrip" bezeichnet. Trotz dieser Ambivalenz im Verhältnis zur Mutter sind prinzipelle Kommunikationsbereitschaft und das Verständnis der Mutter grundlegend für die Beziehungserneuerung. Es findet also keine Problemzuspitzung im Sinne des Teufelskreismodells statt. Mit dem Wegbleiben von Tanja wird ein gegenseitiges Aufeinanderzugehen als Erwachsene und "Erwachsenwerdende" möglich und eine erstickende Mutter-Tochter-Beziehung weitgehend überwunden.

4.3 Verschärfungszusammenhänge des mädchenspezifischen Konfliktpotentials undFlucht

Die Interviews mit den Mädchen machten deutlich, daß das beschriebene Konfliktpotential mädchenspezifischer Sozialisation durch strukturelle Belastungen und gesellschaftliche Widersprüche noch verschärft werden kann und Ausbruch und Flucht als eine Form der Konfliktlösungsmöglichkeit und des Widerstandes nahegelegt.

In den folgenden Abschnitten werden diese Verschärfungszusammenhänge kategorisiert nach
- schichtspezifischen Aspekten,
- Subkultureinflüssen,
- spezifischen Familienkonstellationen,
- bikultureller Sozialisation und
- sexueller Gewalt.

4.3.1 Mädchenleben in sozialen Ungleichheitsstrukturen

Sonja (18 Jahre, Sonderschule) bezeichnet sich als den "kleinen Teufel" der Familie. Schon als Kind habe sie Diebstähle gemacht, die Schule geschwänzt, sei weggelaufen. Aus diesen Gründen ist ihr auch mit Heimeinweisung gedroht worden. Zu massiven Problemen mit ihren

Eltern kommt es, als Sonja ihre Zeit nur noch mit englischen Soldaten zumeist in einer bestimmten Diskotek verbringt. Nicht so sehr der Konsum von Alkohol, Haschisch oder auch Einbrüche sind zentrale Probleme für die Eltern. Die Eltern, der Vater ist als Müllwerker tätig, die Mutter als Putzhilfe, wollen, daß sich ihre Tochter verselbständigt und ihnen nicht mehr auf der Tasche liegt. Allerdings wollen sie auch nicht, daß Sonja der Prostitution nachgeht. Sie halten ihr vor, mit allen Männern ins Bett zu gehen und bezeichnen sie als Nutte. Schon früh drohten sie mit dem Rausschmiß. Bleibt Sonja abends über die Ausgangszeit hinaus weg, lassen sie sie nachts nicht mehr in die Wohnung. Andererseits bestrafen sie sie mit Schlägen, mit dem Riemen und Ausgangssperren von mehreren Wochen, wenn Sonja wegläuft.

Klassen- und schichtspezifische Ansätze in der Sozialisationsforschung haben darauf aufmerksam gemacht, daß

"mit abnehmender Stellung einer Familie im System gesellschaftlicher Ungleichheit (...) eine optimale Entwicklung emotionaler, sozialer, motivationaler, sprachlicher und kognitiver Kompetenzen zunehmend unwahrscheinlicher wird" (*Steinkamp* 1980, S. 254).

Danach wird eine optimale Entwicklung beeinträchtigt durch sich kumulativ verstärkende ökonomische, soziale und kulturelle Benachteiligungen und Belastungen. *Jordan* spezifiziert diese Aussage durch einen sozialökonomischen Ansatz auf den Ebenen sozialökologischer Lebensverhältnisse und sozialkultureller Lebenswelten (1983, S. 202 f.). Unter sozialökologischen Lebensverhältnissen ist die soziale Realität von Raum- und Sozialstrukturen gefaßt, die unabhängig von der Wahrnehmung der Menschen wirken. Unter dem Gesichtspunkt der Untersuchung von Sozialräumen als sozialkulturelle Lebenswelt geht es zentral um den Zusammenhang von Nahraum und subjektiven Vorstellungen, Orientierungen und Perspektiven sowie lokalen Traditionen und Lebensstilen. Diese Ebene der Wirklichkeit, die sich festmacht in Bildern, Ideen, Vorstellungen, kann Verhalten beeinflussen.

Wenngleich diese theoretischen Ansätze zur Bedeutsamkeit von Schichtzugehörigkeit bislang nicht systematisch auf geschlechtsspezifische Dimensionen übertragen worden sind, verweisen doch einige vorliegende Studien auf die besondere Diskriminierung von Mädchenleben in sozialen Ungleichheitsstrukturen.

Mädchen, die in unterprivilegierten Schichten aufwachsen, sind insofern von Diskriminierung besonders betroffen, als sie sowohl einer rigideren Orientierung auf traditionelle Geschlechtsrollenstereotype ausgesetzt sind als auch objektiv geringere Chancen haben, sich durch Bildung, Ausbildung und Beruf eine eigene Existenzabsicherung und damit einen größeren Handlungsspielraum zu verschaffen (vgl. u. a. *Deutscher Bundestag* 1984, *Bevollmächtigte der Hessischen Landesregierung für Frauenangele-*

genheiten 1986). Das heißt auch, daß diese Mädchen mit größerer Wahrscheinlichkeit als Mädchen aus priviligierteren Schichten auf ein Frauenleben hinsozialisiert werden, das *Beck-Gernsheim* treffend mit einem "Dasein für andere" (1983, S. 307) beschreibt. Eine vom Mann abgeleitete Identität birgt Beschränkungen, die den "Anspruch auf ein Stück eigenes Leben" (*ebd.*) als unangemessen erscheinen lassen. Zwar beanspruchen immer mehr Mädchen auch unterer sozialer Schichten Bildung und Ausbildung (vgl. *Seidenspinner/Burger* 1982) und sind immer mehr Mädchen verbal in der Lage, eigene Vorstellungen zu formulieren (vgl. *Beck-Gernsheim* 1983), doch geraten sie aufgrund mangelnder Möglichkeiten zur Chancenrealisierung letztlich doch in alte Unterlegenheitskonstellationen.

Savier/Wildt beschreiben die Lebenslagen von Hauptschülerinnen als gekennzeichnet von patriarchaler Macht des Vaters, Minderbewertung gegenüber Brüdern, Funktionalisierung als Haushaltshilfe und Zwang zur Beaufsichtigung jüngerer Geschwister. "Das, was sich die Eltern unter dem Begriff 'Erziehung' vorstellen ist, darauf zu achten, daß die Mädchen 'anständig' bleiben und nicht ins Gerede kommen, sich von 'verrufenen Orten' fernhalten und solange abwarten lernen, bis ein auch von den Eltern akzeptierter Junge auf sie zukommt" (*Savier/Wildt* 1978, S. 98).

Übertreten die Mädchen diese Normvorstellungen, werden sie von den Eltern häufig als "Nutte" oder "Flittchen" beschimpft und es wird mit einer Heimunterbringung gedroht (vgl. *Ganser u. a.* 1982).

Den extrem sexualunterdrückenden Normen in der Unterschicht[49] stehen die Zwangsläufigkeit und ebenfalls elterliche Normen gegenüber, mangels Alternativen die Erhöhung des "Marktwertes" über die sexuelle Attraktivität und die Unterwerfungsbereitschaft unter männliche Herrschaft herzustellen. *Savier/Wildt* bezeichnen die ständige Beschäftigung der Mädchen mit ihrem Aussehen als konditionierte Überlebensstrategie, das männliche Interesse auf sich zu ziehen (vgl. S. 89). Die Mädchen lernen, daß sie für die sexuelle Befriedigung von Männern zuständig sind, daß das eigene sexuelle Leben nachrangig ist.[50] Bei gleichzeitiger Vernachlässigung eigener Bedürfnisse entwickeln die Mädchen Taktiken ihren eigenen Körper, ihre eigene Sexualität zu vermarkten und geraten leicht aus der Rolle der Konsumentinnen von Vergnügen in die der Produzentinnen (*Gravenhorst* 1970, S. 41) und dadurch in Konflikte mit dem Elternhaus. Dieses kann nun mit rigider Bestrafung reagieren, die den Mädchen uneinsichtig und unangemessen erscheint oder aber Nichtbeachtung

---

[49] Als Beispiel die Einstellung zur Masturbation: Arbeiter und Frauen vertreten die restriktivsten Vorstellungen, diese kummulieren noch bei jungen Arbeiterinnen (vgl. *Bilden* 1980, S. 798)

[50] Frauen aus der Unterschicht geben an, daß sie kaum Lust beim Geschlechtsverkehr empfinden, was auch für Mädchen zutrifft (belegt bei *Bilden* 1980, S. 799).

und Bestrafung wechseln, deren Vermeidbarkeit oder Unvermeidbarkeit den Mädchen ebenfalls nicht nachvollziehbar ist. Geschieht dies zudem in einem wenig bergenden, lieblosen oder gleichgültigen Beziehungsklima tritt schnell ein Teufelskreis von Beschränkung, Übertretung, Strafe etc. ein, daß hinreichendes Potential zur Flucht von Mädchen aus Familien birgt. Nicht immer geschieht dies jedoch, um Spannung zu reduzieren oder sogar Signale zur Kommunikationsnotwendigkeit zu setzen; häufig ist das Wegbleiben auch Folge eines Ausstoßungsprozesses, da "solche" Töchter weder als tragbar noch als nützlich gelten.

Die Lebensgeschichte von Ulla birgt alle Formen dieser besonderen Benachteiligung.

Ulla: "Du mußt raus, Nutten tun wir hier keine aufziehen".

Ulla ist 1966 als nichteheliches Kind geboren. Ihre Mutter lebte in dieser Zeit in einem Mutter-Kind-Heim. Einige Jahre später, als ihre Mutter dort wegen Heirat auszieht, kommt Ulla in ein Erziehungsheim. Diese Zeit empfindet Ulla als sehr belastend. Vor ihrem Stiefvater hat sie Angst; im Heim das Gefühl, sich für ihre Existenz entschuldigen zu müssen.

"Ja, man kriegt ja immer von ihnen vorgehalten, also fast Vorwürfe, daß man lebt. Und wenn man die Arbeit nicht machte, dann drohten sie, daß sie andere Mittel fänden, daß ich arbeite. Also immer die Vorwürfe, daß ich da drin wohne."

Auf Auseinandersetzungen mit den Erziehern/innen läßt Ulla sich nicht ein.

"(...) ich habe mich immer zurückgezogen, wenn die mir irgendwas gesagt haben, dann habe ich einfach gesagt, ach, laß die mal reden."

Ulla wehrt sich also nicht gegen die Erzieher/innen, sondern sucht ihre Verletzung über deren Behandlung durch Gespräche mit anderen zu mildern. Von einem Jungen bekommt sie einen Rat, den sie in die Tat umsetzt. Zu dieser Zeit ist Ulla 11 Jahre alt.

"(...) und dann hat einer gesagt, dann würde ich doch abhauen, wenn sie so was sagen, daß du noch hier bist. Dann brauchst du auch nicht da zu sein. Ja, und dann bin ich abgehauen."

Von der Polizei aufgegriffen, wird sie zu ihrer Mutter gebracht, die inzwischen vier weitere Kinder hat und mit diesen und ihrem Mann in beengten räumlichen Verhältnissen lebt. Finanzielle Probleme belasten Ullas Eltern, die als Arbeiter und Putzfrau tätig sind. Die ökonomischen und räumlichen Verhältnisse führen dazu, daß Ulla ins Heim zurück muß. Im Verlauf der nächsten Jahre kommt es häufiger zur Heimflucht, wobei das Ziel immer die elterliche Wohnung ist, wo sie dann jeweils für eine gewisse Zeit bleiben kann.

Unter der Bedingung, daß Ulla den Haushalt und die Beaufsichtigung ihrer jüngeren Geschwister übernimmt, kann sie mit 14 Jahren zu ihren Eltern ziehen.

"Bis dann meine Mutter gesagt hat, also, wie ich 14 Jahre war, du kannst bei uns kommen, bist alt genug und dafür sollte ich den ganzen Haushalt und alles machen, haben mich regelrecht aus der Schule gelassen deswegen. (...)
Und dann sagte ich, das möchte ich nicht, weil ich meinen Hauptschulabschluß machen wollte, da haben sie gesagt, da kannst du auch wieder abhauen. Wenn du hier unter unseren Füßen bist, mußte auch sauber machen."

Ihre Mutter schätzt Ulla als entscheidungsschwach und wenig durchsetzungsfähig ein.

"Ja, sie ist auch sehr ruhig. Nur daß es eben ist, daß sie mehr ihren Mann liebt als die Kinder. Das Problem hat sie. Weil für jedes bißchen frägt sie immer ihren Mann. Als ob sie keine eigene Entscheidung zu ihrer Tochter hätte."

Diese Beurteilung gibt eher Ullas Gefühl der Benachteiligung, der Nachrangigkeit, denn die faktische Situation der elterlichen Beziehung wieder. So hat sich ihre Mutter vor kurzer Zeit von ihrem Mann getrennt, ist zu ihrem neuen Freund gezogen und hat die Kinder ins Heim gegeben.

Ein halbes Jahr wohnte Ulla bei ihren Eltern, als sie merkt, daß sie bereits im 6. Monat schwanger ist. Sie, die nicht aufgeklärt ist, kann sich diesen Tatbestand nur nachträglich durch den Kontakt zu einem Mann nach einem Lokalbesuch erklären. Die Eltern reagieren auf ihre Schwangerschaft mit Hinauswurf.

"Ja, und wie ich dann schwanger geworden bin, haben sie gesagt, du mußt raus, wir können nicht für noch ein Kind sorgen."

Körperliche Auseinandersetzungen zwischen den Eltern und Schläge für die Kinder sind nichts Ungewöhnliches. Als Ulla angibt, daß sie zu einem Freund ziehen wird, schützt auch ihre Schwangerschaft sie nicht.

"(...) da habe ich auch gesagt, ich habe einen Freund und da hat mein Vater gesagt, hast schon ein Kind und willst auch noch einen Freund, so was gibt es nicht. Nutten tun wir keine hier aufziehen. Na, und dann haben sie geschlagen und da haben die Leute schon draußen geklingelt, sie sollen aufhören und da haben sie noch rausgebrüllt, euch geht das alles nichts an."

Ihr Freund bietet ihr an, zu ihm zu ziehen, nimmt das Angebot aber bald wieder mit dem Hinweis auf seine finanzielle Situation zurück.

"Er hat gesagt, im Heim braucht das Kind nicht groß zu werden. Ich habe gesagt, das ist egal. Hauptsache, es hat 'nen Dach übern Kopp. Ne, sagt er, das Kind braucht einen Vater.

(...)
Und dann bin ich erst bei dem geblieben, aber da war das Finanzielle. Weil er ja auch nur Arbeitslosengeld kriegt, er hat gesagt, so hätte ich ja nichts dagegen, wenn du wohnen bleiben willst, aber du mußt auch denken, ich habe ja selber noch Schulden, weil er selber noch Kinder hat."

Ulla zieht zu einem anderen Freund, bei dem sie einige Monate wohnt, der sie dann aber auch hinauswirft.

"Bis ich gemerkt habe, daß es finanziell nicht geht. Aber er hat gesagt, in drei oder vier Jahren, wenn er die Schulden bezahlt hätte, könnte ich ihn noch mal drauf ansprechen, daß er mich aufnimmt. (...)
Und zwar hatte er das (den Rausschmiß, G.T.) auf eine andere Art gemacht. Ich bin immer bei der Nachbarin hingegangen und er hat gesagt, jetzt kannst du auch deine Sachen packen. Dann habe ich meine Sachen mitgenommen, da hat er gesagt, du bist draußen, du kommst nicht mehr rein. Und da sage ich, ist ja rausschmeißen, weil er gesagt hat, rausschmeißen tu ich dich nicht. Da sagt er, ne, das ist kein Rausschmeißen. Ich sage, das ist genauso raussetzen, wie anders auch. Meint er, ne, du bist freiwillig gegangen."

Der unfreiwilligen Trennung sind auch einige Schwierigkeiten vorausgegangen. So hat Ulla z. B. Probleme mit der Organisation des Haushalts. Sie fühlt sich überfordert und wünscht sich Unterstützung von ihrem Freund, die sie aber nicht erhält.

"Ja, auch so beim Einkaufen. Was brauchen wir denn? Er sagt, mußt du mal gucken, was wir noch brauchen. Ich sage, du mußt auch wissen, was wir haben und was wir brauchen. Daß ich nicht für ihn regelrecht denken muß."

Daß Ulla dies anspricht, ist für sie ungewöhnlich. Sie schätzt sich und ihren Freund als sehr zurückhaltend ein und sieht dies als wesentliche Ursache der Kommunikations- und Beziehungsschwierigkeiten.

"Man kann sich auch ja nie direkt mit einem aussprechen richtig, wenn man so zurückhaltend ist. (...)
Das ist, weil er auch so ein ruhiger Typ ist. Er sagt auch nicht, was er hat. Er frißt das auch alles in sich rein, wenn Krach ist oder was."

Dieses "In-sich-hineinfressen" führt dazu, daß sich eine Spannung auflädt, die dann ihr Ventil sucht. So behauptet Ulla von sich, daß sie in solchen Situationen andere provoziert.

"Aber dann nach einer Zeit dann geht es wohl raus und dann suche ich mir immer einen, an dem ich die Wut auslassen kann. (...)
Beim vorigen Mal war es mein Verlobter. Dann schimpfe ich den aus und alles, und dann

sagt der auch, höre mit dem Krach auf, ich mache doch nichts. Und dann provoziere ich immer mehr, daß er dann einen Streit anfängt. (...)
Ich bin es auch ein bißchen selber schuld, habe ihn provoziert. Und dadurch hat der also geschrien und ich habe ihn auch belogen und alles. Und dann hat er gesagt, man kann ja mit dir nicht sprechen. Den Grund hat er gesagt nachher, weil er sich mit mir nicht aussprechen konnte und hat die Wut an dem Kleinen ausgelassen."

Ulla nimmt die Schuld für die von ihrem Freund begangene Kindesmißhandlung auf sich. Sie wendet sich nach dem Hinauswurf lediglich deshalb an die Polizei, weil sie keine andere Lösung weiß.

"Ja, er sagte auch, ich weiß nicht mehr, wie das gekommen ist, auf einmal hatte ich richtige Wut auf den Kleinen. Was kann der Kleine denn dafür, die Probleme haben wir doch und nicht das Kind. Das hat er ja auch eingesehen, er hat mir gesagt, ich soll zur Polizei gehen und ihn anzeigen, aber das mach ich nicht. Wie ich gestern bei der Polizei war, die hat das ja direkt gesehen, da mußte ich ja schon sagen, er ist geschlagen worden."

Ullas Sohn wird zur Behandlung in ein Krankenhaus gebracht, Ulla in eine Mädchenschutzstelle. Ulla überlegt, ob sie ihr Kind zur Adoption freigeben soll. Sie meint, daß es für sie wichtig ist, ihren leiblichen Vater zu finden.

"Ja, weil die Leute und auch mein Stiefvater und auch andere so schlecht über ihn gesprochen haben und von einer Seite habe ich gehört, daß er gar nicht so schlecht ist. Nun meine ich, daß ich wenigstens zu ihm Vertrauen habe. Daß mir das fehlt, daß ich keinen Vater habe."

Kommentar

Das Weglaufen von Ulla ist eine direkte Folge von Ausstoßungsprozessen. Bei ihr reichen die Dimensionen Beziehungsmodus und Art der Verhaltenskontrolle nicht zur Kennzeichnung ihrer Situation aus. In ihrem Leben gab es bisher keinen Ort, der ein geschütztes Zuhause mit einem Minimum an Anerkennung und Zuwendung war. Im Grunde, und das erlebt Ulla mit hoher Sensibilität, will niemand sie haben, es sei denn, sie ist zu gebrauchen als Haushaltshilfe. Das Ziel ihres häufigen Weglaufens aus dem Heim ist immer ihre Mutter, von der sie sich Unterstützung verspricht, aber erkennt, daß diese sich den Anforderungen ihres Ehemannes bzw. ihrer Freunde unterwirft (bzw. zu unterwerfen hat) und Ulla erst dann aufnehmen kann, als sie die Legitimation dadurch erhält, daß Ulla den Haushalt und die Geschwister versorgen kann. Der Preis, den Ulla dafür zahlen muß, ist hoch, denn an einem Schulabschluß ist ihr viel gelegen. Sie verbindet damit ökonomische Unabhängigkeit, die für sie einen hohen Stellenwert hat, denn sie erlebt sowohl bei den Eltern als auch ihren Freunden den Druck durch Schuldenlasten. So sind es denn u. a. auch immer wieder finanzielle

Gründe, die ihren Lebensvorstellungen im Wege sind.

Andererseits betont Ulla die negativen Auswirkungen der Kommunikationslosigkeit. Sie gibt an, selbst Schwierigkeiten damit zu haben, Probleme zu thematisieren, betont aber auch, daß der Herrschaftsaspekt zwischen Männern und Frauen, dies ja sowieso von vornherein unmöglich macht.

"Ja die Männer, da dachte ich immer, die wollen ja nur was sie sagen. Die lassen mich ja sowieso nicht aussprechen. Dann habe ich auch erst gar nicht versucht, zu sprechen."

Ulla ist in einem Heim aufgewachsen, in dem sie nicht lernen konnte, selbständig zu leben. So ist sie faktisch auch durch die Haushaltsplanung und -führung sowie einen Säugling überfordert. Daß sie zusätzlich noch für andere, nämlich den Freund, "mitdenken" soll, ihn also versorgen soll, ist ihr fremd und setzt sie zusätzlich unter Druck, da dies nachhaltig von ihr verlangt wird.

Erstaunlich genau diagnostiziert sie Zusammenhänge, die als Zumutungen und Unterdrückung erlebt, Spannungen erzeugen. Da sie aber in ihrem Leben ständig in Überforderungssituationen war und sich als tatsächlich "unfähig" erlebt, was sie durch Lügen zu vertuschen sucht, übernimmt sie letztlich die Rolle der Schuldigen.

Ullas Leben ist gekennzeichnet durch einen ständigen Mangel an Akzeptanz und Zuwendung. Sie hat sich mit der Aufforderung relevanter Anderer auseinanderzusetzen, für sie zu arbeiten u.a.m. Sie selbst erhält dafür aber keinen einklagbaren Gegenwert. Ihre Konflikte und Einbrüche kreisen wesentlich um den Komplex "Arbeit und Schulden", daraus zieht sie die Konsequenz. Aus der Erfahrung heraus, daß sie sich auf niemanden verlassen kann, setzt sie auf ihre Eigenständigkeit.

"Ich denke mir immer so, einmal bin ich so weit, daß ich eben reifer bin und habe mehr Geld wie die anderen und kann mich selber versorgen für mein Kind. Darauf bin ich ja auch heraus."

Bei Ulla reichen das vorhandene Reflexionsvermögen über die Problempunkte, Kommunikationsfähigkeit, ökonomische Selbständigkeit nicht aus, um sich zur Wehr zu setzen, die Situation zu verändern. Allein das mangelnde sprachliche Ausdrucksvermögen, ihr zurückgezogenes Wesen, die abgebrochene Schulausbildung, die fehlende Bezugsperson und darüber hinaus ein Säugling, machen eigene Aktivtäten unmöglich. Ulla bleibt nichts anderes übrig, als innerhalb kleiner Lebensabschnitte und Situationen zu agieren. Aus dieser Situation heraus hat Ulla einige Monate nach dem Interview auch ihr Kind zur Adoption freigegeben.

4.3.2 Mädchen zwischen Familie und Subkultur

Katharina (16 Jahre, Gymnasium) wächst mit einem älteren Bruder bei ihren Eltern auf. Ihre Kindheit verläuft problemlos, ihre schulischen Leistungen sind überdurchschnittlich. Auf dem Gymnasium gerät sie in eine Außenseiterrolle, die ihr zunehmend zu schaffen macht und sich auf die schulischen Leistungen negativ auswirkt. Die Eltern reagieren verständnislos und setzten sie unter Druck. Katharina schließt sich einem Turnverein an, um neue Kontakte zu knüpfen, bekommt aber weitere Schwierigkeiten mit ihren Eltern, da sie dadurch immer seltener zu Hause ist. Als Katharina 13 Jahre alt ist, lernt sie Leute in einem nahegelegenen Ort kennen, die einige Jahre älter sind als sie. Sie fühlt sich bei ihnen wesentlich wohler als bei ihren Klassenkameraden/innen und bleibt häufig dort. Der Konflikt mit den Eltern eskaliert, sie sperren Katharina das Taschengeld, reißen ihre Poster von der Wand, werfen ihre "gammeligen" Kleidungstücke weg etc. Sie sehen die Beziehung ihrer Tochter zu älteren Jungen als "verfrüht" an. Katharina ist nur noch selten zu Hause und in der Schule gerät sie durch schlechte Noten und die Reaktion von Lehrern/innen und Mitschülern/innen unter Druck. Ihr Entschluß, die Schule zu verlassen, wird von den Eltern nicht zugelassen. In der Zwischenzeit lernt Katharina einen 28jährigen Mann aus einer weitentfernten Großstadt kennen. Als ihre Eltern versuchen, den Kontakt zu unterbrechen, fährt sie zu Ferienbeginn ohne Erlaubnis zu ihm. Hier versucht sie mit Hilfe des Kinderschutzbundes und des Jugendamtes zu erreichen, daß die Eltern das Aufenthaltsbestimmungsrecht über sie verlieren.

Bereits in 4.2 wurde deutlich, daß sozialisationsbestimmende Normen und Konflikte nicht nur durch Familie bestimmt sind. Bei den interviewten Mädchen kristallisierte sich eine spezifische Konfliktkonstellation für Familienflucht heraus, die gekennzeichnet ist von einem Hin- und Hergerissensein zwischen zwei Welten: der Familie und der Subkultur.

Die neuere Subkulturforschung gibt hier einige Hinweise. Nach einer Untersuchung der *Projektgruppe Jugendbüro* lassen sich Mädchen (und Jungen) aufgrund unterschiedlicher Standorte in 'familienzentrierte' und 'subkulturzentrierte' Jugendliche unterscheiden. Während die 'Familienzentrierten' weitgehend mit den elterlichen Normen übereinstimmen und loyales Verhalten Eltern gegenüber richtig finden (vgl. *Projektgruppe* 1977, S. 42), zeichnen sich die 'Subkulturzentrierten' durch einen Ethnozentrismus aus, der gegen die Welt der Erwachsenen stark in Opposition geht (*Projektgruppe* 1977, S. 14ff.). Zu dieser Gruppe gehören ca. ein Viertel aller Mädchen und aller Jungen.[51] Als kennzeichnend für Subkulturen gilt nach dieser Untersu-

---

[51] Dabei zeigt sich, daß unterprivilegierte Lebensverhältnisse, die sich u. a. in knappem Wohnraum ausdrücken, den Anteil der Mädchen an den subkulturzentrierten Mädchen erhöht (vgl. *Projektgruppe* 1977, S. 160).

chung, daß das öffentliche Ausspielen körperlicher Attribute des Erwachsenenseins geschlechtsspezifisch variiert. Für die männliche Geschlechtsrolle heißt dies Demonstration körperlicher Stärke und provokanter Verletzung der Alltagsnormen, für die weibliche Geschlechtsrolle die geschickte sexuell-erotische Selbstdarstellung und Erfolg bei der Partnerwahl. Auch hier wird auf Konflikte mit den elterlichen Vorstellungen hingewiesen (*Projektgruppe* 1977, S. 155).

McRobbie (1982) und *Fromm/Savier* (1984) kritisieren an der neueren, insbesondere englischen Subkulturforschung, daß u.a. eine unzulässige Ableitung von Stil/Abweichung auf Widerstand betrieben wird, dabei nicht zuletzt deren Ergebnisse durch männliche Sichtweisen auf männliche Jugendliche produziert werden und der Blick auf die weiblichen Jugendlichen, ihre Existenzweisen und Widerstandsformen weitgehend verstellt ist.

Diese Autorinnen verweisen auf die generell größere Schwierigkeit von Mädchen, Zugang zu Subkulturen zu finden, da die soziale Kontrolle durch das Umfeld wesentlich größer ist und sie sich damit der Gefahr der Stigmatisierung aussetzen (vgl. *Fromm/Savier* 1984, S. 36). Bereits Mädchen, die sich auf der Straße aufhalten, laufen Gefahr als "Straßenmädchen" bezeichnet zu werden. Von daher definieren *Fromm/Savier*

"die Teilnahme von Mädchen an jugendlichen Subkulturen (...) immer auch (als) eine Form von Widerstand gegen die von ihnen erwarteten Anpassungen an tradierte weibliche Aufgaben und Verhaltensformen" (1984, S. 36).

Auch *Savier u.a.* bewerten Ausstiegsversuche von Mädchen aus der familialen Abhängigkeit an sich als emanzipatorische Tat (1987, S. 17), wobei aber auch auf die Problematik weiterer Unterdrückung auch in und durch Subkulturen hingewiesen wird. Anerkennung in den zumeist jungendominierten Cliquen erhalten sie durch die Akzeptanz und Einhaltung patriarchalisch bestimmter Normen. Insbesondere gilt dies wiederum für das sexuelle Verhalten. Die Jungen wollen ihre Sexualität ausleben und tragen ihre Anforderungen an die Mädchen heran.

"Wollen sie (die Mädchen, d.V.) in den Cliquen Anerkennung finden, müssen sie auf die Anforderungen der Jungen eingehen, denn, tun sie es nicht, werden sie als prüde, dumm und langweilig diskriminiert. Tun sie es, werden sie für ihre 'Freizügigkeit' verachtet (du treibst es mit jedem). Welche Möglichkeiten bleiben da noch?" (*Fromm/Savier* 1984, S. 38).

Straße, peer-group, Subkulturen u.a.m. sind weitgehend 'männliche Territorien' mit entsprechenden Normen und Werten, die Weiblichkeit immer noch mit Verfügbarkeit und Unterwerfung definieren. Setzen sich Mädchen degegen zur Wehr, werden sie ausgeschlossen oder diffamiert. Nur wenigen gelingt es, die Opposition gegen elterliche

Erwartungen auch auf subkulturelle Bezüge zu übertragen. Das Gelingen setzt eine Stärke voraus, die *Fromm/Savier* bei einigen Mädchen der 'neuen Mädchengeneration' und hier insbesondere in der 'Berliner Hausbesetzerszene' gefunden haben.

"Der Bruch mit der Familie, der bei fast allen Mädchen für den Ausstieg nötig war, hat sie unabhängig gemacht und die Erinnerungen an die familialen Zwänge, der Druck, sitzt ihnen noch im Nacken. Auch die Erfahrung, daß vielfache Versuche, ihren Wunsch nach Selbständigkeit und Autonomie (...) zu realisieren, gescheitert sind, macht sie radikal und risikobereit" (*Fromm/Savier* 1984, S. 43).

Aber auch auf die Gefahr der Prostitution als fatale Folge einer Orientierung an subkulturellen Bezügen wird hinlänglich aufmerksam gemacht. Insbesondere auf Trebe befindliche Mädchen werden schnell von Zuhältern "entdeckt". *Savier/Wildt* verweisen darauf, daß ein gewisser Fatalismus der Mädchen in bezug auf die Prostitution nachvollziehbar sei, da sie auf der Straße eh den sexuellen Anforderungen von Männern ausgesetzt seien, nunmehr jedoch wenigstens Geld dafür erhielten (vgl. *Savier/Wildt* 1978, S. 127).

Dies bestätigen auch neuere Untersuchungen (vgl. *Wickboldt* 1986, *Savier u. a.* 1987), da mangels anderer Alternativen ein Weg den Mächen immer offen bleibt: "Männer anmachen oder sich anmachen lassen; für handfeste Gegenleistungen 'Liebe' und Sexualität als Dienstleistung am Klienten zu erbringen. Doch dazu ist ein tendenziell autoagressives Verhältnis zum eigenen Körper Voraussetzung" (*Savier u. a.* 1987, S. 120).

Einer bereits eingetretenen Alternativorientierung der Mädchen von der Familie auf die Subkultur gehen zumeist erhebliche Auseinandersetzungen über unterschiedliche Anforderungen und Normen voraus. Dabei geraten Mädchen durch diese divergierenden Erwartungen insbesondere bei Kommunikationsverhärtungen in einen solchen Druck, der zum Weglaufen mit dem Ziel der Spannungsreduktion führen kann. Verstehen Eltern und pädagogische Fachkräfte dies als Signal notwendiger Entlastung und kommen dann auch Klärungsprozesse zustande, so kann eine Balance hergestellt werden. Wie Lebensgeschichten verlaufen, wenn Unterstützung versagt bleibt, zeigt die Fallgeschichte von Paula.

Paula: "Deswegen macht man ja auch so einen Mist, abzuhauen"
Paula ist 1966 geboren, ihre Mutter war bereits einmal verheiratet. Aus erster Ehe hat die Mutter eine Tochter und einen Sohn; beide leben nicht im Haushalt. Paula ist die Jüngste in der Familie: Sie hat zwei ältere Schwestern und einen vier Jahre älteren Bruder. Nach ihr wurde zwar noch ein Bruder geboren, den die Eltern aber gleich nach der Geburt weggegeben haben, weil der Vater ihn nicht mehr haben wollte.

Paulas Kindheit verläuft unauffällig. Sie ist meist daheim und spielt mit Freundinnen aus der Nachbarschaft. Mit ihren Geschwistern versteht Paula sich gut. Sie geht erst zur Grundschule und mit 10 Jahren zur Hauptschule. Paula erlebt die ersten Auseinandersetzungen mit ihrem Vater, als sie mit 11 Jahren einen Freund hat. Sie sind acht Monate lang miteinander befreundet. Ihr Vater versucht, die Freundschaft zu unterbinden, da Paula anfängt zu trinken und Drogen zu nehmen.

Mit 13 Jahren lernt Paula ihren jetzigen Freund kennen. Die familiären Streitereien eskalieren, weil der Vater auch diesen 15jährigen Jungen als "schlechten Umgang" für Paula ablehnt. Die Sanktionen ihres Vaters — wie Stubenarrest und körperliche Gewalt — hindern Paula nicht daran, Mittel und Wege zu suchen, ihren Freund F. zu treffen.

"Dann bin ich meistens nicht zur Schule gegangen, damit ich morgens den F. sehen konnte und der F. hat aber wohl gesagt, ich sollte zur Schule gehen. Ich wollte aber nicht, ja und so ging das eine ganze zeitlang so. Dann hatte ich hinterher Stubenarrest gekriegt mit meiner Schwester, die hatte auch einen Freund und mit dem durfte sie auch nicht zusammensein".

Paula ist sehr daran gelegen, daß ihre Eltern F. als ihren Freund akzeptieren und versucht sie zu bewegen, F. kennenzulernen. Sie erhofft sich dann, daß sie F. mit nach Hause bringen kann. Wiederholt unternimmt sie diesbezüglich Versuche.

"Nach einem Jahr habe ich zu meinem Vater gesagt, du kannst den ja erstmal kennenlernen, du weißt ja gar nicht, wie der ist und so, kannst ja nicht über den so reden, wenn du ihn überhaupt noch nicht gesehen hast. Ja, dann ist der mal zu uns gekommen, meine Schwester hatte ihn kennengelernt, mein Schwager und er hat gesagt, er kann ja kommen. Mein Bruder hat sich auch mit dem F. angefreundet. Mein Vater sagte, aber nicht wegen dir, aber wegen dem Udo kann er hierhin kommen. Und so wollte ich das aber nicht, ich wollte immer daß mein Vater einsieht, daß der F. mein Freund ist und daß ich mit dem zusammensein möchte. (...)
Die Mutter vom F. hat auch einen Freund gehabt und wir haben mit dem mal darüber gesprochen, da hab ich gesagt, der F. darf nicht mit mir zusammensein und da haben die gesagt, dann geh ich mal zu euch und sprech mit deinen Eltern darüber. Und dann waren die mal einen Abend da, und dann haben sie mit denen auch gesprochen und der F. sollte dann auch kommen. Der wollte erst nicht reinkommen und dann hat er sich dahingesetzt und ich habe daneben gesessen. Da hat mein Vater mich schon so angeguckt. Mit den Eltern von F. hat er gesprochen; ja klar, ich hab ja nichts dagegen, sie können ja zusammenbleiben. Und hinterher, wo sie dann weg waren, da hat er mich wieder angeschrien. Da hat er gesagt, du spinnst wohl, du kannst dich doch nicht einfach neben den setzen und so, ich hab dir das überhaupt nicht erlaubt, ich will das auch nicht, daß du mit dem zusammen bist, ich hab

dir ja immer gesagt, das ist ein Penner."

Paula geht nun kaum noch zur Schule und auch F. unterbricht seine Ausbildung. F.'s Arbeitslosigkeit ist erneute Veranlassung für Paulas Vater, Druck auf sie auszuüben. Daraufhin reißen Paula und F. aus. Sie übernachten auf Parkbänken, obgleich es sehr kalt ist. Nach einigen Tagen werden sie aufgegriffen und zurückgebracht. Als Paula trotz des Stubenarrestes weggehen will, um F. zu treffen, verprügelt ihr Vater sie. Dabei fällt sie gegen die Heizung und muß mit einer starken Gehirnerschütterung für Wochen ins Krankenhaus.

Zusätzlich zu den Problemen mit ihren Eltern kommen für Paula die Auseinandersetzungen mit ihrem Freund. Es belastet sie sehr, daß F. zuviel trinkt, Einbrüche macht und straffällig gewordene Freunde hat. Sie stellt resigniert fest, daß sie keinen Einfluß auf F. hat.

"Schlimm war das, aber ich hing irgendwie an dem F. Ich war immer froh, Hauptsache, ich war bei dem. Ich konnte den auch davon nicht abhalten, daß der soviel trank, weil der schon früher soviel getrunken hat".

Paula und F. treffen sich heimlich; oft bei ihrem Stiefbruder, wo sie dann für ein paar Tage bleiben und zusammen viel trinken und kiffen. Wenn sie nicht bei ihrem Bruder sind, dann bei einer Clique von Nichtseßhaften.

"Aber meistens sind wir ja nur dahin gegangen weil ich und F., wir wußten ja auch nicht, wohin wir gehen sollten. Der F. hat ja auch keine Wohnung. (...)
Ja, wie ich da drin war, ich mein, die trinken ja viel, aber Penner kann man nicht sagen, daß sie das sind. So in Ordnung sind die ja auch. Und irgendwie bin ich immer dahin gegangen. Da war ich praktisch auch die einzigste Frau da".

In der Folgezeit muß Paula wegen Alkoholvergiftung, Einnahme einer Überdosis an Tabletten oder Nierenbeckenentzündung mehrfach ins Krankenhaus.

"Dann haben sie auch schon gesagt, da ist keine Hoffnung mehr, die kommt vielleicht nicht durch. Das ist jetzt zweimal gewesen. Ja und da haben sie gesagt, es ist besser, wenn die vorerst noch hier ist, dann trinkt die keinen Alkohol mehr. Und dann hab ich mit dem Arzt auch nochmal gesprochen, weswegen ich das gemacht hab. Da hab ich auch gefragt, warum darf ich denn nicht nach Hause. Da sagte er, daß meine Nieren vereitert wären und die Blase, deswegen müßte ich auch noch länger liegen bleiben".

In solchen und anderen Situationen, wo sie keinen Kontakt zu F. hat, erlebt sie ihre Eltern als fürsorglich. Während ihre Eltern sich im Krankenhaus um sie kümmern, kommt F. hingegen sie nicht besuchen.

"Da habe ich geschlafen und da haben sie kurz geguckt, dann durften sie aber auch nicht

lange bleiben. Direkt am anderen Morgen kam dann mein Vater und dann hat der mich auch gestreichelt und sagte, sie wollten da ja auch nicht, ist ja nicht so schlimm, es wird ja alles wieder gut. Na, dann war ich fünf Wochen im Krankenhaus. (...)
Wenn ich mit F. nicht zusammen bin, habe ich alles gekriegt von meinen Eltern. Mein Vater hat dann auch wieder gute Laune gehabt".

Im Krankenhaus nimmt sie sich dann auch immer vor, mit F. Schluß zu machen.
"Ja und dann hinterher habe ich mir auch gedacht, ich mache mit dem F. Schluß. Wegen dem mache ich so einen Mist. Dann hat mich meine Mutter jeden Tag besucht und ich hab immer zu ihr gesagt, wenn ich nach Hause komme, dann gehe auch nicht mehr zum F. hin, ich gehe wieder zur Schule. Da habe ich auch fest dran geglaubt, daß ich das mache. Wo ich dann wieder zwei Wochen zu Hause war, ging das ja so ganz gut. Hinterher hab ich dann das doch wieder gemacht und bin wieder nicht zur Schule gegangen, da bin ich wieder zum F. hin. (...)
Ja, dann bin ich wieder zum F. gegangen, dann hab ich F. das aber nicht erzählt, daß ich ein neues Leben anfangen will, daß ich mit dem Schluß machen wollte, das hab ich dem gar nicht gesagt. Irgendwie war ich froh, daß ich den wieder gesehen habe. Ja, und dann fing das wieder an."

In den nächsten Monaten übernachten beide öfter bei Paulas Bruder. Als Grund gibt Paula an, mit F. zusammensein und den familiären Streitereien aus dem Wege gehen zu wollen. Ihre Eltern wissen, wo sie sich aufhält. Paula kehrt immer von allein heim. Paula erfährt dann, daß ihre Mutter sie einem Freund gegenüber als Nutte bezeichnet und mit der Heimeinweisung gedroht hat. Paula ist über ihre Mutter enttäuscht und bleibt eine Woche bei ihrem Bruder. Ihr Vater läßt sie von der Polizei abholen und ins Aufnahmeheim bringen, da er mit ihr nicht mehr fertig werde. Paula hat Heimweh nach Zuhause, ihrer Mutter und ihren Geschwistern. Ihr Vater will sie erst dann wieder aufnehmen, wenn sie sich von F. trennt und die Schule — sie ist z. Zt. in der 8. Klasse — beendet.

Paula hat das Gefühl, in einer ausweglosen Situation zu sein. Sie hängt ebenso an ihren Eltern und Geschwistern wie an F. Sie glaubt, daß alles nicht so gekommen wäre, wenn die Eltern mehr Verständnis für sie und ihre eigenen Wünsche und Motive von Handlungen gehabt hätten.

"Irgendwie sollten sie sich das mal angucken, was du jetzt machst. Daß du Deine Freunde mal hierhin holst, daß die mal sehen, warum das immer so ist, daß du da hingehst und genauso wie bei mir, was mir da so gefällt, aber die sehen das nicht so, die hören nur was dann passiert dadurch, aber das passiert ja nur, weil irgendwas steht ja immer im Weg. Deswegen macht man ja auch so'n Mist, abzuhauen. (...)

Meine Eltern meinen immer, das wär alles der F. schuld, daß ich nicht in die Schule gehe, daß ich getrunken habe, daß ich mir das Leben nehmen wollte. Die schieben immer alles auf den F. Und das finde ich nicht so gut. Das war ja alles von mir aus, das wollen die nicht verstehen. Sie sagen immer, du warst vorher nicht so. War ich ja auch nicht, aber ... Ich weiß nicht, ich laß es immer so, wie es ist (...). Hätte ja die Mutter sagen können, ihr könnt ja zu uns kommen. Meine Mutter hätte ja nichts dagegen gehabt, aber wenn mein Vater so gewesen wär, hätte gesagt, der F. kann hierher kommen, ihr könnt ins Kino gehen und so, das haben wir ja auch gemacht. Ich glaube, dann wäre das niemals soweit gekommen, wie es jetzt ist. So sehe ich das."

Kommentar

Paulas Fluchtversuche haben hinsichtlich der Systemkonstellation Familie einen eindeutig reaktiven Aspekt. Das wesentliche Bedeutungsmoment, das ihrem Weglaufen innewohnt, ist das der Spannungsreduktion. Der Versuch, sich der Situation zu entziehen, Druck, Spannung und Angst zu reduzieren, bringt in doppelter Hinsicht kurzfristige Spannungsreduktion. So ist sie einerseits durch die räumliche Distanz nicht mehr den Sanktionen des Vaters ausgesetzt; andererseits kontrolliert sie damit eventuelle Straftaten ihres Freundes. Zwar kann sie nicht verhindern, daß er trinkt, aber wenn sie zusammen unterwegs sind, kann er keine Diebeszüge mit seiner Clique machen.

Paulas Weglaufen hat nicht nur die Funktion der Spannungsreduktion, sondern auch Signalcharakter. Ihre enge Verbundenheit mit der Familie verdeutlicht, daß noch keine klare Alternativorientierung vorhanden ist. Da ihre Kommunikationssignale von den Eltern aber nicht in erwünschter Weise verstanden werden, das Weglaufen als Spannungsreduktion letztendlich in doppelter Hinsicht nicht den gewünschten Effekt haben kann, kommt es zusätzlich zu übermäßigem Alkoholkonsum und auch Tabletteneinnahmen, die Suizidversuche vermuten lassen.

Paula befindet sich in einer für sie praktisch ausweglosen Situation, die lediglich noch durch äußere "Einmischung", durch Vermittlungshilfen, entlastet werden kann. Sie steht in einer von ihr nicht gewünschten Polarisierung zwischen Eltern und Freund bzw. subkulturellen Szene. Beide Bezugssysteme sind an sich bereits belastet. In beiden Systemen erlebt sie ihre nachgeordnete und ausgelieferte Position. In der Familie haben sie und ihre Geschwister sich der Autorität der Eltern unterzuordnen. Die Generationshierarchie ist wiederum durch eine Geschlechtshierarchie gebrochen. Der Vater agiert; die Mutter ist zwar partiell auf der Seite Paulas, hat aber keine Handlungsvollmacht. Zwar hat auch der Bruder sich den Anordnungen des Vaters zu fügen, dennoch hat er weit mehr Freiräume. Er darf sogar den gleichen Jungen zum Freund haben, der ihr verweigert wird. Zuwendung bekommt sie, wenn ihr Widerstand gebrochen ist, sie sich den Erwartungen des Vater unterwirft. Der Beziehungsmodus ist also durch extreme Ambivalenz bei gleichzeitig hohem Kontrollniveau gekennzeichnet.

Auch ihrem Freund gegenüber fühlt sie sich machtlos. Sie kann nicht verhindern, daß er zuviel trinkt, in kriminell gewordenen Cliquen ist, seine Lehre aufgibt etc. Während ihrer langen Krankenhausaufenthalte besucht er sie noch nicht einmal. Die Erfahrungen innerhalb der Familie setzen sich in ihrer Freundschaft zu F. fort. Sie hat erfahren, daß ihre Ansprüche nicht durchsetzbar sind und ihre Integrationsbemühungen zwischen Eltern und Freund keine Beachtung gefunden haben. Keines der beiden Bezugssysteme kann und will sie aufgeben. Ihre eigenständigen Handlungsversuche sind gescheitert, während beide anderen Systeme weiteragieren. Den zeitlichen Problemverschärfungen ist sie widerstandslos ausgesetzt. Der bedingungslos autoritäre Erziehungsstil, der Vermittlungen nicht zuläßt, verschärft den Konflikt: Vernachlässigung von Schule und Ausbildung, Krankheiten, Suchtproblematik, Suizidversuche, Aufenthalt bei Nichtseßhaften etc.

Weitreichend sind die Sozialisationsfolgen für Paulas Persönlichkeitsentwicklung. Sie lernt, sich an Anforderungen männlicher Personen zu orientieren, sich mit von anderen vorgegebenen Situationen zu arrangieren. Imdem sie dies lernt, internalisiert sie die Minderwertigkeit, die auch andere Mädchen vergleichbarer Lebenszusammenhänge haben. Paula reflektiert zwar die Zusammenhänge, die sie in diese Situation gebracht haben; nicht vorhanden sind aber Konfliktlösungstrategien, die für ihre weitere Entwicklung positiv wären. Zum Schluß erscheint für sie alles als ein unentwirrbares Konglomerat, das niemand verstehen kann, der nicht selbst einmal in einer vergleichbaren Situation war.

"Ja, ich mein' so, weißte, uns wird keiner verstehen. Weiß ich nicht, da gibt es zwar solche, die gelernte Erzieher sind und dann hören sie einem zu und sagen, ja, ja, ich weiß ja, wie das ist, aber innerlich denken sie auch, ist nur mein Beruf, ich will ihr helfen und dann weiß ich nicht, ob die das richtig verstehen. Verstehen kann das keine, wenn das eine noch nicht erlebt hat (...)."

4.3.3 Mädchen in Ein-Eltern-Familien

Anna (14 Jahre) denkt im Alter von 12 Jahren zum ersten Mal daran, wegzulaufen. Der Grund ist der Vater, der das Familienleben stark belastet, da er seine Frau und die Kinder schlägt und auch Freundinnen hat. Die Scheidung der Eltern entlastet die Situation auch zunächst. Dann häufen sich die Probleme für sie wieder. Neben schulischen Problemen, dem Gefühl der Benachteiligung gegenüber ihren Geschwistern, kommen Streitereien mit der Mutter um die Ausgehzeiten. Anna hat Kontakt zu einer Clique von 20- bis 25jährigen Männern, da sie sich selbst auch wesentlich reifer vorkommt. Ansonsten versteht sie sich aber mit ihrer Mutter gut, so daß Ausreißphantasien, die zeitweilig in Belastungssituationen auftreten, dann doch nicht realisiert werden. Sie hat aber bereits zweimal versucht, sich die Pulsadern aufzuschneiden. Nach der Scheidung wird Annas Mutter von ihrem Mann unter Druck gesetzt. Er droht damit, zu beantragen, daß ihr das Sorgerecht entzogen wird, falls sie nicht mit Anna "fertig wird". Er kontrolliert per Telefon Annas Abwesenheit und lastet jede unerwünschte Entwicklung seiner ehemaligen Frau an. Dementsprechend verunsichert ist Frau B. und setzt ihre Tochter nunmehr unter Druck, damit nicht der Vorwurf gemacht werden kann, daß sie als Beziehungsperson versagt. Darauf reagiert Anna mit Weglaufen.

Die Konflikte von Mädchen, die in Ein-Eltern-Familien[52] aufwachsen, verschärfen sich z. T. oder sind auch anderer, ganz spezifischer Natur. So sind neueren Untersuchungen von *EMNID* (1978), *Buchhofer* (1980), *Behr* (1982) und *Napp-Peters* (1985) zufolge, die sozioökonomischen Belastungen in diesen Familien deutlich höher als in Zwei-Eltern-Familien, auch leben sie in weitaus beengteren Wohnverhältnissen. Eine Studie des *Instituts für soziale Arbeit e. V.* (1988) weist darüber hinaus aus, daß Kinder von Alleinerziehenden deutlich häufiger in der öffentlichen Erziehungshilfe sind. Einer Fremdunterbringungsquote von 61 auf 1.000 Kindern und Jugendlichen bei Ein-Eltern-Familien steht eine Quote von 2 auf 1.000 bei Zwei-Eltern-Familien gegenüber; dies entspricht einer erheblichen Überrepräsentanz von Kindern Alleinerziehender in der Heim- und Familienpflege. Die in dieser Studie aufgezeigten Konfliktkonstellationen, die zur Fremdunterbringung und im Vorfeld häufig zum Weglaufen führen, weisen bei Mädchen insbesondere auf spezifische Konflikte mit Stiefvätern oder Freunden der Mütter hin. Neukonstellationen im Familienverband werden dann nicht befriedigend gelöst, wenn Stiefväter oder Freunde der Mütter Einfluß auf das Verhalten von Mädchen insbesondere z.Zt. der Pubertät nehmen, dieses von den Mädchen als Einmischung erlebt und die Mütter zugleich in diesem Konflikt Partei für ihre Männer/Freunde beziehen. Sozialarbeiter/innen weisen darüber hinaus auf Konkurrenzsituationen zwischen Müttern und Töchtern hin, die Mißtrauen und Eifersucht und letztlich Ausstoßung oder Ausbruch nach sich ziehen können.

Eine andere Konfliktverschärfung ist auf den normativen Druck zurückzuführen, dem alleinerziehende und alleinstehende Frauen auch gerade nach Trennung und Scheidung durch Kontrollinstanzen wie Ex-Ehemann, Nachbarn und Verwandte, Jugendamt etc. ausgesetzt sind. Aus Sorge, ihren Erziehungspflichten nach deren Urteil nicht hinreichend nachzukommen, führt insbesondere die Sorge um die sexuelle

---

[52] Unter Ein-Eltern-Familien sind diejenigen Familien zu verstehen, bei denen ein Elternteil das Sorgerecht für die Kinder hat. Dies Elternteil kann weiblich oder männlich, alleinstehend oder in einer neuen Partnerschaft sein.

Integrität zu einer verstärkten Kontrolle und Verpflichtung der Töchter auf eine entsprechende Normerfüllung. Dadurch wird die Flexibilität, die der Grundkonflikt um 'Sittsamkeit und Sinnlichkeit' zur Bewältigung innerhalb der Familie benötigt, erheblich eingeschränkt.

Auch verweisen *Seidenspinner/Burger* darauf, daß Mädchen aus Ein-Eltern-Familien ohnehin größere Ablösungsschwierigkeiten haben als andere Mädchen.[53] Dies ist nicht zuletzt auch darauf zurückzuführen, daß eine höhere Loyalität durch vorangegangene, zumeist gemeinsam erfahrene Familienstreitigkeiten während der noch bestehenden Ehe der Eltern, zu mehr Rücksichtnahme führt (vgl. *Seidenspinner/Burger* 1982, S. 62). Verstärkte Kontrolle und der Druck aus Autonomie- und Loyalitätsansprüchen führen in Ein-Eltern-Familien der Brigitte-Studie zufolge auch häufiger zu Streitigkeiten und hier vor allen um die Ausgangszeiten; werden hier aber auch häufiger aufgrund besserer Kommunikationsstrukturen gelöst.

"Zu wenig zu Hause zu sein, bzw. zu spät nach Hause zu kommen, ist mindestens bei jedem vierten dieser Mädchen ein Konfliktpunkt, aber über die Hälfte der Mädchen sagt, daß sie mit ihrer Mutter über alles reden könne, in den 'Normal'-Familien sagt dies nur ein Drittel der Mädchen" (*Seidenspinner/Burger* 1982, S. 62).

Auch andere Ergebnisse der Studie verweisen auf tendenziell andere Einstellungen von Mädchen aus Ein-Eltern-Familien. Demnach haben Mädchen mit alleinerziehenden Müttern eine stabilere Berufsorientierung und ordnen den Wunsch nach einer eigenen Familie vergleichsweise nachrangig ein. Gleichzeitig haben sie jedoch auch größere Unsicherheiten in bezug auf Partnerbeziehungen. Häufiger als andere Mädchen haben sie Angst vor dem Alleinsein und Sorge, nicht den richtigen Freund zu finden. Auch fällt es ihnen schwerer, Jungen gegenüber einen eigenen Standpunkt bei der Aufnahme sexueller Beziehungen einzubringen. Ihre Vorstellungen von einer eigenen Familie sind noch mehr als bei anderen Mädchen von dem Wunsch nach mehr Liebe und weniger Auseinandersetzung getragen. Offensichtlich haben vorausgegangene Ängste, Streitereien und Schwierigkeiten während der Ehe der Eltern zu verstärkten Irritationen geführt.

Die Studie des *Instituts für soziale Arbeit e.V.* macht deutlich, daß mit der Scheidung von Eltern nicht zugleich alle Probleme gelöst sein müssen. Häufig waren die Kinder selbst Anlaß oder Träger elterlicher Streitereien und haben bei ihnen ebenso Schuldgefühle hinterlassen, wie das Gefühl von beiden Elternteilen nicht gerecht be-

---

[53] Im Auftrag der Zeitschrift "Brigitte" führte das *Deutsche Jugendinstitut* 1982 eine repräsentative Untersuchung über die Lebenssituation und das Lebensgefühl 15- bis 19jähriger Mädchen in der Bundesrepublik durch.

handelt worden zu sein. Ein zumeist bei den Müttern verbleibendes Sorgerecht impliziert desweiteren nicht zwangsläufig, daß es eine harmonische Einheit von Kindern mit der Mutter und gemeinsame Parteinahme gegen den Vater gibt.

Auch die folgende Fallgeschichte von Cornelia verdeutlicht erhebliches Konfliktpotential mit der Mutter.

Cornelia: "Der Freund von meiner Mutter war jeden Abend da, das hat mich auch gestört."

Cornelia ist 1968 geboren. Sie hat zwei jüngere Geschwister, einen 1972 geborenen Bruder und eine 1973 geborene Schwester. Ihre Mutter arbeitet abends als Buffetdame in einem Lokal und ihr Vater zunächst als Fernfahrer, später bei der Müllabfuhr. Schon früh fühlt sich Cornelia, bedingt auch durch die häufige Abwesenheit der Eltern, selbständig, da sie den Haushalt bewältigt und die jüngeren Geschwister versorgt.

Cornelia erlebt häufig Streitigkeiten zwischen ihren Eltern, bei denen ihre Mutter geschlagen wird. Vor allem durch diese Erlebnisse solidarisiert sie sich mit ihrer Mutter. 1979, als Cornelia 11 Jahre alt ist, lassen sich ihre Eltern scheiden. Die Mutter bekommt das Sorgerecht für die Kinder, gibt ihren Beruf auf und lebt fortan von Sozialhilfe. Für alle Beteiligten ist diese Trennung belastend und es kommt jetzt häufiger zu Ausbrüchen und Streitereien vor allem zwischen Cornelia und ihrer Mutter. Die Neuorientierung innerhalb des Familienverbundes führt zu veränderten Beziehungsmodi. Cornelias Bruder wird in einem Heim untergebracht, ihre Schwester solidarisiert sich mit der Mutter. Cornelia betrachtet nun die früheren Auseinandersetzungen zwischen ihren Eltern in einem ganz anderen Licht.

"Aber meine Mutter, die hat meinen Vater immer provoziert, und dann ist mein Vater ausgeklinkt und dann ging's rund bei uns. Dann haben die sich verkloppt. Heute verstehe ich das viel besser als früher. Früher hab ich immer gedacht, ach, wie konnte mein Vater nur meine Mutter so schlagen. Aber ich merke da heute ja selbst, weil sie's bei mir ja selber macht. Sie provoziert mich und weißt du, dann kriege ich Rage ..."

Andererseits sieht sie aber auch ihren eigenen Anteil an den Streitigkeiten mit der Mutter.

"Ich meine, ich gab ihr meistens den Grund dafür, weil ich so frech war. Aber das lag auch daran, daß die mich behandelt hat wie so ein Kind. Ich habe ihr immer gesagt, ich bin nicht erwachsen, ich bin auch kein Kind mehr, ich liege dazwischen. Und sie hat mir nicht geglaubt, daß ich Rechte habe."

Die Konflikte eskalieren, als Cornelia mit ca. 13 Jahren anfängt zu rauchen und sehr häufig in Diskotheken ist, in denen auch Zuhälter verkehren. Ihre Mutter hat Sorge, daß Cornelia in "schlechte Kreise" gerät. Sie kontrolliert fortan Cornelias Freunde, kritisiert Cornelia und schlägt sie. Cornelia schlägt zurück, beschimpft ihre Mutter mit unflätigen Ausdrücken und weist deren Kontrollanspruch zurück.

"Und dann hat sie gesagt, läßt dich jetzt schon mit Jungen ein. Was aber überhaupt nicht stimmt. Und wenn, das geht sie ja eigentlich auch nichts an. Obwohl es meine Mutter ist, brauch ich ihr ja nicht alles zu sagen. Ein Geheimnis für sich muß man ja auch haben."

Anschuldigungen und Unterstellungen seitens der Mutter begleiten ihre ersten sexuell-erotischen Kontakte. Sie erlebt erotische Spielereien und Heimlichkeiten mit Jungen, hat auch mit ihrem 16jährigen Freund G. Pettingerfahrungen, aber noch mit niemandem geschlafen. Sie fühlt sich noch zu jung dafür und möchte sich in jedem Fall vorher durch Verhütungsmittel absichern. Die Clique, in der sie sich zumeist aufhält, ist lediglich ein bis zwei Jahre älter als sie. Cornelia sieht zwar auch die Gefahr, die von der Anwesenheit der Zuhälter in ihrer Stammkneipe ausgeht, fühlt sich aber durch die Jungen in ihrer Clique geschützt.

Die Beziehung zu ihrer Mutter sieht sie zusätzlich dadurch beeinträchtigt, daß diese einen festen Freund hat. Dieser wohnt zwar nicht bei ihnen, ist aber ständig anwesend, unterstützt Cornelias Mutter bei Auseinandersetzungen und versucht, die Rolle des Vaters zu übernehmen.

"Ich konnte mit meiner Mutter nie alleine sein. Ihr Freund war jeden Abend da, das hat mich auch gestört. (...) Der Freund von meiner Mutter fühlte sich wie mein Vater. Ich kann das nicht haben, der ist nicht mein Vater. (...)
... da wollte der mich schlagen. Da bin ich direkt zu meinem Vater gegangen. Da hab ich gesagt, Papa, darf der mich schlagen? Da sagt mein Vater, nein. Dann habe ich gesagt, Papa wenn der mich einmal anrührt, dann gehe ich direkt zur Polizei und zum Arzt."

Die veränderten Bedingungen zu Hause führen dazu, daß Cornelia den Kontakt zu ihrem leiblichen Vater wieder aufnimmt. Dieser lebt mit seiner 24jährigen Freundin zusammen, ist z. Zt. arbeitslos und nimmt sich Zeit für seine Tochter. Sie, die ihn früher wegen der Gewalttätigkeiten ihr und ihrer Mutter gegenüber stark abgelehnt hat, betont sein Verständnis für sie.

"Mein Vater, der kümmert sich unheimlich um mich. Z. B. als ich gestern zum Zahnarzt mußte, meinte ich zu meinem Vater, kommst du mit, ich habe Angst. Meinte er, ja ist gut. Eigentlich war er gestern verabredet, da sagt er, Cornelia muß erst zum Zahnarzt. (...).
Gestern wollten wir ja ins Kino gehen von hier aus, da mußt ich ja zum Zahnarzt, das haben wir dann nicht mehr geschafft. Sagt mein Vater, ist ja nicht so schlimm, ich gehe demnächst mit dir ins Kino. (...)
Und jetzt, wo ich so oft mit meinem Vater zusammen bin, ich weiß nicht, ich glaube, der

vermißt mich auch unwahrscheinlich, hat der mich die drei Jahre vermißt. Ich hab das nicht gemerkt, wenn ich mal so'n paar Stunden bei dem war."

Ihr Vater ist dann auch einer derjenigen, die sie zu erreichen versucht, als es zu Hause zu einer großen Auseinandersetzung kommt, in deren Verlauf sie wegläuft.

"Also, ich hatte mit meiner Mutter Streit. Ich sollte meiner Freundin Rosi, die krank war, die Praktikumssachen bringen. Und da ruft meine Mutter (...), du triffst ja doch wieder mit dem G. Hatte ich auch vor, aber erst später, Und das geht die auch irgendwie gar nichts an, mit wem ich mich treffe, die kann mir doch nicht verbieten, wo ich hingehe. Ja und da haben wir uns gestritten und ich immer, ich geh' doch und so. Dann hat sie mich geschlagen und dann hatte ich die ganze Lippe auf. Und sie hat mir in den Rücken getreten und so und dann bin ich weggelaufen zu meinem Onkel. Der hat mir dann alles sauber gemacht und dann bin ich wieder zurück. Der hat gesagt, ich soll man wieder zurückgehen nach Hause. Dann hat meine Mutter wieder angefangen mit dem Krach und dann bin ich wieder weggelaufen, das war um halb neun, bin ich weg. Dann habe ich versucht bis halb zehn, meinen Vater zu erreichen zu Hause von einer Telefonzelle aus, habe ich nicht erreicht und dann habe ich meine Freundin angerufen."

Die nächste Zeit verbringt Cornelia bei ihrer Tante und ihrem Onkel, um die Zeit zu überbrücken, bis ein Platz im Aufnahmeheim frei ist.

"Dann bin ich nach Hause und wollte meine Sachen holen. Da hatte sie mir schon alles gepackt. Und da sage ich, wie kannst Du denn schon packen, Du weißt genau, daß im Aufnahmeheim noch nichts frei ist. Dann hat sie angefangen, mit mir rumzukeifen. Ich habe rumgebrüllt wie so eine Irre. Ja, und dann hat sie gesagt, packe deine Sachen und geh. (...) Dann habe ich die Sachen gepackt und dann fing sie an, du gehst nicht und so weiter und dann hab ich meine Tante angerufen, da war mein Vater zum Glück da, mein Onkel war nicht da. Dann hat sich mein Vater schnell den Wagen von meinem Onkel genommen und meine Tante und dann sind die zu mir nach Hause und haben mich geholt".

Nach einer kurzen Zeit im Aufnahmeheim wechselt Cornelia in ein Mädchenwohnheim. Dies hatte sie sich auch gewünscht. Sie will versuchen, auf der Gesamtschule das Abitur zu machen, um dann als Rechtsanwaltsgehilfin zu arbeiten oder Jura zu studieren. Eventuell will sie nach dem Abitur zu ihrer Tante und zu ihrem Onkel ziehen, die materiell gut abgesichert sind. Zu ihrem Vater kann sie nicht, da er lediglich ein kleines Appartement bewohnt und darüber hinaus auch arbeitslos ist und sie nicht unterstützen kann.

Kommentar

Cornelias Flucht ist ein Weglaufen aus einer Krisensituation, deren Zuspitzung als Prozeß zu analysieren ist, der durch Neuorientierung nach Systemveränderungen häufig auftritt. Die Veränderung der Beziehungsmodi innerhalb des Familiensystems — zunächst Mutter/Kinder gegen den Vater, dann Mutter/Schwester gegen Cornelia — bringen Irritationen und Zurückweisungen. Diesen Ausgleich sucht Cornelia in Kontakten zu Freunden/innen. Die Gefahren, die Cornelias Mutter sieht (zu frühe sexuelle Kontakte, Zuhälter, Zigarettenkonsum), veranlassen sie, die Kontrolle über Cornelias Aktivitäten zu verschärfen. Diese Kontrolle wird von Cornelia als rigider und unangemessener Erziehungsstil zurückgewiesen. Die erfahrenen Bestrafungen veranlassen sie darüber hinaus, ihrerseits die Mutter durch Frechheiten zu provozieren. Die Zurückweisung der Mutter, die Cornelia auf sich allein verweist, kann sie um so weniger ertragen, als ein neuer Freund die Mutter absorbiert. Zusätzlich zu dem Beziehungsmodus Mutter/Schwester gegen sie, tritt nun also noch ein weiterer Verbündeter ihrer Mutter. Als dieser sich dann bei den Auseinandersetzungen um Cornelias Außenkontakte anmaßt, die Rolle des Vaters zu übernehmen, ist sie bereits "auf dem Absprung". Realisieren kann Cornelia ihre Ausbruchsgedanken aber erst, als sie durch die unerwartet engen und emotionalen Kontakte zu ihrem leiblichen Vater Unterstützung erfährt und zudem nahe Verwandte Lebensort sein können.

Die Ambivalenz und Rigidität, die von der neuen Beziehungskonstellation nach der Scheidung der Eltern ausging, konnte weder durch persönliche Ressourcen noch durch die Vermittlungsversuche aufgehoben oder auch nur gemildert werden. Das Ausmaß an Gewalt und negativen Zuschreibungen macht die gegenseitige Verletzung zu groß. Außerdem treten ständig neue Konfliktpunkte hinzu (Cornelias peer group-Orientierung, der Freund der Mutter etc.).

Die Intensivierung der Beziehung zum Vater ist sicher auch als Aktion gegen die Mutter zu verstehen. Die Hilfe des Vaters ist aufgrund seiner materiellen und persönlichen Situation lediglich symbolisch. Cornelia ist realistisch genug, ihre Zukunfts- und Lebensvorstellungen an dem Möglichen zu orientieren. Dennoch hat auch dies seine Grenzen. So droht sie, bei Einweisung in ein weit entfernt gelegenes Heim mit sofortigem Weglaufen.

"Ich habe mir geschworen, wenn ich auf FEH wegkomme und dann in so ein Heim im Bergischen, dann rücke ich vorher aus. Ich meine, ich habe drei Jahre gebraucht, bevor ich das erste Mal von zu Hause weggelaufen bin, aber jetzt würde ich das schneller tun, ich habe die Angst nicht mehr davor."

Die Lebensgeschichte von Cornelia zeigt, daß die rigide Kontrolle und das Konfliktthema allein hier nicht zum Weglaufen führen. Ambivalente Beziehungsmodi mit partiell ausstoßendem Charakter als individuell erlebtes familiäres Binnenverhältnis führen im Verlauf einer Reihe von Auseinandersetzungen zu einem Bruch; Ausreißen wird einer Situation vorgezogen, die zunehmend als spannungsgeladen angesehen wird. Aber wie die Fallgeschichte Cornelia zeigt, bedarf auch die Flucht aus unerträglich erlebten Bedingungen noch eines zusätzlichen Stimulus; bei Cornelia ist es die "neuentdeckte" Beziehung zum Vater und die konkrete Planung ihres weiteren Lebens. Die persönliche Sinnsetzung des Weglaufens von Cornelia hat somit verschiedene Ebenen: Sie umfaßt die Spannungsreduktion ebenso wie die Alternativorientierung und die Reaktion auf Ausstoßungsprozesse.

4.3.4 Mädchen und bikulturelle Sozialisation

Manuela (15 Jahre) wächst in einer Familie mit zwölf Geschwistern auf, ihre Eltern sind Sinti jugoslawischer Nationalität, sie leben an wechselnden Orten im Wohnwagen in beengten Verhältnissen. Manuela erfährt eine patriarchalische Erziehung, personifiziert durch ihren Vater und ihre Brüder. Die Moralvorstellungen ihrer Sippe bestimmen, daß sie zu Hause bleibt, den Haushalt versorgt und keine Außenkontakte hat. Ihre Brüder besitzen dagegen alle Rechte. Ihre Versuche, sich kleine Freiheiten zu nehmen, in die Stadt zu gehen, Haushaltspflichten zu verweigern, werden vom Vater mit Schlägen, Hausarrest und Essensentzug sanktioniert. Außerdem wird nicht mehr mit ihr gesprochen. Mit 14 Jahren heiratet sie einen Sinti, von dem sie auch ständig verprügelt wird, wenn sie sich weigert, den Haushalt zu versorgen oder hausieren zu gehen. Zu dieser Zeit droht sie damit, sich die Pulsadern aufzuschneiden. Nach der Scheidung kommt Manuela zu ihren Eltern zurück. Diese bezeichnen sie häufig als Nutte und werfen ihr vor, sie wieder beköstigen zu müssen. Nach Prügeln von ihrem Vater läuft sie nun öfter weg zu ihrer in D. verheirateten älteren Schwester. Nach erneutem Weglaufen wird sie in ein Aufnahmeheim eingewiesen.

Die zwischenzeitlich reichhaltige Literatur über die Situation ausländischer Mädchen und Frauen in der Bundesrepublik Deutschland verweist immer wieder auf die speziellen Probleme einer bikulturellen geschlechtsspezifischen Sozialisation (vgl. u. a. *Weische-Alexa* 1977, *Griese* 1981, *Institut für Sozialarbeit und Sozialpädagogik* 1982, *Rosen/Stüwe* 1985, *Parlamentarische Staatssekretärin für die Gleichstellung von Frau und Mann* 1987). Dabei gestaltet sich für Mädchen insbesondere der Übergang vom Kind zur Frau insofern problematisch, als traditionelle Gesellschaften keine Jugendphase kennen, diese jedoch in der Bundesrepublik sehr ausgeprägt ist (vgl. *Rosen/Stüwe* 1985, S. 73). Während in traditionellen Gesellschaften für Mädchen ein unmittelbarer Übergang vom langen Kinddasein mit einer engen Elternbindung in die Erwachsenenrolle als Ehefrau, Hausfrau und Mutter erfolgt, haben Mädchen in Gesellschaften mit ausgeprägten Jugendphasen Zeit und Raum für die Entfaltung einer eigenen Persönlichkeit im Rahmen einer "familiären Gegenkulturation"[54] (*Griese* 1981). Ein wesentlicher Grund für die rigide Beaufsichtigung ausländischer Mädchen durch ihre Eltern ist die Aufrechterhaltung der "Jungfräulichkeit". Insbesondere über die Schule haben ausländische Mädchen jedoch auch Einblick und Kontakt zur Gleichaltrigengruppe, die ihre Freizeit außerhalb des Elternhauses verbringen. Dies führt häufig dazu, daß die bereits im jeweiligen Heimatland eingeschränkten Handlungsspielräume in der Bundesrepublik z.T. noch rigider gehandhabt werden. Außenkontakte bleiben unter Kontrolle der — zumeist männlichen — Familienmitglieder und die Anbindung an die Familien wird durch gesteigerte Zuständigkeit für Haushalt und Geschwister noch verstärkt. Bei vorhandener Bindung an die Familie entwickeln die Mädchen unter dem Einfluß der deutschen Kultur dennoch Bedürfnisse nach Freizeit, Kontakten etc.

Die ausländischen Mädchen können versuchen, das "Phänomen ihrer widersprüchlichen Jugend" (*Griese* 1981) auf zweierlei Weise zu bearbeiten. Bei entsprechender Verinnerlichung der elterlichen Normen und Verdrängung ihrer, durch die bikulturelle Sozialisation bereits vorhandenen eigenen Wünsche, üben sie sich in Verhaltens- und Bedürfsniskonformität, die sogar soweit gehen kann, daß sie selbst als Kontrolleure der traditionellen Wertvorstellungen gegenüber Gleichaltrigen auftreten (vgl. *Weische-Alexa* 1977, *Rosen/Stüwe* 1985). Die sich vor diesem Hintergrund entwickelnde eigene Orientierungs- und Handlungsunsicherheit kann aber auch zu tiefgreifenden Konflikten führen, die sich in Gefühlen von Verlorensein und Heimatlosigkeit ausdrücken (*Rosen/Stüwe* 1985).

"Aufgrund langjähriger Erfahrung in der Ausländerarbeit schätzen wir türkische Mädchen so ein, daß sie sich scheinbar eher der deutschen Gesellschaft anpassen wollen, da sie sich davon mehr Freiheiten und Möglichkeiten der Selbstverwirklichung versprechen (...). Mangelnde Vermittlungsmöglichkeiten zwischen den Generationen und das Bedürfnis der Eltern, ihre Erziehungsvorstellungen rigide durchzusetzen, führten für die Mädchen zu unerträglichen Lebenssituationen mit der Folge von Depressionen, Suizidversuchen und als letzte Möglichkeit die Flucht aus dem Elternhaus" (*Reichhelm-Sepehn* 1986, S. 50).

In Übereinstimmung mit der vorliegenden Untersuchung betont aber auch *Reichhelm-Sepehn*, daß die Flucht aus dem Elternhaus jedoch noch verschärfender

---

[54] Es wurde bereits mehrfach in dieser Arbeit darauf hingewiesen, daß diese jedoch geschlechtsspezifischen Begrenzungen unterliegt.

Bedingungen bedarf, die sie auch in der Familiensituation sieht.

"Die Problemlage muß um die Dimension 'soziale Konfliktlage der Familie' erweitert werden. Relativ häufig ist der Vater arbeitslos. Dies scheint Ursache für familiäre Konflikte schon zwischen den Eltern zu sein. (...) Diese Mädchen sind aufgewachsen unter dem Einfluß verschiedener Kulturen und einer kranken Familie" (*Reichhelm-Sepehn* 1986, S. 50).[55]

Auch die Geschichte von Ayse zeigt, daß erst körperliche Gewalt als Mittel gegen bikulturelle Orientierungen von Mädchen wesentlich für die Umsetzung von Ausbruchphantasien in Flucht sind.

Ayse: "... dann bin ich weggelaufen, denn mein Vater will mich verkaufen"

Ayse ist 1965 in der Türkei geboren. Ihr Vater arbeitet seit 1973 in einer norddeutschen Großstadt in einer Fabrik. 1977 ziehen auch ihre Mutter und 1978 Ayse selbst mit acht ihrer neun Geschwister in diese Stadt. Ihre älteste Schwester heiratet und bleibt in der Türkei. Zum Interviewzeitpunkt lebt Ayse lediglich noch mit ihren Eltern sowie einem Bruder und einer Schwester zusammen.

Ayse ist direkt nach Beendigung der Schulausbildung in der Türkei nach Deutschland gekommen. Hier arbeitete sie mit einem ihrer Brüder zeitweise in einer Torffabrik. Als ihr Vater noch in der Türkei lebte, hat er sie bereits viel geschlagen, so daß die Zeit der Schulpflicht und die Emigration des Vaters nach Deutschland für Ayse eine gute Zeit waren. Dies ändert sich schlagartig, als sie zu ihren Eltern ziehen muß. Sie hat große Angst vor der Gewalttätigkeit ihres Vaters.

"... mein Vater hat mich jeden Tag geschlagen".

Als Anlaß für die Schläge ihres Vaters gibt Ayse an:

"Ja, das ist einfach so, wenn ich das Fenster aufmache oder wenn ich z. B. meine Finger bemale oder wenn ich aus dem Fenster gucke. Das, ja ich muß jeden Tag arbeiten, ich muß immer zu Hause bleiben, auf die Kinder aufpassen. Z. B. wenn es passiert, ein Teller oder ein Glas kaputt geht, das war, dann kriege ich immer Ärger. Wenn meine Schwester das macht, dann sagt sie zu meinem Vater, das hat Ayse gemacht".

Neben den alltäglichen Anlässen eskaliert diese Gewalt, als Ayse sich weigert, sich verheiraten zu lassen.

"Dann in den vier Jahren hat mein Vater mich viel geschlagen und dann eines Tages, will

---

[55] Die Konkretisierung bzw. Erweiterung der Problemlagen weggelaufener Mädchen liegt ganz in einer neuerdings zu verzeichnenden Entwicklungslinie, die davor warnt, daß von deutschen Sozialwissenschaftlerinnen "ein statisches Bild von der rückständigen, traditionell orientierten, abhängigen und unterdrückten Migrantin vor allem aus der Türkei gezeichnet wird" (*Mansfeld* 1986, S. 51, *Hebenstreit* 1985).

mein Vater mich verkaufen. An türkische Männer. Dann habe ich viel Angst gekriegt. Mein Bruder hat mir dreimal meine Hand und meinen Mund festgehalten. Und dann hat er mich geschlagen. Weil das war so. Wir haben eine Hausmeisterin und die durfte das nicht hören, wenn ich weinte oder dann ich war jeden Abend bei unserer Hausmeisterin, die heißt Frau W. Jeden Abend hab ich gesagt, bitte helft mir, was soll ich machen, ich kann nicht so leben. Ich will richtig leben, habe ich gesagt. Dann bin ich einfach weggelaufen, denn mein Vater will mich verkaufen."

In ihrer Angst läuft sie weg und wendet sich an einen Onkel, der in derselben Stadt lebt.

"Ja, ich war schon, ich habe ein Onkel in H. Erst ich fahre zu meinem Onkel, eine Woche. Und mein Onkel hat zu mir gesagt, Ayse, geh doch bitte mal zu Nacht wieder zurück nach Hause. Ich habe nein gesagt, ich habe viel geweint und ich habe gesagt, bitte helfen Sie mir, Sie wissen nicht, mein Vater ist ganz schlecht. Will mich töten, will mich verkaufen, ich will nicht so leben. Onkel, wenn Du, ich hab gesagt, Onkel wenn Du mich wieder nach Hause zurückbringst, dann will ich mich töten. Und mein Onkel hat gesagt, ist gut, Ayse. Wir gehen zusammen mit. Mein Onkel war einen Tag zu Hause, mein Vater hat wieder viel geschlagen. Und ganz viel hat er mich geschlagen. Aus meinem Mund kommt das Blut raus und aus meiner Nase. Ja und ich bin wieder weggelaufen nach D."

Da niemand aus ihrer Umgebung Ayse hilft, läuft sie nun zu anderen Verwandten, ihrer Tante und ihrem Onkel, die in einer westdeutschen Großstadt leben. Diese nehmen sie auch auf, vermitteln ihr aber, daß sie wohl nicht die geeignete Unterkunft für sie sind, da ihr Vater sie bei ihnen vermuten würde.

"Erst habe ich hier in D., ich habe eine Tante, ich habe hier gekonnt, meine Tante hat gesagt, du kannst ruhig hierbleiben, wenn du willst. Aber, das ist ganz gefährlich für dich. Mein Vater sucht mich immer. Mein Vater will mich töten. Und mein Bruder sucht mich auch".

Als ihr Vater sie dort tatsächlich findet und bedroht, wendet sich Ayse an die Polizei und wird in eine Mädchenschutzstelle in D. gebracht.

"Eine Nacht, mein Vater hat meine Tante angerufen, nach 2 Uhr. Ayse, kommst du noch wieder zurück nach Hause. Ich habe nein gesagt. Ich will nicht wieder nach Hause zurück. Polizei angerufen. Und zwei Polizisten haben mich hier nach ... gebracht. Und jetzt bleib ich hier."

In dem Heim gefällt es ihr gut. Sie hat keine Schwierigkeiten mit den anderen Mädchen und geht manchmal mit einer Freundin spazieren. In Diskotheken geht sie nicht. Sie hat einen türkischen Freund, der weit weg wohnt und mit dem sie zusammenleben möchte. Diese Möglichkeit schätzt sie resignativ als sehr schwierig ein, denn einerseits gilt es, einen Wohnort zu haben, an dem ihr Vater und ihr Bruder sie nicht finden können, andererseits muß sie sich durch Berufstätigkeit finanziell absichern.

"... ich möchte jetzt gern mit mein Freund zusammenbleiben, mitarbeiten, aber ich war nicht in Deutschland in der Schule, das ist ganz schwer".

Auch die Sprachprobleme machen Ayse zu schaffen; dies schon bei ihrem Hobby dem Singen, das sie gerne auch zum Beruf machen würde.

"Ich möchte gerne Schauspielerin werden, möchte ich auch gerne. Ich kann auch singen zu türkische Musik. Aber zu schade, nicht Deutsch. Ich muß auch das lernen".

Kommentar

Ayses Flucht aus einer gewalttätigen Krisensituation dient nicht nur einer kurzfristigen Spannungsreduktion. Sie ist gewillt und erreicht dies ja auch, nicht mehr zu ihren Eltern zurückzukehren. Sie hat bereits, wenn auch vage aufgrund der faktischen Situation, eine Alternativorientierung.

Einerseits sind die körperliche Gewalt und hohe Verhaltenskontrolle durch Vater und Bruder Ausdruck patriarchalischer Erziehungsmechanismen, andererseits aber auch Ausdruck von Krisen, in die Familien aus der Türkei nach ihrer Emigration kommen können. Die auftretenden Irritationen betreffen sowohl die Mädchen als auch ihre Familien. Abrupt herausgerissen aus der türkischen Lebenswelt und Kultur, muß sich Ayse nach ihrer Ankunft in Deutschland durch Bedingungen wie außerhäusige Arbeit auf eine andere Welt einstellen. Sie bekommt dadurch Kontakte und Einblicke, die Veränderungen bei ihr bewirken. Diese aber stellen bereits das "Virginitäts-Postulat" in Frage; eine Irritation auf die Ayses Vater und Bruder lediglich mit patriarchalischen Ressourcen der Gewaltanwendung zuückgreifen können. Ayses Geschichte verdeutlicht, daß die Konflikte sich zuspitzen und der Ausbruch von Mädchen dann am wahrscheinlichsten ist, wenn durch körperliche Gewalt die Angst so groß wird, daß der an sich bindende Beziehungsmodus überwunden werden kann.

Nach dem Ausbruch teilt Ayse das Schicksal vieler türkischer Mädchen. In ihre Heimat kann sie nicht zurück, da der ursprüngliche Familienverband zerstört ist. Viele der nächsten Verwandten sind ebenfalls emigriert. Auch würde Ayse in der Türkei bereits "die aus Deutschland" sein. Hier wiederum ist der Integrationsprozeß schwierig. Ayse muß versuchen, sich durch Anonymität des familiären Zugriffs zu entziehen.

Die geschlechtsspezifische Sozialisation hat bereits zur Verinnerlichung von mädchenspezifischen Normen und Werten geführt. So lehnt auch Ayse Gesellungsformen, die über den Kontakt zu einem Mädchen hinausgehen, ab. Durch den Heimaufenthalt kommt sie aber u. a. gerade mit Mädchen in intensiven Kontakt, deren Sozialisationserfahrungen und momentanen Lebensbedingungen zu Suchtabhängigkeit, Selbstzerstörungstendenzen wie "Schnibbeln", prostitutivem Verhalten usw. geführt haben. Aufgrund der schlechten individuellen Voraussetzungen (keine Ausbildung, mangelnde Sprachkenntnisse) als Folge einer strukturellen Benachteiligung von Mädchen im Bildungs- und Ausbildungsbereich in der Türkei, hat Ayse in der Bundesrepublik Schwierigkeiten. Hinzu kommt, daß Ayse, wenn sie volljährig wird und weder Wohnsitz noch Arbeit vorzuweisen hat, aus der Bundesrepublik ausgewiesen werden kann, da sie kein eigenständiges Aufenthaltsrecht hat.

Die persönliche Sinnsetzung ihres Ausreißens, Spannungspotential zu reduzieren, Einengung zu überwinden und ihr Leben selbständig zu planen, kann somit aufgrund der objektiven Lebensbedingungen ins Leere laufen.

4.3.5 Sexueller Mißbrauch an Mädchen

Ursula (16 Jahre) wächst zusammen mit zwei jüngeren Schwestern bei ihren leiblichen Eltern auf. Von ihrem siebten bis 14. Lebensjahr wird sie von ihrem Vater sexuell mißbraucht. Am Anfang wußte sie nicht, was mit ihr passierte. Sie hatte zunächst eine intensive Beziehung zu ihrem Vater gehabt und konnte nicht unterscheiden zwischen dem "was sein darf und was nicht". Sie spricht mit niemanden darüber, da der Vater sie damit unter Druck setzt, daß die kranke Mutter "in Ruhe gelassen werden soll". Erst mit 15 Jahren offenbart sie sich einer Lehrerin, als ihre Situation dadurch eskaliert, daß sie einen Freund hat, der mißtrauisch wird und ihr Vater den Druck erhöht. In dieser Zeit läuft Ursula mehrfach von zu Hause weg.

In jüngster Zeit mehren sich Untersuchungen und Berichte über den sexuellen Mißbrauch von Kindern und Jugendlichen[56] (vgl. *Sebbar* 1980, *Rush* 1982, *Baurmann* 1983, *Kavemann/Lohstöter* 1984, *Backe u. a.* 1986, *Bevollmächtigte der Hessischen Landesregierung* 1987). Die bislang einzige repräsentative Studie wurde vom Bundeskriminalamt durchgeführt. Nach dieser Studie wurden 1980 in der Bundesrepublik ca. 44.000 Straftaten gegen die sexuelle Selbstbestimmung bekannt, davon 35,5 % wegen sexuellem Mißbrauch an insgesamt ca. 16.000 Kindern (vgl. hierzu und im folgenden *Baurmann* 1983, S. 4ff.).[57] 80 bis 90 % der Opfer waren Mädchen und Frauen; zwei

---

[56] Als sexueller Mißbrauch werden diejenigen Handlungen verstanden, bei denen ein Erwachsener unter Ausnutzung seines Machtverhältnisses ein Kind als Objekt eigener sexueller Bedürfnisse ausbeutet.

[57] Desweiteren fallen hierunter 23,9 % Exhibitionismus, 15,9 % Vergewaltigung, 6,3 % sexuelle Nötigung und 23,5 % sonstige Straftaten.

Drittel der Betroffenen im Alter von sieben bis dreizehn Jahren. Fast alle Untersuchungen verweisen auf eine Dunkelziffer von 1:10 bis 1:50 und schätzen die Zahl der Opfer von sexuellem Mißbrauch auf mindestens 150.000 bis 300.000 pro Jahr.

Zu ca. 80 % handelt es sich bei den Tätern um Männern, die zudem zumeist im Alter von 25 bis 35 Jahren sind. 25,4 % der Sexualdelikte erfolgen durch Väter, Stiefväter und andere dieselbe Wohnung bewohnende Männer. Weitere 11,4 % der Täter sind Familienmitglieder und enge Freunde und vertraute Erwachsene (34,1 %). Lediglich 6,2 % der Täter waren den Opfern gar nicht bekannt. Andere Untersuchungen geben den Anteil an sexuellem Mißbrauch von Mädchen durch Familienangehörige mit 50 bis 70 % an (vgl. u. a. *Steinhage* 1987, *Trube-Becker* 1981).[58] Eindrücklich verwies insbesondere *Trube-Becker* daraufhin, daß Opfer von sexuellem Mißbrauch auch Kleinkinder und Säuglinge sind und daß die Täter aus allen Bevölkerungsschichten kommen können. Auch *Baurmann* bestätigt darüber hinaus, daß mit zunehmendem Bekanntschaftsgrad zwischen Täter und Opfer, Intensität und Dauer des sexuellen Mißbrauchs sowie das Ausmaß an Gewalttätigkeit zunehmen.[59] Bereits die wenigen hier dargestellten Ergebnisse zeigen, daß das bislang verbreitete Täterverständnis vom "unbekannten, bösen Onkel" ebenso wenig der Realität entspricht, wie eine Vorstellung von den Opfern als "frühreifen Lolita-Typ".

Daß der sexuelle Mißbrauch am häufigsten im sozialen Nahraum der Opfer geschieht, hat einige Autor(inn)en dazu veranlaßt, auf die Unzulänglichkeit von Theorien über den "abnorm veranlagten Triebtäter" zu verweisen. Sie definieren die Täter nunmehr als den "ganz normalen Mann" im Patriarchat (vgl. u. a. *Kavemann/Lohstöter* 1984, *Steinhage* 1987). Einige Autor(inn)en spezifizieren die Ursachen von sexuellem Mißbrauch mit Verweis auf die Sexualität des Täters und einer Analyse familiärer Strukturen. Eher ältere Studien diagnostizieren dabei nach der Theorie der dysfunktionalen Familie eine gestörte Paarbeziehung der Eltern, in der die Mutter ihre Rolle ablehne und an die älteste Tochter delegiere (so z. B. *Maisch* 1968), neuere Studien beschreiben den sexuellen Mißbrauch als ein Symptom schwerer allgemeiner Störungen in der Familie.

"Das bedeutet, daß bereits vor Auftreten des sexuellen Mißbrauchs in der Familie bestimmte Beziehungsstrukturen und Normen herrschen, die häufig gerade dadurch, daß sie unausge-

---

[58] Diese unterschiedlichen Angaben erklären sich einerseits daraus, daß Mädchen eher durch Familienangehörige, Jungen eher durch den weiteren Bekanntenkreis mißbraucht werden (vgl. *Nielsen* 1983, S. 139) und andererseits dadurch, daß sexueller Mißbrauch durch Familienangehörige seltener zur Anzeige kommt.

[59] *Rust* verweist auf Studien, die von einer durchschnittlichen Mißbrauchsdauer von drei bis fünf Jahren ausgehen (1986, S. 9).

sprochen bleiben, äußerst mächtig sind und einzelne Familienmitglieder sowie die Familie als Ganzes in ihrer Funktionsfähigkeit erheblich beeinträchtigen. Die Kinder haben danach schon vorher erfahren, daß ihre Gefühle und Bedürfnisse in der Familie wenig wahrgenommen und geachtet werden ..." (*Rust* 1986, S. 15).

Auch *Saller* verweist darauf, daß Familien in denen sexueller Mißbrauch vorkommt, zumeist nach außen abgeschlossene, isolierte Familiensysteme sind, daß Familienangehörige betreffende Dinge als 'Familienangelegenheit' definiert und Außeneinflüssen entzogen wird, daß Grenzen zwischen Generationen und damit verbundene Rollen als Erwachsene oder Kinder verwischt sind, daß das Zusammenleben und die Möglichkeiten emotionaler und sozialer Bedürfnisbefriedigung durch die Bedürfnisse des Vaters bestimmt werden und daß die Mutter von den Kindern als wenig präsent und erreichbar erlebt wird (vgl. *Saller* 1987, S. 21f.).

"Für das betroffene Kind ist seine Situation außerordentlich verwirrend: Zum einen erfährt es enorme Zuwendung und zum anderen gleichzeitig intensive Ausbeutung. Sie fühlt sich verantwortlich für die emotionale Befindlichkeit des Vaters, der sie zu seiner Vertrauten, seiner Verbündeten und oft auch zur Vermittlerin innerhalb der Familie macht. Sie fühlt sich auch verantwortlich für die Mutter, die sie als hilflos und ohnmächtig erlebt. Sie fühlt sich verantwortlich für die Aufrechterhaltung der Familie und trägt oft die Verantwortung für den Haushalt und die jüngeren Geschwister. Als 'Papas großes Mädchen' oder als die 'kleine Mutter' erlebt sie sich mächtig und ohnmächtig zugleich" (*Saller* 1987, S. 22).

Ängste, Schuld- und Schamgefühle als Folge dieser familiären Verstrickung erklären denn auch das häufig lange Schweigen der Betroffenen. Andererseits wird immer wieder darauf verwiesen, daß die Betroffenen Signale[60] senden, ihnen aber meistens nicht geglaubt wird und daß sie Verhaltensänderungen zeigen, diese aber nicht als Folge sexuellen Mißbrauchs gedeutet werden. Einige Autorinnen verweisen darauf, daß insbesondere z. Zt. der Pubertät, auch Weglaufen von Mädchen aus ihren Elternhäusern als Indiz von sexuellem Mißbrauch gedeutet werden kann (z. B. *Trube-Becker* 1981, S. 118, *Steinhage* 1987, S. 8).

---

[60] Viele der beschriebenen Symptome wie z. B. Bettnässen, Schlaflosigkeit, Ängstlichkeit, Gewichtsveränderungen u. a. mehr können auch andere Ursachen haben. Auffällig ist jedoch, daß dieses Verhalten zumeist nach dem ersten sexuellen Mißbrauch auftritt. Sexueller Mißbrauch, insbesondere durch enge Verwandte, gehört zu den großen Tabuthemen und wird auch von vielen sozialen Berufsgruppen (z. B. Ärzte, Pädagogen) nicht professionell bearbeitet. Zahlreiche Hinweise für eine qualifizierte und parteiliche Arbeit mit sexuell mißbrauchten Mädchen und Frauen finden sich in den Materialien des *Wannseeheims für Jugendarbeit* 1985.

Erika: "Der hat mich dann auch immer angepackt..."

Erika ist 1966 geboren. Als sie vier Jahre alt ist, lassen ihre Eltern sich scheiden und sie und ihre vier Geschwister kommen ins Heim. Als ihr Vater nach zwei Jahren wieder heiratet, nehmen er und seine Frau, die bereits ein Kind hat, Erika und einen ihrer Brüder zu sich. Die ältere Schwester und der ältere Bruder werden von ihrer leiblichen Mutter wieder aufgenommen. Aus dieser neuen Verbindung stammt ein Halbbruder von Erika. Der Vater, der einen Handwerksbetrieb hat, schlägt die Kinder häufig, auch belastet er seine zweite Ehe durch Untreue. Erika erlebt dies als schwere Zeit, da ihre Stiefmutter sie mit ihrem Kummer konfrontiert, aber nicht ebenso für Erika als Gesprächspartnerin zu Verfügung steht.

"Meine Mutter saß dann zu Hause und er ist fremdgegangen. Die ganzen Jahre ist er fremdgegangen. Und wir Kinder mußten darunter leiden. Weil meine Mutter, die hat sich bei mir ausgeheult. Die hat mit mir Nächte da gesessen und hat mit mir gesprochen. Ich war die einzige dort im Haus, die das verstanden hatte. Ich habe das alles mit verfolgt so. Ich hab ja versucht, zu sagen, daß es nicht so wäre, aber es stimmte ja. Er hat das Geld, wir verdienen halt so viel, er hat das Geld in den Bars rumgeschmissen, in Striptease-Läden und so. Hat da so junge Mädchen gehabt. War aber kein Alkoholiker und so. Aber die hat mich dann mit den Sachen konfrontiert und ich konnte nicht helfen. Und aber wenn ich was hatte, Probleme hatte, was menschlich war, worüber man immer spricht, sei es, daß ich vielleicht einen Freund haben möchte, oder ich hatte einen Freund, das war tabu das Thema. Was, du Rotznase, ne. Also total verklemmt alles. Und die haben nie Zeit für mich gehabt. Das war einfach nicht drin. Ich war da kein Gesprächsthema. Da ist das auch alles kaputt gegangen."

Zusätzlich belastet wird die Familiensituation, als Erikas Vater noch seine beiden ältesten Kinder zu sich nimmt. Erika gerät in Konkurrenz zu ihrer Schwester, die offensichtlich ihren Willen vor allem gegenüber dem Vater durchsetzen kann.

"Meine Schwester und mein älterer Bruder, die haben ja bei meiner leiblichen Mutter gewohnt. Die hat sie rausgeschmissen, da hat mein Vater sie aufgenommen. Vor zwei Jahren. Und dann hat das wieder alles nicht geklappt, weil meine Schwester sehr faul ist. Sie ist frei erzogen worden, sie sagt grad, was ihr einfällt. Und ich bin sehr autoritär erzogen worden. Und meine Schwester sitzt dann am Tisch und rülpst oder was. Die hat sich auch nie an der Hausarbeit beteiligt. Nein, wieso, Erika war ja Hausfrau. (...)
Die hat auch meinen Vater in Anspruch genommen, indem sie sagte, komm Vater, fahr mal mit mir weg und so. Und er sagt, ja warum nicht".

Die Nähe, die sie zu ihrem Vater vorher erlebt hat, ist nicht nur durch die Schwester, sondern auch durch ihre unbefriedigenden Schulleistungen in Gefahr.

"Mein Vater, der hat mir immer vorgehalten, was er in seinem Leben so geschaffen hat.

Ich war dabei, ich habe alles miterlebt die ganzen Jahre. Ich kann mich gut erinnern. Er saß hinten in seinem kleinen Zimmer und hat für seinen Meister gelernt. Ich saß dabei, ich mußte ihn krabbeln am Kopf, damit er sich besser konzentrieren konnte. Und ich hab das alles so miterlebt. Und er sagte, ich soll auch was werden später. Und hat mich dadrin motiviert, daß ich ich mich dahinter setze, in der Schule und so. Aber ich konnte es einfach nicht. Ich habe den ganzen Tag ja nur gearbeitet bei uns. Ich konnte mich nicht an den Schreibtisch setzen und lernen. Das ging einfach nicht. Dann hat er meine Schulhefte durchgeguckt. Ich habe gesagt, Papa, ich kann ja nicht lernen. Dann konnte ich gar nicht weitersprechen, hab' schon wieder einen hängen gehabt."

Erikas Angst vor der körperlichen Gewalt durch ihren Vater wächst. Andere Personen werden auch bereits darauf aufmerksam, sie schützt ihren Vater aber durch Schweigen.

"Er hat mich mit Gegenständen geschlagen, daß ich kaum laufen konnte. Und in der Schule hat mich der Lehrer schon angesprochen deswegen. Er hat gesagt, er könnte nix machen. Er könnte meinen Vater nicht anzeigen, er wüßte ja nicht, was los ist und so (...).
Ich hab mich das nicht getraut. Wenn du das machst, wenn du erzählst und so. Nur aus Angst, daß der mich wieder schlagen würde."

Zusätzlich zu den Schlägen kommt die totale Kontrolle durch den Vater. Erika darf sich nur begrenzt bis 18 Uhr mit einigen wenigen Freundinnen treffen. Andererseits überwacht er streng ihre äußerliche Erscheinung.

"Ich durfte gar nix. Der hat mich auch morgens, wenn ich zur Schule gegangen bin kontrolliert. Ich mußte mich jeden Morgen vor ihn hinstellen und er hat geguckt, was ich angezogen habe. Und wenn ihm das nicht gepaßt hat, dann hat er mich angezogen wie einen Trottel (...).
Dann wieder ist mein Vater mit mir eines Tages einkaufen gegangen, in so'n Jeansladen. Hat er mir eine enge Jeans gekauft. Das hat mich sehr gewundert und dann wollt ich die anziehen, zur Schule. Was sagt er zu mir, du ziehst die nicht an und reißt sie mir vom Leib runter. Ich sag, warum Papa, Du hast sie mir doch gekauft. Was, willst du auffallen und willst die Jungens anmachen. Und so was hab ich überhaupt nicht im Sinn gehabt. Warum, ich wollt eigentlich nur mit den anderen mitmachen können. Die tragen moderne Sachen und ich nicht."

Die Konflikte zwischen den Eltern führen zur räumlichen Trennung. Auch die älteren Geschwister ziehen wieder aus.

"Meine Mutter hat sich scheiden lassen bzw. die leben jetzt in Trennung. Und ich bin bei meinem Vater geblieben, weil ich sehr an ihm hänge. Ich lieb den über alles. Weil der mich auch gebraucht hat, bin ich dageblieben. Ich war also dann noch das einzige Mädel und ich mußte den ganzen Haushalt schmeißen. Ich mußte waschen, ich mußte alles machen, was da war. Und wenn mein Vater dann abends nach Hause kam, wir haben eine Firma, dann, ich hab alles für ihn gemacht. Stand alles schon für ihn bereit, das Essen und so."

Erika schwankt in den Einschätzungen ihres Vaters. Sie bemüht sich um seine Gunst, indem sie seinen Wünschen versucht gerecht zu werden und betont die enge Beziehung, die sie zu ihm hat und idealisiert auch seine Beziehung zu ihr.

"Ja, ich weiß nicht, ich traue mich das irgendwie nicht zu sagen, was mein Vater für mich ist. Mein Vater, der nie was auf mich kommen lassen. (...)
... ein Architekt hat immer gesagt, ja ich kauf ihre Tochter, die ist so lieb. Sagt er, nein, die gebe ich nicht her. Er hat mich nur selten in den Arm genommen. Aber wenn er es getan hat, dann habe ich irgendwie mich glücklich gefühlt. Ich habe ihn auch nie so als Vater angesehen, sondern mehr als, ja es hört sich unheimlich doof an. Ich will es auch nicht sagen, ist egal. Als was anderes halt. Als Freund oder so, einer der mir was sagt und ich mach das. So sag ich das mal. Und obwohl er mich soviel geschlagen hat, der war trotzdem in vielen Sachen gerecht. Deshalb hänge ich so an ihm. Ich möcht ihn also nie aufgeben. Ich hänge viel zu viel an ihm."

Erika deutet auch sexuelle Kontakte zu ihrem Vater an. Ihre Darstellung verdeutlicht ihren inneren Zwiespalt, ihre Angst und die Fakten einerseits, andererseits den Versuch, diese zu bagatellisieren und den Vater zu schützen.

"Er hat gesagt, wenn Leute da waren, ja meine Tochter, ist die nicht hübsch. Und ich habe mir dann immer nur gedacht in dem Moment, wenn die wüßten, was hier wirklich los ist. (...)
Der hat mich dann auch immer angepackt so, aber das war wahrscheinlich nur Spaß. Der wollte die Reaktion sehen. Aber ich habe mir dann so gedacht, was hat der an meinem Körper zu suchen. Er hat seine Frau. Meine Mutter wollte, ich hab ihr das erzählt, weil ich geweint habe, weil ich Angst gehabt habe. Und ich wollte das einfach nicht glauben. (...)
Ja, und ich habe meiner Mutter das erzählt und dann hat sie ihn drauf angesprochen. Meint er, was, ich wollt nur gucken, was die für Reaktionen zeigt. Die denkt ja schon wie eine Frau, die sagt zu mir, du Schwein, laß das sein und so. Dann hab ich zu meiner Mutter gesagt, Mutti findest Du, daß es falsch war, daß ich zu Papa gesagt hab, laß das sein. Meint sie, mm, mm, der hat überhaupt nix an deiner Hose zu suchen und so. Das hat mich also geschockt irgendwo. Daß mein Vater das gemacht hat."

Als ihre Stiefmutter auch diese Vorfälle als Argumente für den Scheidungsprozeß benutzt, reagiert Erika abwehrend.

"Und ich soll aussagen gegen meinen Vater. Das tu ich nicht. Ich sag ja, der kann mir soviel angetan haben, ich würd' ihm nie in den Rücken reinfallen. Ja, er hat meine Tochter

angepackt, unsittlich. Er ist mir fremdgegangen und so Sachen, die sind gar nicht wichtig."
Als ihre Geschwister sie vor ihrem Vater denunzieren, läuft Erika weg.

"Ich wär, ich würde mit Jungens rummachen. Ich würde mich in Kneipen rumtreiben. Da wollte er nichts mehr von mir wissen. Ich war dann das Flittchen für ihn. Der hat ja gedacht, ich stelle schon was an. So ich hab mir nur gedacht, warum denkt der so schlecht von mir. Er muß doch selber so schlecht sein. Dann habe ich wieder Angst gehabt, daß er mich schlägt. Ja und dann bin ich daraufhin weggelaufen."

Erika ist in den nächsten 18 Monaten in mehreren Heimen. Entweder läuft sie selbst weg oder sie wird des Heimes verwiesen. Sie leidet selber darunter, daß sie sich den Regeln nicht anpassen kann und deshalb immer Streit hat. Sie erklärt sich das mit den Beschränkungen zu Hause, die ihr unmöglich machten, Selbstständigkeit und Kooperationsfähigkeit zu lernen.

"Man hat mich nicht ausführen lassen, was ich wollte. So andere Seiten kennenlernen. Ich konnte nur eine Seite kennenlernen, das war zu Hause. Ich bin also quasi von der Außenwelt abgeschirmt worden. Da konnte ich auch schlecht mit der Welt draußen zurechtkommen. Ist ganz klar, finde ich (...).
Ich konnte also nicht mit umgehen mit meiner Freiheit. Aber, wie soll ich sagen, ich habe die Freiheit kennengelernt. Ich habe Jungens kennengelernt. Und dann habe ich gedacht mit der Zeit, das bringt alles nur Probleme auf. (...)
Ich habe also schon unheimlich schlimme Erfahrungen gemacht mit älteren Männern. Ich hab mich also an Leute rangeschmissen, die also, ich hab Vaterliebe gesucht, die ich nicht bekommen habe. Und ich bin dann unheimlich viel auf die Schnauze geflogen. Habe dadurch gelernt."

Die ständigen Negativbeurteilungen anderer Personen und die Stigmatisierung als Prostituierte, veranlassen sie zu Techniken der Bewältigung. Sie will beweisen, daß diese Fremdeinschätzung falsch ist.

"Damit ich meinem Vater später zeigen kann, hier Papa, ich habe was. Hat ja immer gesagt, ich würde es ja nie zu etwas bringen. Ich würde vielleicht putzen gehen müssen, meinte der zu mir. Hat mich immer runtergestuft. Na und, geh ich halt putzen. Ist mir ja egal. Hauptsache, es ist Arbeit. Und wenn es von den anderen noch so niedrig angesehen wird. Besser, man verdient sein Geld mit sauberer Arbeit. Wenn ich mir so manche Mädchen betrachte, ne ..."

Kommentar

Bezogen auf das Herkunftssystem kommt Erikas Weglaufen die Funktion der Spannungsreduktion zu. Der Beziehungsmodus innerhalb der Familie ist gekennzeichnet durch ausstoßende und bindende Kräfte. Der Abwertung von Erika durch Bemerkungen und Handlungen ihres Vaters steht eine besondere Bindung gegenüber. Ihre positiven Gefühle ihm gegenüber sind bestimmt von der Annahme, gebraucht zu werden, sei es für den Haushalt als auch emotional.

Aber gerade auch die Emotionalität ist sehr zwiespältig, ist sie doch keine "Vaterliebe" oder Geborgenheit wie Erika sie eigentlich wünscht und sucht, sondern der "Stolz" eines Vaters, der seine Tochter als sexuelles Wesen sieht und als solches behandelt. Der Beziehungsmodus zwischen Vater und Tochter ist außerordentlich ambivalent. Die "behütende" Kontrolle basiert auf einer sexistischen Doppelmoral und wird abgesichert durch das Spiel "der Lieblingstochter" und durch Angst, die aufgrund körperlicher Gewaltanwendung erzeugt wird.

Auch bei Erika kommt, wie in anderen Mißbrauchs-Fällen, verschärfend hinzu, daß ihr Vater sie in erheblichem Maße in ihren sozialen Bezügen kontrolliert und einschränkt. Dies alles geschieht zudem vor dem Hintergrund gescheiterter Ehen aufgrund sexueller Untreue und intensiver Besuche von Bars und Sex-Shops; die Doppelmoral ist offensichtlich.

Diese Sphäre von doppelbödiger Sexualität mit extremen Formen der Objekthaftigkeit und Minderbewertung von Frauen beeinträchtigen Erika in ihrer sexuellen Entwicklung. Im Zusammenhang mit Sexualität hat sie Kummer und Angst erlebt, schlechte Erfahrungen gemacht und sich, vielleicht nicht für Geld, so doch prostituiert. Die Abspaltung eigener Gefühle vom Körper und die Suche nach Zuwendung über den Körper sind häufig beschriebene Symptome von jungen Prostituierten, die in ihrer Kindheit sexuell mißbraucht wurden (vgl. u. a. *Wickboldt* 1986, S. 57).

Trotz einer Phase der Suche, Irritation, wechselnder Heime, Zeiten auf Trebe, vieler negativer sexueller Erfahrungen und Problemen im Umgang mit anderen Menschen, scheint Erika sich gefangen zu haben. Sie entwickelt Zukunftsperspektiven und sucht sich feste Bezugspersonen. Daß der Streit, der häufig von ihr ausgeht, hinderlich sein kann, ist ihr bewußt. Sie sucht nach verschiedenen Möglichkeiten, mit sich und der Umwelt zurecht zu kommen.

4.4 Resümee

Aus 38 Interviews mit Mädchen wurden die Lebensgeschichten von Tanja, Anja, Cornelia, Ulla, Paula, Ayse und Erika exemplarisch dargestellt. Dabei wurde versucht, der Notwendigkeit der Verallgemeinbarkeit von qualitativ erhobenem Material als auch den Besonderheiten individueller Lebensläufe Rechnung zu tragen. Im folgenden sollen die Ergebnisse zusammengefaßt werden.

Hinsichtlich des Konfliktthemas und der Zuschreibungen in der Familie zeigt sich, daß viele Mädchen mit ihren Eltern um Ausgangszeiten oder allgemeine "Freiheiten" streiten und dabei als "Nutte", "Flittchen" stigmatisiert werden. Diese ausgeprägt negativen Zuschreibungen in Verbindung mit ausstoßenden Tendenzen und erlebten negativen sexuellen Erfahrungen mit Objektcharakter werden von den Mädchen partiell in ihr Selbstbild übernommen. Diese Zuschreibungen sind Ausdruck des zentralen mädchenspezifischen Konfliktpotentials zwischen "Sittsamkeit und Sinnlichkeit". Ob das Stigma zum Faktum wird, entscheidet wesentlich der weitere Lebensverlauf nach dem Ausbruch und die Wirksamkeit institutioneller Angebote.

Soziale Ungleichheitsstrukturen, divergierende Anforderungen von Familie und Subkultur, familiäre Konstellationen, bikulturelle Sozialisation und sexueller Mißbrauch bedeuten insofern *Verschärfungen* des mädchenspezifischen Grundkonfliktes, als sie den Aushandlungsspielraum zwischen Eltern und Töchtern weiterhin einengen.

Diese strukturellen Verschärfungszusammenhänge erkären denn auch den stetigen Anstieg des Mädchenanteils an der Ausreißerpopulation in den letzten 20 Jahren:
- die durch die Jugendarbeitslosigkeit gestiegene ökonomische Abhängigkeit insbesondere von Mädchen aus sozial benachteiligten Schichten,
- die größere Bedeutung von peer-groups insbesondere auch für Mädchen,
- das ständige Wachsen des Anteils von Ein-Eltern-Familien einschließlich der Stiefelternkonstellationen,
- die in die Pubertät kommenden Töchter ausländischer Arbeitnehmer, die in den 70er Jahren in die Bundesrepublik gekommen sind,
- die insgesamt gestiegene Sensibilisierung und Öffentlichkeit für Gewalt gegen Frauen im allgemeinen und sexuellem Mißbrauch im besonderen.

Wie nun innerhalb des Familienverbandes mit diesen Konfliktkonstellationen umgegangen wird, wird wesentlich bestimmt durch Beziehungsmodus und Art der Verhaltenskontrolle. Auf der Ebene der *Beziehungsmodi* unterstützen Ambivalenz und Ausstoßung die Reaktionsweise "Weglaufen" bei auftretenden bzw. sich zuspitzenden Spannungen.

Bei Anja führen die Ausreißphantasien aber lediglich zu Plänen über eine frühe Ablösung, da ihr der "Preis" des Weglaufens zu hoch ist. Cornelia bedarf zusätzlich noch alternativer Bezugspersonen, bevor es zum Weglaufen kommt. Bei Ulla ist das Weglaufen aus dem Heim ein Hinlaufen zur Mutter, desweiteren wird sie überall hinausgestoßen. Paulas Weglaufen von zu Hause geschieht spontan und situativ, wenn Momente der Ausstoßung gegenüber bindenden Kräften überwiegen. Bei Ayse ist der Beziehungsmodus verdeckt bzw. bestimmt durch die außerordentliche körperliche Gewalt und die Angst, die sie erlebt und zum Weglaufen veranlaßt. Die Beziehung zwischen Erika und ihrem Vater ist gekennzeichnet durch Ambivalenz; auch sie läuft erst weg, als die Angst vor der väterlichen Gewalt größer wird als die Angst vor dem Kommenden. Lediglich bei Tanja herrschen bindende Kräfte zwischen der Mutter und ihr vor. Ihr Wegbleiben ist Ausdruck von Ablösungsprozessen, die durch stark bindende Beziehungsmodi erschwert werden.

Auch hinsichtlich der *Verhaltenskontrolle* unterscheidet sich das familiale Binnenverhältnis im Fall von Tanja von denen der anderen Mädchen. Während die Verhaltenskontrolle durch Tanjas Mutter eher niedrig ist, werden Ulla, Paula, Ayse und Erika stark von den Eltern kontrolliert. Die *Art* der Verhaltenskontrolle ist in jedem Fall rigide und Ausdruck der Stellung der Mädchen im Familienverband. Es sind hier unterschiedliche Ausprägungen von Hausarrest bis zu körperlicher Gewalt zu verzeichnen. Ein widersprüchliches Kontrollniveau herrscht hingegen bei Cornelia vor und führt bei ihr zur langsamen Herausbildung einer Alternativorientierung. D.h., wenn das Familienklima zusätzlich durch

- widersprüchliche oder ausstoßende Beziehungen gekennzeichnet ist, die keine Verläßlichkeit und kein Vertrauen bieten, und
- eine strenge oder widersprüchliche Verhaltenskontrolle hinzukommt, die keine Flexibilität und keinen Verhandlungsspielraum mehr zuläßt, scheint für viele Mädchen das Weglaufen zunächst zumindest eine Problemlösung zu sein.

Die Weichenstellung des Lebens wird aktiv auch durch die *persönliche Sinnsetzung* bestimmt, die die Mädchen mit ihren Ausbruchsversuchen verbinden. So ist das Wegbleiben von Tanja ein Signal an ihre Mutter, Verselbständigungstendenzen zu registrieren und akzeptieren. Auch Paula signalisiert mit ihrem Weglaufen eine nicht mehr zu bewältigende Spannungssituation. Beide fordern damit aktiv zu Handlungen auf, die auf Einstellungs- und Verhaltensänderungen relevanter Bezugspersonen zielen. Ihr Weglaufen signalisiert Widerstand gegen erlebte Zumutungen und Beschränkungen. Während Tanjas Beziehung zur Mutter dann auch besser wird aufgrund der Distanz und damit verbundener Lernprozesse, spitzt sich der Konflikt zwischen Paula und ihrer Familie zu. Reicht also in dem ersten Fall das Selbsthilfepotential, so scheint für Paula die Lage trotz professioneller Hilfen auswegslos.

Das Weglaufen von Ayse und Erika hat vorherrschend die Bedeutung der *Spannungsreduktion* und verhält sich damit reaktiv gegenüber Situationen und Konstellationen, die Druck, Spannung und Angst auslösen. Bei Ayse und Erika handelt es sich um Extremfälle körperlicher Bedrohung wie Mißhandlung und sexuelle Nötigung. Der Signalcharakter der Handlung tritt zurück gegenüber einer Reaktion auf unlösbar erscheinende Problemkonstellationen. In beiden Fällen kommt es nun wesentlich auf die Hilfe und Unterstützung durch die Jugendhilfe an.

Bei Cornelia führt eine ambivalente Beziehung zur Mutter und die zunehmende

Bedeutung anderer Bezugsysteme zum Weglaufen mit *Alternativorientierung*. Die Bedeutung des Weglaufens im Hinblick auf das soziale System, aus dem heraus es erfolgt, tritt somit in den Hintergrund. Eine erfolgreiche Rückkehr wird unwahrscheinlich und die weitere Entwicklung abhängig von den Chancen und den Zufällen des zukünftigen Lebenskontextes.

Ulla ist ein klassischer Fall von Weglaufen im Zusammenhang mit *Ausstoßungsprozessen*, wo keine persönliche Sinnsetzung vorhanden ist. Sehen wir von der zurückliegenden Heimflucht ab, die stark auf die Mutter hin orientiert war, so verbleibt sie in der Folgezeit an den Orten, wo sie aufgrund zufälliger Bekanntschaften sein kann, bevor es zum Hinauswurf oder (später wieder durch das Heim) zur Verlegung kommt. Vorstellbare alternative Lebensentwürfe stehen dem Sichfügen in die soziale Realität gegenüber.

Insgesamt ist bei den Mädchen eine beachtliche *Selbstdeutungskompetenz* hinsichtlich der Ursprünge und Zusammenhänge ihrer Konfliktkonstellationen zu verzeichnen. Erhöhte Kontrolle als Ausdruck patriarchalischer Erziehung, familäre Beziehungsmuster einschließlich der abhängigen Rolle der Mütter sowie die verschiedenen Verschärfungszusammenhänge sind durchaus präsent. Auch dort, wo die realen Verhältnisse kaum Konfliktlösungsmöglichkeiten und die Perspektiven der Mädchen wenig Hoffnung zulassen, stellen sie sich jedoch nicht lediglich als Opfer der Verhältnisse dar. Ihre Reflexionskompetenz, ihr Widerstandsgeist und ihr Überlebenswille können Anknüpfungspunkte der Jugendhilfe sein, die Mädchen zu unterstützen. Wird dies unterlassen, besteht die Gefahr, daß die Mädchen in eine Teufelskreisspirale geraten, in der sich die patriarchalischen Gewaltstrukturen der sozialen und familiären Situation bei einem Leben "auf Trebe" noch verschärfen und die Mädchen diesem Druck letztendlich nicht mehr standhalten (vgl. hierzu auch *Savier/Wildt* 1978, *Trauernicht* 1984).

Kapitel 5:
Zusammenfassung der Ergebnisse und Folgerungen für die pädagogische Praxis

In diesem abschließenden Kapitel werden die Ergebnisse der vorangegangenen Kapitel noch einmal aufgegriffen und unter folgenden verknüpfenden Fragestellungen bearbeitet:
- Welche spezifischen Begrenzungen weisen die Ergebnisse der Analyse sozialpädagogischer Theorie zur Familienflucht von Mädchen aus feministischer Sicht auf?
- Welche Interpretationsmuster leitet die sozialpädagogische Praxis im Umgang mit der Familienflucht von Mädchen?
- Welche Modifikationen bzw. Neuinterpretationen sind in sozialpädagogischer Theorie und Praxis von Jugendhilfe im Umgang mit der Familienflucht vorzunehmen vor dem Hintergrund der Selbstaussagen von Mädchen und ihrer Einordnung in strukturelle Verursachungszusammenhänge aus feministischer Sicht?
- Welche Anforderungen sind damit an eine mädchenorientierte Jugendhilfe gestellt?

5.1 Zusammenfassung der Ergebnisse

Die Ergebnisse des 2. und 3. Kapitels zeigen vor dem Hintergrund des 1. Kapitels, daß sozialpädagogische Theorie und Praxis sowohl in der Deutung von als auch im Umgang mit der Familienflucht von Mädchen in doppelter Hinsicht spezifischen Begrenzungen unterliegen.

Eine Durchsicht der verschiedenen Theorien abweichenden Verhaltens hinsichtlich ihres Erklärungswertes für das Weglaufen von Mädchen aus Familien offenbarte einerseits den Rückgriff auf Inhalte des "konservativen Diskurses" sowie Aspekte "diskursiver Verdrängung", andererseits jedoch auch erste nützliche Hinweise. Am deutlichsten dem "konservativen Diskurs" verhaftet sind der medizinisch-psychiatrische und der psychologisch-pädagogische Ansatz insofern, als deren Theoriebildung Bezug nimmt auf Herrschaftsverhältnisse, die die Unterdrückung von Mädchen und Frauen festschreibt. Dabei wird rekurriert auf eine sexualisierte Weiblichkeitskonstruktion, indem "sexuelle Triebhaftigkeit" von Mädchen attestiert und als Ursache-Wirkungs-Schema für das Ausreißen herangezogen.

Die sozialisationsbezogenen, sozialstrukturellen und Etikettierungsansätze sind zum größten Teil gekennzeichnet durch die "diskursive Verdrängung", d. h., daß die Theoriebildung von den Herrschaftsverhältnissen zwischen den Geschlechtern abstrahiert und Spezifika weiblicher Lebenszusammenhänge negiert. Einige der letztgenannten theoretischen Erklärungsversuche beschäftigen sich auch dezidiert mit dem Weglaufen von Mädchen und geben erste interessante Hinweise.

Geschlechtsspezifische Sozialisation, Herrschaftsverhältnisse zwischen den Geschlechtern mit der Folge sexuellen Mißbrauchs, entwürdigende und stigmatisierende Kommunikationsstrukturen in Familien wurden mehr oder weniger miteinander verbunden als den Ausbruch von Mädchen auslösende Konfliktkonstellationen in den sozialisationsbezogenen und sozialstrukturellen Ansätzen sowie dem labeling approach dargestellt. Mit den vorliegenden Erklärungsansätzen konnte jedoch die Familienflucht von Mädchen nicht hinreichend systematisch analysiert werden. Dies lag m. E. insbesondere daran, daß die Möglichkeiten der sozialstrukturellen und sozialisationsbezogenen Ansätze sowie des Labeling approach und deren Verknüpfung nicht genutzt wurden. Erst dieser in der vorliegenden Arbeit praktizierte Ansatz ermöglichte differenzierte Aussagen über mädchenspezifische Konfliktkonstellationen und deren sozialstrukturell bedingten Verschärfungszusammenhängen, die plausibel machen, warum die Anzahl und der Anteil der Mädchen an der Ausreißerpopulation in den letzten 20 Jahren stetig gewachsen ist und unter welchen Bedingungen auf das Konfliktpotential mit Weglaufen von Mädchen reagiert wird.

Im Rückblick auf die Theorien abweichenden Verhaltens zeigt sich dabei, daß diese je für sich nur Facetten eines Problems erklären helfen,[61] wenn sie auf ihrer je spezifischen Tradition beharren, keine Verknüpfung zulassen und insbesondere, wenn sie dem Scheinanspruch von Geschlechtsneutralität verhaftet bleiben.

Auf der Folie von Theorien abweichenden Verhaltens wird deutlich, daß *sozialpädagogische Praxis* in ihren Deutungs- und Handlungsmustern bei der Familienflucht von Mädchen ganz wesentlich auf dem pädagogisch-psychologischen Verwahrlosungs- und Defizitmodell beruht. Dieses Erklärungsmuster blendet — abgesehen von einigen schichtbezogenen Anmerkungen — familienübergreifende sozialstrukturelle und Etikettierungsansätze weitgehend aus. Insgesamt gesehen ist die Problemsicht der Fachkräfte wenig analytisch, sondern stark deskriptiv. Die Aktenführung ist eher eine Phänomenologie der Ereignisse denn Reflexion von Ursache und Wirkung.

Die Ergebnisse aus Kapitel 1 zeigen auch, daß die überwiegende Anwendung des "konservativen Diskurses" und der "diskursiven Verdrängung" einer angemessenen Problemsicht im Wege stehen und damit zur Benachteiligung von Mädchen beitragen. Weglaufen in Verbindung mit Übertretung der Ausgangszeiten und Konflikten um den

---

[61] Dabei kann der medizinisch-psychiatrische Ansatz aus heutiger Sicht nicht einmal mehr den Anspruch auf Erklärungswert erheben.

Freundeskreis als zentraler Heimeinweisungsgrund verweist auch heute noch auf eine Problemsicht, die sexualisierten Weiblichkeitsbildern entlehnt ist und immer noch als "sexuelle Verwahrlosung" oder "sexuelle Umtriebigkeit" gekennzeichnet wird. Häufiger ins Blickfeld geraten bei Fachkräften der Jugendhilfe inzwischen allerdings auch rigide patriarchalische Familienkonstellationen, in denen Mädchen und teilweise auch Mütter als Opfer dieser Systeme beschrieben werden, ohne daß jedoch von einem theoretischen Perspektivenwechsel gesprochen werden kann. Bislang nicht wahrgenommen, wird ein anderes frauenpolitisch relevantes Ergebnis von Kapitel 1, daß auf die erhebliche Überrepräsentanz von Mädchen in öffentlicher Erziehung aus Ein-Eltern-Familien mit weiblichem Familienvorstand hinweist. Die Vernachlässigung spezifischer Konflikte und Belastungen von Mädchen als Folge "diskursiver Verdrängung" weiblicher Lebenszusammenhänge werden ebenfalls offensichtlich. Dies zeigt sich nicht nur in der mangelnden Wahrnehmung eklatanter Beeinträchtigungen in Mädchenleben, wie z. B. dem sexuellen Mißbrauch, sondern auch in der Vernachlässigung typischer Ambivalenzen wie dem Balanceakt von "Sittsamkeit und Sinnlichkeit" in Problemwahrnehmung und Problembearbeitung durch Fachkräfte der Jugendhilfe.

Insgesamt verweisen die Ergebnisse einer feministischen Analyse sozialpädagogischer Praxis bei der Familienflucht von Mädchen auf eine an Individuen ausgerichtete geschlechtsspezifische Problemsicht mit z. T. ineinander verkoppelten Ebenen:

- Die *Schuldzuweisungsperspektive* geht davon aus, daß die Mädchen durch ihr Handeln ihre Situation selbst verursachen, sich dessen auch bewußt sind und von daher gar nichts anderes wollen. Die Mädchen seien schwierig oder schwieriger (als Jungen), ist eine häufig geäußerte Position in der Jugendhilfe. Die Schuldzuweisungsperspektive entlastet die Fachkräfte offenbar von der Entwicklung alternativer pädagogischer Konzepte und führt zu einer fachlichen Position, die den Schutz der Mädchen vor sich selber fordert und häufig genug damit auch geschlossene Unterbringung meint.
- Die *Opferperspektive* geht davon aus, daß das Verhalten der Mädchen Reaktion auf patriarchalische oder auch geschlechtsunspezifisch unterprivilegierte Lebenssituationen ist. Von daher trifft die Mädchen für ihr Verhalten keine Schuld, dennoch wird das Verhalten der Mädchen nicht akzeptiert. Wenngleich bei dieser Sichtweise der Kontroll- und Strafcharakter der Jugendhilfe deutlich abnimmt, werden dennoch nur marginal andere fachliche Handlungsorientierungen entwickelt. Aus dem Schutz der Mädchen vor sich selber wird in dieser Betrachtung der Schutz der Mädchen vor Anderen.

Sowohl die Schuldzuschreibungs- als auch die Opferperspektive folgen dem Defizit- oder Konfliktparadigma der Sozialarbeit und dies in einer geschlechtsspezifischen

Variation.

Erst der theoretische und methodische Zugriff zur Erklärung der Familienflucht von Mädchen in Kapitel 4 ermöglicht ein besseres Verständnis. Den Rahmen hierfür bot einerseits die Heranziehung von Forschungen über Spezifika von Lebenslagen, Lebenswelten und Lebenszusammenhängen von Mädchen, um für zielgruppenbezogene Konfliktdeterminanten der Familienflucht von Mädchen zu sensibilisieren. Andererseits konnte die Opferperspektive durch die Selbstaussagen weggelaufener Mädchen überwunden werden. Die Einbeziehung dieser Betrachtungsebene ermöglicht es, den Sinngehalt und die Funktion dieses Phänomens zu verstehen und damit die aktive Komponente handelnder Subjekte nachzuvollziehen. Neben der Nutzung sozialstruktureller und sozialisationsbezogener Ansätze bot darüber hinaus der Labeling approach den Rahmen für die Analyse der Kommunikationsmuster und ihrer stigmatisierenden Wirkung für die Mädchen.

Kapitel 4 enthält unter sozialisationsbezogener Perspektive folgende zentrale Ergebnisse: Zunächst einmal wird deutlich, daß — anders als bei Jungen — *ein* zentrales *Konfliktthema* als Anlaß der Familienflucht hervorsticht. Werden Weglaufen und Konflikte um Ausgangszeiten bei den am häufigsten genannten Heimeinweisungsgründen noch relativ unspezifisch nebeneinander oder auch in Kombination genannt, offenbaren die Interviews, daß das Weglaufen eine *Folge* der Konflikte um Ausgangszeiten und die Wahl des Freundeskreises ist. Dieses Verhalten zeigen Mädchen jedoch vorrangig in solchen Familien, die bei ambivalenten oder ausstoßenden *Beziehungsstrukturen* gleichzeitig eine rigide oder aber widersprüchliche/inkonsistente *Erziehung* praktizieren. Dabei kommen sehr unterschiedliche *Bedeutungsdimensionen* dieses Handelns zum Tragen. Es kann ein Signal an Eltern sein, Verselbständigungsprozesse zu akzeptieren und Vertrauen entgegenzubringen. Es kann sich um eine bereits eingetretene Alternativorientierung auf andere Lebensorte als Familie handeln und damit eher ein Hinlaufen als ein Weglaufen symbolisieren. Es kann aber auch die situativ empfundene Notwendigkeit sein, unerträglichen Spannungen bei Konflikten zu entkommen. Auch Ausstoßungen durch Eltern kommen vor, so daß die aktive Handlungskomponente in den Hintergrund tritt und Begriffe wie Familienflucht, weglaufen oder ausreißen hier ihren Sinn weitestgehend verlieren. Die Bedeutung des Weglaufens ist von zentraler Wichtigkeit für *fachliche Handlungsanforderungen* der Jugendhilfe. Kapitel 2 und Kapitel 3 geben keine Hinweise, daß dies bislang in das Blickfeld von Theorie und Praxis der Sozialpädagogik geraten ist.

Die erzählten Lebensgeschichten der Mädchen verdeutlichen mit Blick auf die Erklärungsmöglichkeiten des labeling approach jedoch auch, daß die Anlässe des Weglaufens aus Familien lediglich die Oberfläche grundlegender Konflikte der Mädchen selbst widerspiegeln. Der individuell zu leistende Balanceakt von "Sittsamkeit und Sinnlichkeit" gerät nicht zuletzt dadurch aus der Balance, daß relevante Bezugspersonen wie die Eltern, geleitet von eigenen geschlechtsspezifischen Normen und Werten, ihr Augenmerk auf die sexuelle Entwicklung von Mädchen richten. Verschärft durch gestörte Beziehungs- und Kommunikationsstrukturen werden die Mädchen immer weniger in ihrer Ganzheit betrachtet und ihre lebensbestimmenden Konflikte auf den Bereich Sexualität reduziert. Diese *Fokussierung* führt zur Entstehung sexualisierter Mädchenbilder, die ihren Ausdruck in Stigmatisierungen als "Hure" und "Flittchen" finden. Auch die Jugendhilfe war lange und ist z.T. bis heute dieser sexistischen Denktradition verhaftet. Problemdefinitionen wie die "sexuelle Verwahrlosung" und "sexuelle Triebhaftigkeit" geben davon Zeugnis; Schuldzuweisungen bei sexuellem Mißbrauch verweisen auf Opfer/Täter-Verkehrungen der "Verführungstheorien".

Die Ursprünge dieser Fokussierung auf den sexuellen Bereich verweisen auf die sexualisierte Weiblichkeitskonstruktion, wie sie in Kapitel 1 als "konservativer Diskurs" beschrieben wurden. So gesehen, kann in Anlehnung an die von *Münder/Slupik* (1984) bezeichneten Diskriminierungsstufen von einer direkten Diskriminierung durch die Jugendhilfe selbst gesprochen werden.

Andere Ergebnisse des 4. Kapitels verweisen unter sozialstrukturellen Aspekten auf Konfliktkonstellationen von weggelaufenen Mädchen und strukturelle *Verursachungszusammenhänge*, die zwar nicht zwangsläufig zur Familienflucht, jedoch zu erheblichen Verschärfungen von Problemen genereller geschlechtsspezifischer Sozialisation führen können.

Bei Mädchen, die in *sozial unterpriviligierten* Schichten leben, sind dies die Beschränkungen durch starre Geschlechtsrollenstereotype, mindere Chancen auf Bildung, Ausbildung und Beruf und damit die Zwangsläufigkeit eines über den Mann abgeleiteten Lebensentwurfs, der die Erhöhung des "Heiratswerts" nötig macht und den Balanceakt von Sittsamkeit und Sinnlichkeit durch die "sexuelle Revolution" von vorneherein zu einem Seiltanzakt werden läßt. Diese Brisanz mädchenspezifischer Entwicklung kommt insbesondere dann zum Tragen, wenn sich Mädchenleben im Spannungsfeld von *Elternhaus und Subkultur* abspielt und divergierende normative Orientierungen nicht durch geeignete Kommunikationsformen und Erziehungsmittel sowie tragfähige Beziehungen insbesondere auf der Eltern-Kind-Ebene zum Ausgleich bringen lassen. Dieser Verschärfungszusammenhang spielt auch bei bikultureller Sozialisation eine Rolle. Ebenfalls verschärfend wirkt sich dann das Aufwachsen von Mädchen bei *alleinlebenden Müttern* aus, wenn sich dieser konflikthafte Entwicklungsprozess zwischen "Sich-Anbieten" und "Sich-Bewahren" unter der Kontrolle von geschiedenen Ehemännern, Nachbarn und Verwandten, Jugendamt und Schule vollzieht und die

Mütter zu rigiden Erziehungsverhalten nötigt. Zusätzlich wirken hier Stiefväter oder Freunde der Mütter konfliktverschärfend, wenn sie sich vehement in Erziehungsfragen einmischen und die Mädchen maßregeln. Eine besondere Verschärfung mädchenspezifischer Sozialisation liegt bei *sexuellem Mißbrauch* von Mädchen durch männliche Verwandte insbesondere von Vätern und Stiefvätern vor. Dabei kommt es zumeist erst dann zur Familienflucht, wenn neben die sexuelle Gewalt andere Formen körperlicher und seelischer Gewalt treten oder wenn die Mädchen entdecken, daß außer ihnen auch noch andere Geschwister betroffen sind.

Familienflucht von Mädchen ist somit häufig genug *Rebellion oder Widerstand* gegen Unzumutbarkeiten, Beschränkungen, fehlende Akzeptanz und Unterstützung, gegen mangelndes Verständnis ihrer Problemlagen durch die Eltern. Endet dieser Widerstand durch Ausbruch jedoch auf der Straße, führen weitere leidvolle Erfahrungen durch Entbehrung und Gewalt häufig genug vom "Regen in die Traufe". Dem Ausbruch aus der Familie folgen weitere Fluchtversuche: vor dem Zuhälter, vor Drückerorganisationen, vor Jugendamt, Polizei u.a.m. Die Fluchtversuche erweisen sich als *Teufelskreis*, der ein Entrinnen schwerlich möglich macht und physische Flucht durch Fluchtsurrogate ersetzt: Flucht im Alkohol, Drogen, Tabletten und in Phantasien über sexuelle Attraktivität, über ein Leben in einer "richtigen Familie". Widerstand und Rebellion von Mädchen werden auf diese Weise zu Resignation, Apathie oder Anpassung. Geblieben ist häufig noch eine Radikalisierung durch zerstörende Lebensbedingungen, die sie entweder gegen sich und ihren Körper wenden, in dem sie sich mit Glasscherben, Rasierklingen und Messern tiefe Wunden ins eigene Fleisch schneiden oder aber ihren Ausdruck in einem Leben jenseits gesellschaftlich geachteter Grenzen finden.

Die Fokussierung von Mädchen als Sexualwesen ist kein Zufall individueller Lebensgeschichten, sondern spiegelt die objektive Lage besonders von Mädchen aus unterpriviligierten und patriarchalisch normierten Familien bzw. Schichten. Erkenntnisse der Frauenforschung (vgl. Kapitel 1) verweisen auf die Folgen der gesellschaftlichen *Triebregelung*, die mit dem Prozess der Zivilisation und der Aufklärung durch die Triebunterdrückung von Frauen und die Triebspaltung bei Männern von jeher Zündstoff bereithält. Lag dieser Zündstoff für Frauen früher in der Übertretung des normativen Verbots vor- und außerehelicher Sexualität, so ist heute gerade die Liberalisierung der Sexualmoral für Mädchen und Frauen doppelbödig. Vermeintliche Selbstbestimmung und neue Fremdbestimmung lassen einen diffus offenen Handlungsraum mit mehrschichtigen moralischen und normativen Standards entstehen (vgl. auch *Beck-Gernsheim* 1983). Dem dialektischen Zusammenspiel von sexualisierten und entsexualisierten Weiblichkeitsbildern (vgl. Kapitel 1) bleiben Mädchen und Frauen durch die gesellschaftlich normierte Bewertung verhaftet.

Die für die patriarchalisch organisierte Gesellschaft des christlichen Abendlandes funktionale Triebregelung, die dem männlichen Geschlecht unter dem Primat der Triebsublimation die Triebauslebung grundsätzlich auch außerhalb der Ehe gestattete, zeitigt die Folge dieser Doppelmoral bis heute auch in der Jugendhilfe. Die "sexuelle Verwahrlosung" der Mädchen findet kein männliches Pendant.[62]

Dabei kann das Verhalten der Mädchen durchaus als Logik ihrer Lebensgeschichten verstanden werden. Eingeschränkte Sozialisationsbedingungen und Zukunftschancen bergen gerade in der Entwicklung von "Weiblichkeit" die letztlich verbleibende Chance auf eine sozial akzeptierte Identität (vgl. *Wolffersdorff-Eulert u.a.* 1987). Auch andere Studien konstatieren, daß Jugendhilfe in ihrem Bemühen von Normalität mangels anderer Möglichkeiten gerade bei Mädchen, aber auch bei Jungen, auf traditionelle Geschlechtsrollen zurückgreift.

Individualisierung der Problemlagen von Mädchen bei gleichzeitiger Anwendung des familienbezogenen Defizitmodells, Pathologisierung durch Rückgriff auf psychiatrische Einrichtungen und Stigmatisierung durch Sexualisierung und Fokussierung bei weitgehendem Verzicht auf sozialstrukturelle und konflikttheoretische Deutungsmuster kennzeichnen eine verkürzte Sichtweise in Theorie und Praxis von Jugendhilfe zur Familienflucht von Mädchen. Damit trägt Jugendhilfe selbst zur Verdoppelung der Diskriminierung von Mädchen bei. Dies ist nicht zuletzt ihrem — zumindest für den Bereich der Erziehungshilfen — strukturellen Widerspruch von "Hilfe und Kontrolle", ihrer grundsätzlichen "Verspätung" und ihrer Orientierung an "Auffälligkeiten" geschuldet. Diese Mängel des Systems treffen insbesondere Mädchen, denn ihre der Mädchenrolle inhärenten Probleme werden weitestgehend noch verkannt und ihren "Auffälligkeiten" hat Jugendhilfe die Anpassung an eine "Normalität" anzubieten, die per se Diskriminierung beinhaltet. Insofern ist die häufig in Fachkreisen anzutreffenden Meinung, daß Mädchen schwieriger (als Jungen) seien, eben genau der falsche Blick auf eine Realität, die eine zukunftsoptimistische Erziehung von Mädchen de facto schwieriger als die von Jungen macht. Bei Jungen ist das erhoffte Erziehungsziel häufig schon dann erreicht, wenn Eigentumsdelikte unterbleiben, eine Orientierung auf Ausbildung und Beruf vorhanden ist und damit gesellschaftlich akzeptierte männliche Geschlechtsrollen adaptiert werden. Was aber nützt den Mädchen, von denen in

---

[62]Klassisch wird dies in älteren Untersuchungen dokumentiert. *Stutte* verweist 1958 als zentrale "Entäußerungsform" von Verwahrlosung bei Mädchen auf "sexuelle Verwilderung, frühsexuelle Betätigung, Prostitution" und bei den Müttern der Mädchen auf "unsittlichen Lebenswandel" als soziale Auffälligkeit, wohingegen bei Jungen und Vätern der Verweis auf äußerst selten verzeichnete Homosexualität erwähnenswert scheint.

diesem Bericht die Rede ist, eine Anpassung an gesellschaftlich akzeptierte weibliche Geschlechtsrollen? Abhängigkeit in vielerlei Hinsicht und weitere Anpassungzwänge sind der Preis. Widerstandsfähigkeit gegen geschlechtsspezifische Ungleichheit, Selbstbestimmung und Würde als Zeichen von Emanzipation rücken damit in weite Ferne.

Gleichberechtigung hat jedoch integraler Bestandteil einer offensiven Jugendhilfe zu sein, die für sich in Anspruch nimmt, "für alle gesellschaftlichen und politischen Tatsachen und Vorgänge (verantwortlich zu sein), die für die Jugend von Bedeutung sind" (*BMJFG* 1974, S. 143), wenn sie denn die Mädchen tatsächlich meint.

5.2 Anforderungen an die sozialpädagogische Praxis

Die Herausforderung an eine mädchenorientierte emanzipatorische Jugendhilfe im Umgang mit der Problematik, die zur Familienflucht von Mädchen führt, ist umfassend.

5.2.1 Bearbeitung des Grundkonflikts mädchenspezifischer Sozialisation als integraler Bestandteil einer mädchenorientierten Jugendhilfe

Es gilt, die Dialektik von "Hilfe und Kontrolle" bei der Entwicklung der sexuellen Identität als Grundkonflikt mädchenspezifischer Sozialisation zu verstehen und adäquate pädagogische Konzepte zu ermitteln. Diese müssen geeignet sein, den Mädchen die Funktion der verstärkten elterlichen Kontrolle im Kontext der Entwicklung weiblicher Geschlechtsrollen nachvollziehbar zu machen und sich mit diesen Formen der Erziehung und Konfliktbewältigung von Eltern auseinanderzusetzen. Ein handlungsbezogenes Konzept, das den Spielraum und damit die Selbstbestimmung von Mädchen fördern soll, muß daraufhin wirken, daß diese das Konfliktthema offensiv aufgreifen können, mit ihren Eltern darüber debattieren und für sich entscheiden können, in welcher besser geeigneten Weise, sie den Schutz, der der elterlichen Kontrolle häufig ja auch anhaftet, inhaltlich akzeptieren und für sich wirksam werden lassen können.[63] Dafür wiederum unerläßlich ist eine offensive feministische Sexualpädagogik, wie sie von verschiedenen Praktikerinnen und Wissenschaftlerinnen entworfen und propagiert wurde (vgl. u.a. *Haarbusch/Jochens* 1985, *Wendel* 1987).

Die Bearbeitung des mädchenspezifischen Grundkonflikts, der das Weglaufen von Mädchen mitbewirkt, aber auch in unterschiedlicher Schärfe nicht weglaufende Mädchen trifft, sollte auf breiter pädagogischer Ebene erfolgen. Das heißt, daß Schule

---

[63] Die Notwendigkeit, Inhalte und Ziele von Mädchenarbeit auch mit vielfältigen, Handlungskompetenz erweiternden Methoden zu verfolgen, habe ich anderer Stelle bereits ausführlich dargelegt (vgl. *Ministerium für Arbeit, Gesundheit und Soziales des Landes NW* 1986).

und die offene wie verbandliche Jugendarbeit ihre Ressourcen nutzen sollten. Dabei hat sich die themenbezogene Arbeit in Gruppen mit Mädchen bewährt (vgl. *Ministerium für Arbeit, Gesundheit und Soziales des Landes NW* 1986). Entsprechend eines von mir vertretenen umfassenden Verständnisses von Mädchenarbeit reicht dies jedoch nicht hin. Antisexistische Arbeit in Jungengruppen und koedukativen Gruppen, Reflexion fachlicher Kompetenz oder Nichtkompetenz von weiblichen und männlichen Fachkräften und Aufklärungsarbeit bei Eltern gehören zu einem feministischen Verständnis von Mädchenpolitik. Die Instrumentalisierung weiblicher Sexualität und die Reduzierung als Sexualwesen mit der ständigen Drohung der Grenzüberschreitung in das "schwarze Prinzip" (vgl. Kapitel 1) haben fachliche Themen einer Jugendhilfe zu sein, die sich um die strukturelle Diskriminierung von Mädchen kümmert, ihre Interessenvertretungsfunktion für Mädchen wahrnimmt und Aufklärungsarbeit nicht nur in der fachlichen Öffentlichkeit betreibt.

Die Beschreibungen der Situation von Mädchen in Schule (vgl. *Brehmer* 1982, *Horstkemper* 1987) und Jugendarbeit (vgl. *Institut für soziale Arbeit e. V.* 1986) haben gezeigt, daß zögerliche Ansätze einer mädchenorientierten Pädagogik vorhanden sind, diese jedoch häufig noch qualifiziert und auf jeden Fall verbreitet werden müssen. Insbesondere jedoch die Erziehungshilfen, die mit Flucht und Ausbruch besonders befaßt sind, weisen — wie auch in Kapitel 3 gezeigt — erhebliche Mängel bei der pädagogischen Aufarbeitung der zugrunde liegenden Konfliktthemen auf. Von daher ist die Aufforderung an offene und stationäre Angebote der Erziehungshilfen zu richten, den Grundkonflikt von "Sinnlichkeit und Sittlichkeit" mit den Mädchen zu bearbeiten und eine mädchenorientierte Sexualpädagogik anzubieten.

Wenn ich hier also für eine Qualifizierung koedukativer Angebote der Jugendhilfe für geschlechtsspezifische Pädagogik bei gleichzeitigem Angebot geschlechtshomogener Gruppen plädiere, so heißt dies nicht, sich von einer anderen Entwicklung abzugrenzen, die durch einen Ausbau spezieller Mädcheneinrichtungen gekennzeichnet ist (vgl. hierzu u.a. *Bevollmächtigte der Hessischen Landesregierung für Frauenangelegenheiten* 1987). Mädchenhäuser und Mädchenzentren sind auch adäquate Antworten auf die strukturelle Ausgrenzung und Benachteiligung von Mädchen in koedukativ geführten Einrichtungen.[64] Beachtlich ist auch das ganzheitliche Konzept dieser Angebote, das Freizeit, Beratung, Krisenintervention und -unterkunftsmöglichkeiten umfaßt. Spezifische Mädcheneinrichtungen werden fürderhin die Aufgabe mitzuüber-

---

[64] Nicht zuletzt ist die verstärkte Kontrolle von Mädchen zur Zeit der Pubertät zur Wahrung ihrer sexuellen Integrität ein Grund ihrer Unterrepräsentanz in Häusern der Offenen Tür und macht damit auch die Einrichtung spezieller Freizeiteinrichtungen für Mädchen plausibel.

nehmen haben, den Anspruch und die Mahnung an die Jugendhilfe aufrecht zu erhalten, ihre Angebote für Mädchen zu qualifizieren.

5.2.2 Aufgreifen struktureller Verschärfungszusammenhänge, Qualifizierung bestehender und Entwicklung neuer Angebote

Auch die weiteren beschriebenen Verschärfungszusammenhänge des mädchenspezifischen Konfliktpotentials bedürfen einer adäquaten fachlichen Beantwortung.

Auf die zentralen Probleme von *Mädchen in sozialen Ungleichheitsstrukturen*, der Internalisierung traditioneller Geschlechtsrollen, der Chancenungleichheit und Abwertung, muß Jugendhilfe durch eine bevorzugte Wahrnehmung und erhöhte Akzeptanz reagieren. Berichte aus der Mädchenarbeit zeigen, daß bereits die Bevorzugung der Mädchen durch die Bereitstellung von Raum, Zeit und Aufmerksamkeit in der offenen Jugendarbeit zu ermutigenden Veränderungen im Selbstvertrauen der Mädchen und dieses zu veränderten Ansprüchen geführt hat (vgl. hierzu u.a. *Jugendamt der Landeshauptstadt Düsseldorf* o.Jg.). Die Entwicklung eigener Interessen und ihre Verteidigung gegenüber der Vorrangigkeit männlicher Interessen fördern das Selbstwertgefühl und damit auch den Anspruch, die Wertschätzung anderer verlangen zu können. Diese Unterstützung ist noch am ehesten Garant dafür, daß diese Mädchen Unzumutbarkeiten im späteren Leben erfolgreich zurückweisen.

Um die Chancenungleichheit für Mädchen aus unterpriviligierten Schichten in Ausbildung und Beruf zumindest abzufedern, bedarf es ebenfalls eines Ausbaus von Angeboten durch die Jugendberufshilfe. Die zentralen Prämissen einer feministisch orientierten Jugendberufshilfe sind Einbezug pädagogischer Mädchenarbeit in die Ausbildung, Quotierung von Angeboten oder Bereitstellung spezieller Ausbildungsangebote, die zur Überwindung der geschlechtsspezifischen Segmentierung des Ausbildungs-und Arbeitsmarktes beitragen (vgl. ausführlich dazu *Paritätisches Jugendwerk* 1988, *Trauernicht* 1988).

Auch die divergierenden Anforderungen an *Mädchen zwischen Familie und den verschiedenen Subkulturen* fordern dazu auf, daß diese spezielle Problematik in Jugendarbeit und auch Schule behandelt wird.[65] Nicht die Bewertung dieser unterschiedlichen Bezugssysteme durch pädagogische Fachkräfte, sondern die Unterstützung zur selbständigen Positionsfindung der Mädchen ist vonnöten. Je nach Konfliktlage und Standort der Mädchen können auch klärende Elterngespräche die Spannung der

---

[65] Im folgenden wird jetzt nicht mehr darauf eingegangen, wie dies nach dem bereits beschriebenen umfassenden Konzept von Mädchenarbeit geschehen soll.

Mädchen reduzieren. Auf die Notwendigkeit der Unterstützung von "subkulturorientierten" Mädchen, haben bereits vor einigen Jahren *Savier/Wildt* (1978) und *McRobbie/Savier* (1982) mit Verweis auf die Frauenfeindlichkeit dieser männlich dominierten Subkulturen hingewiesen. In jüngster Zeit entwickeln sich beachtenswerte Angebote wie Anlauf- und Beratungsstellen für jugendliche Prostituierte im Milieu von Großstädten wie Hamburg und Berlin (vgl. hierzu auch *Savier u.a.* 1987). Erfahrungen mit der Straßensozialarbeit und Jugendberatern/innen in Stuttgart zeigen darüber hinaus, daß auch durch diesen Ansatz Mädchen erfolgreich unterstützt werden konnten[66] (*Landeswohlfahrtsverband Württemberg-Hohenzollern* 1984). Ebenfalls einige der offenen Jugendberatungsstellen wie z.B. die Kontakt- und Beratungsstelle KuB, Kantstraße Berlin, erreichen überproportional viele Mädchen unter 16 Jahren aus der sogenannten Scene (vgl. *Jordan/Trauernicht* 1981, S. 125).

Auch die spezifischen Probleme von Mädchen aus *Ein-Eltern-Familien*, ausgelöst durch Scheidung der Eltern, stärkeres familiäres Eingebundensein und verschärfte Ablösungskonflikte, durch doppelte Kontrolle bei tendenziell geringerer sexueller Selbstbestimmung erfordern eine gesonderte thematische Bearbeitung durch die Mädchenarbeit in der Jugendhilfe.

Die Spezifika des mädchenspezifischen Grundkonflikts in Ein-Eltern-Familien, sei es bei einer alleinerziehenden Mutter oder in einer Stiefelternkonstellation bedürfen zusätzlich zur Mädchenarbeit einer familienbezogenen Unterstützung. Dabei ist insbesondere die Entlastung der Familie durch Gesprächskreise für die Mütter nach Trennung und Scheidung, die Sicherung der sozioökonomischen Situation, die Entlastung in der Kinderbetreuung und die Beratung in Erziehungsfragen vonnöten (vgl. *Institut für soziale Arbeit e.V.* 1988, *Trauernicht* 1988). Spezielle Gesprächskreise für Stiefelternfamilien sind vonnöten, um Neukonstellationen im Familienverband erfolgreich zu bewältigen. Es zeigt sich, daß die Praxis der Jugendhilfe erst zögerlich beginnt, den spezifischen Lebensbedingungen von Ein-Eltern-Familien Rechnung zu tragen. Auch im Interesse von Mädchen ist diese Entwicklung in der Zukunft verstärkt zu unterstützen, da insbesondere auch hier "Erwachsenenprobleme" und "Kinderprobleme" nicht zu trennen sind.

Viele der vorgenannten notwendigen Aktivitäten in der Jugendhilfe gelten auch für Mädchenprobleme bei *bikultureller Sozialisation*. Um ausländische Mädchen zu erreichen, bedarf es jedoch auf jeden Fall spezieller Mädchenangebote, besser noch eigener Räumlichkeiten (vgl. *Wohlfahrt-Schneider* 1982). In diesen Angeboten müssen

---

[66] Wobei wohl auch zunächst die lehrreiche Erfahrung gemacht werden mußte, daß dazu die Einstellung weiblicher Fachkräfte vonnöten ist.

gerade am Anfang auch die Vorstellungen der Eltern antizipiert werden. Dies bedeutet neben geschlechtshomogenen Gruppen die Offerte "frauenspezifischer" Kurse wie Kochen und Nähen. Diese sind jedoch gleichzeitig als Träger anderer Inhalte wie z.B. Sexualaufklärung, Beratung etc. zu nutzen. Gerade die Spezifika bikultureller Sozialisation machen eine gelungene Kombination strukturierter und unstrukturierter, kommunikations- und produktorientierter Angebote nötig, die den unterschiedlich ausgebildeten Präferenzen der Mädchen Rechnung tragen. Insbesondere auch die Bedeutung der Mutter-Tochter-Beziehung für die Förderung der Emanzipation wird in der einschlägigen Literatur betont und eine parallel laufende Mütterarbeit empfohlen (vgl. *Rosen/Stüwe* 1985, *Türk Kadinar Birligi e.V.* o.J.).

Konkreter Ansatzpunkt für die Arbeit mit ausländischen Mädchen kann die Durchführung von Alphabetisierungskursen oder MBSE-Maßnahmen sein. Die Jugendberufshilfe kann verstärkt auf das Anliegen ausländischer Eltern an besseren Startbedingungen offensichtlich auch ihrer Töchter eingehen. Gerade die sozialpädagogische Arbeit mit ausländischen Mädchen bedarf eines prophylaktischen Verständnisses von Krisenintervention, da eine Herauslösung von Töchtern aus dem Familienverband eine weitere Verschärfung der Konflikte nach sich ziehen kann. Unerläßlich ist jedoch auch die verbesserte Rechtsstellung ausländischer Mädchen (z.B. eigenständiges Aufenthaltsrecht).

Bei erfolgter *Gewalt und sexuellem Mißbrauch an Mädchen* hat die Verletzung der sexuellen Selbstbestimmung zumeist bereits zu einer Beschädigung des Selbstwertgefühls und der sexuellen Identität geführt. Obgleich schon immer damit konfrontiert, hat Jugendhilfe bislang kaum akzeptable fachliche Konzepte entwickelt. Thematisierung statt Tabuisierung ist zu fordern, Wahrnehmung und Handlungskompetenz sind weitestgehend erst zu entwickeln. Hier sind die Arbeiten insbesondere von *Kavemann/Lohstöter* (1985), *Kavemann* (1985) und *Saller* (1987) aufzugreifen.

Eine Qualifizierung aller pädagogischen Fachkräfte ist hier besonders dringlich. Dabei zeigt sich aber auch, daß das Konzept der "Berufsgruppen" besonders gut geeignet ist, die Sensibilisierung und Handlungskompetenz zu fördern und das bestehende Netz der Jugendhilfe zu nutzen. Demnach treffen sich einzelne Vertreterinnen aus den verschiedenen Arbeitsfeldern der Jugendhilfe sowie autonomer Frauenselbsthilfe regelmäßig auf regionaler Ebene zu Gruppensitzungen, in denen selbstorganisierte Fortbildung stattfindet. Dies hat den Vorteil, daß bei notwendiger Unterstützung betroffener Mädchen bereits auf ein bestehendes Verbundsystem von Hilfen über einzelne qualifizierte Mitarbeiterinnen zurückgegriffen werden kann.

Wenngleich alle Expertinnen vor einem übereilten Herausholen von Mädchen aus Familien im Interesse der Mädchen warnen, gibt es doch verschiedene Meinungen zur

Ausgestaltung der Hilfen. Verstehen die einen unter Parteilichkeit für die Mädchen die ausschließliche Arbeit mit den Betroffenen,[67] beinhaltet dies für andere auch die Arbeit mit der gesamten Familie und u.U. das Belassen der Mädchen an ihrem Wohnort (vgl. zu dieser Diskussion *Windaus-Walser* 1988). Insbesondere umstritten ist auch die Arbeit mit Sexualtätern, wie sie in einigen Strafanstalten praktiziert wird.

Eine beachtenswerte neuere Entwicklung zum Thema Gewalt und sexueller Mißbrauch ist die prophylaktische Arbeit des Child Assault Prevention-Programms (vgl. *Fey* 1987). Danach werden in Kindergärten, Jugendzentren, Schulen etc. einstündige Workshops durchgeführt, deren Schwerpunkt die Vermittlung von Information, Wissen um die eigene Stärke, Reduzierung der Abhängigkeit und Aufhebung der Isolation sind.

5.2.3 Krisenintervention und Wohnangebote für Mädchen in Not

Die Ergebnisse der vorliegenden Untersuchung haben gezeigt, daß die beschriebenen Konflikte von Mädchen in bestimmten strukturellen und familiären Konstellationen keine eigenständige Konfliktbewältigung mehr zulassen. Hieraus ergibt sich ein Bedarf an sozialpädagogischer Krisenintervention und adäquaten Wohnmöglichkeiten.

Zu Beginn der 80er Jahre wurde begonnen, die fachliche Diskussion um diese Angebote vor dem Hintergrund der spezifischen Notlagen von Mädchen zu führen. Dies ist wesentlich zurückzuführen auf die größere Sensibilisierung für den sexuellen Mißbrauch an Mädchen und der für dieses Problem unzulänglich erkannten Praxis der Jugendhilfe (vgl. *Kavemann/Lohstöter* 1985). Das Ausmaß an Familienkonflikten wurde jedoch auch ersichtlich in der freizeitbezogenen Mädchenarbeit in Jugendzentren, Mädchentreffs sowie in Beratungsangeboten und offenbarte damit einen erheblichen Bedarf an Krisenintervention. Argumentationen und Aktivitäten für die Notwendigkeit eines solchen mädchenspezifischen Angebotes kamen darüber hinaus aus der Bewegung "Gewalt gegen Frauen". Finanzielle, personelle und rechtliche Rahmenbedingungen der Frauenhäuser waren grundlegend dafür, daß sich die Arbeit i.d.R. auf volljährige Frauen konzentrieren mußte. Die Not der Mädchen wurde jedoch in der Arbeit mit den Müttern zunehmend zu einem drängenden Problem (vgl. *Klose/Seidel* 1987, S. 27).

Infolge dieser Diskussionen ist eine Entwicklung zu verzeichnen, spezielle Kriseninterventionsangebote für Mädchen anzubieten, die in Anlehnung an die Frauenhäuser

---

[67]Und dies insbesondere in eigens geschaffenen Einrichtungen, die ebenfalls unter dem Begriff "Mädchenhaus" firmieren (vgl. z.B. das Konzept des Bielefelder oder des Hamburger Mädchenhauses).

häufig als *Mädchenhäuser* bezeichnet werden.[68]

Zentrales Anliegen aller Mädchenhäuser ist es, minderjährigen Frauen Schutz vor Gewalt anbieten zu können. In den Konzeptionen werden insbesondere sexueller Mißbrauch, Mißhandlung sowie psychische und physische Bedrohung als Merkmale der Zielgruppe genannt (vgl. u.a. *Hoffmann* 1985, *Klose/Seidel* 1987, *Mädchenhaus Bielefeld* 1987). Einige Angebote beziehen sich ausschließlich auf sexuell mißbrauchte Mädchen (Wildwasser Berlin und Kobra Stuttgart), während andere darin eine unzulängliche Rezeption des ganzheitlichen Grundgedankens der Mädchenarbeit sehen und die grundsätzliche Offenheit ihres Mädchenhauses für alle Mädchen propagieren (so z.B. Frankfurt) (vgl. *Klose/Seidel* 1987, S. 31).

Demnach würde

"nur ein Ansatz 'am Mädchen' und gerade nicht 'am sexuellen Mißbrauch' (...) den fatalen Kreislauf in der Vorstellung eines betroffenen Mädchens [unterbrechen], vorwiegend im Zusammenhang des sexuellen Mißbrauchs (...) Interesse und Zuwendung zu erhalten" (*Klose/Seidel* 1987, S. 31).

Nicht nur diese Argumentation verweist auf einen nicht abgeschlossenen Prozeß fachlicher Überlegungen. So wird vom Hamburger Mädchenhaus inzwischen selbstkritisch diskutiert, ob die pädagogische Arbeit mit sexuell mißbrauchten Mädchen vereinbar ist mit dem ebenfalls bestehenden Angebot, Mädchen zu einem Ausstieg aus der Prostituiertenszene zu verhelfen (vgl. *Institut für soziale Arbeit e.V.* 1985, S. 26). Gründe für die Nichtvereinbarung dieser Zielgruppen werden insbesondere in der unterschiedlichen psychischen Situation und in der Gefahr des versuchten Anwerbens für das Prostitutionsmilieu gesehen.

Im allgemeinen wird in den Konzeptionen der Mädchenhäuser davon gesprochen, daß die Gründe von Mädchen, von zu Hause wegzuwollen oder wegzulaufen, vielfältig sind (so *Klose/Seidel* 1987, S. 32).[69] Von daher wird als Ziel für die Arbeit der Mädchenhäuser neben Schutz vor Gewalt Unterstützung in Krisen- und Notsituationen genannt. Mädchenhäuser visieren i.d.R. mehrere Angebote[70] an:
- Anlaufstellen in Form von Büros oder Cafés, die Informationen und Beratung bieten,

---

[68] Realisiert bzw. geplant sind Mädchenhäuser meines Wissens bisher in Hamburg, Berlin, München, Frankfurt, Stuttgart und Bielefeld.

[69] Was jedoch nicht heißt, daß systematische Erklärungen gegeben werden. Es erfolgt i.d.R. lediglich eine additive Auflistung von Gewalt bis hin zu Schulproblemen.

[70] Häufig ist die Vielfalt dieser Angebote jedoch lediglich Konzeption und nicht Praxis, da erhebliche Realisierungsschwierigkeiten aufgrund mangelnder finanzieller Ressourcen und/oder fachlicher Bedenken von Bewilligungsinstanzen zu verzeichnen sind.

- Zufluchtstätten, die den Mädchen sofortige Unterbringung außerhalb des Elternhauses u. ä. ermöglichen,
- Längerfristige Wohnmöglichkeiten, die zur Stabilisierung von Verselbständigungsprozessen der Mädchen beitragen.

Realisiert werden kann zumeist jedoch nur die Anlauf- und Beratungsstelle mit angeschlossener Krisenwohnung.

Die Krisenintervention ist geprägt durch Parteilichkeit für Mädchen, ohne daß jedoch die Arbeit mit deren Müttern, Vätern und weiteren Familienangehörigen ausgeschlossen wird. Abgelehnt wird jedoch die Arbeit mit den Tätern.[71] Die Parteilichkeit kommt vor allem auch bei der Unterstützung der Mädchen im Umgang mit Behörden zum Tragen. Insbesondere hier macht sich denn auch die Überwindung der Defizit- oder Opferperspektive bzw. gar der Opfer-Täger-Verdrehung bemerkbar. Die Glaubwürdigkeit der Mädchen wird nicht in Frage gestellt; schulische, psychosomatische und sexuelle Probleme vor dem Hintergrund der Lebenserfahrungen der Mädchen gesehen und Fremd- und Autoaggression als Auflehnung gegen unzumutbare Leiderlebnisse gedeutet. Dies beinhaltet auch die Überwindung einer Sichtweise, die Probleme und Phänomene parzelliert. Weglaufen von Mädchen ist denn auch Ausdruck von Problemen, die Mädchen haben und nicht Problem an sich.

Die pädagogische Arbeit orientiert sich entsprechend an den Grundsätzen feministischer Mädchenarbeit:

- "Im Mittelpunkt der Arbeit steht das Mädchen mit seinen Bedürfnissen und Schwierigkeiten,
- das Mädchen wird in seiner Problematik ernstgenommen,
- Hilfe zur Selbsthilfe, d.h., keine überstülpende 'Rundumbetreuung',
- Beachtung und Ausbau der vorhandenen Stärke" (Mädchenhaus Hamburg o.Jg.).

Insgesamt ist die Arbeit der Mädchenhäuser darauf ausgerichtet, das Selbstbewußtsein und Selbstwertgefühl der Mädchen zu stärken, das Zutrauen in ihre Handlungskompetenz zu fördern, die Aufarbeitung von Leiderfahrungen zu ermöglichen und den Bezug eigener Erlebnisse in weibliche Lebenszusammenhänge zu stellen. Gemeinsam werden mit den Mitarbeiterinnen die notwendigen Handlungsschritte für die Zukunft erarbeitet und umgesetzt.

Grundsatz der Mädchenhäuser ist, daß eine solchermaßen praktizierte Arbeit ausschließlich von weiblichen Fachkräften betrieben werden kann. Als zentraler pädagogischer "Transmissionsriemen" wird die Beziehungsarbeit gewertet.

---

[71] Dieser Verweis erfolgt immer bei den Vätern; ein Indiz dafür, daß der sexuelle Mißbrauch in allen Konzeptionen als zentral erachtet wird.

"Beziehungsarbeit mit den Mädchen und jungen Frauen ist notwendig, weil weibliche Jugendliche derart sozialisiert werden, daß sie durch Identifikation lernen und auf Personenorientierung ausgerichtet sind. Durch alternative Identifikationsfiguren haben die Mädchen und jungen Frauen die Möglichkeit, Alternativen zu den bestehenden Frauenleitbildern in Politik, Musik, Werbung, Literatur etc. zu erleben, ihre eigene Frauenrolle zu reflektieren und Neues auszuprobieren. (...)
Stärke, Durchsetzungskraft und Selbstbewußtsein entwickeln sich nicht in erster Linie durch verbale Vermittlung, sondern in einem handlungsintensiven, projekt- und produktorientierten Umfeld" (*Mädchenhaus Bielefeld* 1987, S. 12f.).

Auch wird erprobt, in welcher Weise der Grundsatz der Hilfe zur Selbsthilfe so genutzt werden kann, daß betroffene Mädchen aus den Zufluchtstätten und den Wohnprojekten Krisenintervention für ratsuchende neue Mädchen leisten können.

Weitere Kennzeichen für die Arbeit von Mädchenhäusern sind Freiwilligkeit des Angebots und Anonymität. Das heißt, daß die Mädchen kommen und gehen können, ohne einem Zwang ausgesetzt zu sein. Es werden auch keine Akten geführt oder verfaßt (vgl. *Hoffmann* 1985, S. 36). Die Anonymität bezieht sich z.T. auf die Lage der Mädchenhäuser, z.T. werden die rechtlichen Handlungsspielräume hinsichtlich der Geheimhaltung des Aufenthaltsortes und des Aufenthaltszeitraumes auch gegen den Willen der Sorgeberechtigten genutzt (vgl. hierzu *Hoffmann* 1985, S. 39, *Jordan/Münder* 1986, S. 43ff.).

Öffentlichkeitsarbeit hat für alle Mädchenhäuser einen zentralen Stellenwert. Dies liegt nicht vorrangig darin begründet, daß Öffentlichkeitsarbeit zumeist für die existentielle Absicherung bzw. die Einrichtung von Mädchenhäusern unabdingbar ist. Öffentlichkeitsarbeit beinhaltet insbesondere die Enttabuisierung von sexuellem Mißbrauch und Mißhandlungen an Mädchen und jungen Frauen.

Interessant an den Konzeptionen der Mädchenhäuser ist auch, daß häufig von diesen Fortbildungsangebote für Fachkräfte der sozialen Arbeit und andere Interessierte angeboten werden (vgl. u.a. Pressedienst des *Bundesministers für Jugend, Familie, Frauen und Gesundheit* 1987, S. 4, *Nitschke* 1985, S. 9).

Diese Darstellung über Ziele, Arbeitsansätze und Angebote von Mädchenhäusern verweist auf grundlegende Unterschiede zu der herkömmlichen Praxis von Krisenintervention in der Jugendhilfe durch die Jugendschutzstellen.[72] Studien zeigen, daß der größte Teil der Jugendschutzstellen pädagogische Krisenintervention auf eine bloße "unverzügliche Rückführung" zu den Fluchtorten reduziert und insbesondere auch

---

[72] Jugendschutzstellen sind Einrichtungen zur vorübergehenden Inobhutnahme von Kindern und Jugendlichen nach § 1 des Gesetzes zum Schutze der Jugend in der Öffentlichkeit.

die institutionellen Rahmenbedingungen Anlaß zur Kritik geben[73] (vgl. *Jordan u.a.* 1985, *Jordan/Münder* 1986).

Demzufolge gehen 53,5 % der Schutzstellen von einer Verpflichtung zur fluchtsicheren Verwahrung der in Obhut genommenen Minderjährigen aus und praktizieren eine generelle geschlossene Unterbringung.

Abgesehen von der rechtlichen Problematik dieses Handelns wird die pädagogische Unzulänglichkeit vor dem Hintergrund der in Kapitel 4 dargestellten Problemkonstellationen und Familiensituationen evident. Ebenfalls nicht mehr zum Tragen kommen die Bedeutungen, die dem Handeln der Mädchen zugrunde liegen. Ein solchermaßen praktiziertes Verständnis von Inobhutnahme entspricht einer an Ordnungsprinzipien orientierten Jugendhilfe, der es um die Beseitigung durch Auffälligkeiten störenden Verhaltens geht.[74]

Da die Jugendämter nach § 1 JÖSchG und nach § 11 JWG in Verbindung mit den landesrechtlichen Ausführungsgesetzen zum JWG grundsätzlich verpflichtet sind, Minderjährige in Obhut zu nehmen, die ihr von der Polizei zugeführt werden, sich als Hilfesuchende selbst melden oder von Dritten (z.B. freien Trägern, Selbsthilfeinitiativen) aufgenommen und dann als Hilfesuchende gemeldet werden, besteht zwar bereits eine institutionelle Infrastruktur, die jedoch für eine pädagogische Krisenintervention qualifiziert werden muß (vgl. hierzu *Jordan u.a.* 1985, *Jordan/Münder* 1986).

Diese Qualifizierung hätte insbesondere auch jene geschlechtsspezifischen Prämissen zu beinhalten, die der Arbeit der Mädchenhäuser zugrunde liegen.

Auf die prinzipielle Bereitschaft zur Rezeption dieser Erkenntnisse verweisen verschiedene Aktivitäten von Jugendhilfeträgern wie Fortbildungsveranstaltungen, Modellprojekte, Bestandsaufnahmen etc. (vgl. u.a. *Landeswohlfahrtsverband Württemberg-Hohenzollern* 1984, *Landschaftsverband Rheinland* 1985, *Institut für soziale Arbeit e.V./Landeswohlfahrtsverband Hessen* 1987, *Evangelischer Erziehungs-Verband e.V.* 1988). Nichtsdestotrotz erweist sich das System der Jugendhilfe gegenüber Innovationen — und hier insbesondere frauenpolitischen Innovationen — häufig genug noch als außerordentlich resistent (vgl. *Trauernicht 1988b*). Mögen hier die Empfehlungen der Jugendministerkonferenz Wirkung zeitigen, die den Ausbau

---

[73] Die Untersuchungen des *Instituts für soziale Arbeit e.V.* beziehen sich auf Nordrhein-Westfalen und wurden in den Jahren 1981 bis 1983 durchgeführt. Die fachliche Diskussion der Ergebnisse gibt keinen Anlaß, davon auszugehen, daß die Situation in den anderen Bundesländern grundsätzlich anders aussieht.

[74] *Münder* verweist darauf, daß eine geschlossene Unterbringung immer nur nach vorheriger richterlicher Entscheidung möglich ist, die keinesfalls immer von den Jugendschutzstellen eingeholt wird (vgl. *Jordan/Münder* 1986, S. 43ff.).

von speziellen Mädchenprojekten ebenso beinhalten wie die Qualifizierung bestehender Angebote für die Belange von Mädchen.

Unabdingbar ist ein Perspektivenwechsel von den Problemen, die Mädchen "machen", hin zu den Problemen, die ihnen gemacht werden bzw. die sie haben. Das heißt, daß der Sinnzusammenhang des Handelns von Mädchen als Zeichen des Widerstandes verstanden wird und eine vordergründige Anpassung an gesellschaftlich verordnete Frauennormalität unterbleibt. Die Plausibilität eines Lebenskonzeptes des "Vagabundierens" in Sinn, Raum und Zeit muß zugelassen werden.

Literatur

ADERHOLD, DIETER: Nichtseßhaftigkeit, Köln 1970

AFET-MITGLIEDERRUNDBRIEF Nr. 1/76: Diskussionsbeitrag zur Verbesserung der Hilfemöglichkeiten für besonders problembelastete Mädchen im Rahmen der Jugendhilfe, Hannover 1976

AFET (Hg.): Die Behandlung besonders problembeladener junger Menschen im Rahmen der öffentlichen Erziehung. Bericht über die Arbeitstagung vom 17.-19. Dezember 1969. In: AFET-Mitgliederrundbrief Nr. 5, Dezember 1979

AHLHEIM, ROSE u.a. (Autorenkollektiv): Gefesselte Jugend. Fürsorgeerziehung im Kapitalismus, Frankfurt 1971

AICH, PRODOSCH: Da weitere Verwahrlosung droht ... Fürsorgeerziehung und Verwaltung, Reinbek bei Hamburg 1973

ARIES, PHILLIPE: Geschichte der Kindheit, München 1975

AUGSTEIN, RENATE: Sexualberatung in der Jugendhilfe. In: Recht der Jugend und des Bildungswesens, 5/1985, S. 345-360

BACKE, LORE u.a. (Hg.): Sexueller Mißbrauch von Kindern in Familien, Köln 1986

BARASCH, RÜDIGER/HÜTTER, MICHAEL/NOLTE, EVA: Zusammenfassende Stellungnahme zur Trebeproblematik in Berlin, hrsg. vom Senator für Familie, Jugend und Sport Berlin 1973

BAUER, GUDRUN: Literaturbericht zur Situation der weiblichen Jugendlichen in der Bundesrepublik Deutschland, München 1970

BAURMANN, MICHAEL: Sexualität, Gewalt und die Folgen für das Opfer, Wiesbaden 1983

BECKER, HOWARD S.: Outsiders. Study in the Sociology of Deviance, New York/London 1963

BECK-GERNSHEIM, ELISABETH: Vom "Dasein für andere" zum Anspruch auf ein Stück "eigenes Leben". Individualisierungsprozesse im weiblichen Lebenszusammenhang. In: Soziale Welt '83, H. 3, Göttingen 1983

BEHR, SOPHIE: Junge Kinder in Ein-Eltern-Familien, Bonn 1982

BERNFELD, SIEGFRIED: Der soziale Ort und seine Bedeutung für Neurose, Verwahrlosung und Pädagogik. In: Antiautoritäre Erziehung und Psychonanalyse, Bd. 2. Frankfurt 1969

BEVOLLMÄCHTIGTE DER HESSISCHEN LANDESREGIERUNG FÜR FRAUENANGELEGENHEITEN (Hg.): Bestandsaufnahme zur Situation der Mädchen in der Jugendarbeit. Hessische Mädchenstudie, Bd. 1, Wiesbaden 1986a

— (Hg.): Mädchen und Berufschancen. Hessische Mädchenstudie, Bd. 2, Wiesbaden 1986b

— (Hg.): Sexueller Mißbrauch von Mädchen, Wiesbaden 1987 a

— (Hg.): Hessische Mädchenstudie, Bd. 3, Wiesbaden 1987 b

BILDEN, HELGA: Geschlechtsspezifische Sozialisation. In: Hurrelmann, Klaus/Ulich, Dieter (Hg.): Handbuch der Sozialisationsforschung, Weinheim/Basel 1980

BIRKE, PETER u. a.: Jugendhilfeforschung. Ansätze, Prozesse, Erfahrungen, München 1975

BIRTSCH, VERA/HARSCH, URSULA/SONNENFELD, CHRISTA: Erste Erfahrungen der Alternativprojekte zur geschlossenen Heimerziehung. In: Theorie und Praxis der sozialen Arbeit 1981, S. 338-346

BITTNER, GEORG/RATSCH, SYBILLE: Weglaufen — ein Grund für "geschlossene" Heimerziehung? In: Bundesjugendkuratorium (Hg.): Erziehung in geschlossenen Heimen, München 1982, S. 41-51

BLANDOW, JÜRGEN/WINTER-v.GREGORY, WITHA/SCHMITZ, JÜRGEN: 'Erzieherische Hilfen' — Untersuchungen zu Geschlechtsrollen-Typisierungen in Einrichtungen und Diensten der Jugendhilfe. In: Freigang, Werner u. a. 1986, S. 133-227

BLOS, PETER: Preödipal Factors in the Etiology of Female Delinquency. In: Psychonanalytic Study of the Child, Vol. XII, 1957

— : Drei typische Konstellationen in der Delinquenz des Mädchens. In: Psyche 17, 1963/64, S. 649 ff.

BOCK, GISELA: Historische Frauenforschung: Fragestellungen und Perspektiven. In: Hausen, Karin (Hg.): Frauen suchen ihre Geschichte, München 1983

BONSTEDT, CHRISTOPH: Organisierte Verfestigung abweichenden Verhaltens. Eine Falluntersuchung, München 1972

BOVENSCHEN, SYLVIA: Die imaginierte Weiblichkeit: Exemplarische Untersuchungen zu kulturgeschichtlichen und literarischen Präsentationsformen des Weiblichen, Frankfurt/M. 1979

BRANDT, WILLY: Sozialarbeit und Reformpolitik. In: Theorie und Praxis der sozialen Arbeit, 7/1975, S. 242-248

BREHMER, ILSE (Hg.): Sexismus in der Schule. Der heimliche Lehrplan der Frauendiskriminierung, Weinheim/Basel 1982

BRENNAN, THOMAS/HUIZINGA, DAVID/ELLIOT, DAVID S.: The Social Psychology of Runaways, Lexington/Toronto 1978

BRUSTEN, MANFRED: Prozesse der Kriminalisierung. Ergebnisse einer Aktenanalyse. In: Otto, Hans-Uwe/Schneider, Siegfried (Hg.) 1973, Bd. 2, S. 85-125

BRUSTEN, MANFRED/HOHMEIER, JÜRGEN (Hg.): Stigmatisierung, Berlin/Neuwied 1975
BUCHHOFER, BERND: Die soziale Lage der Ein-Eltern-Familie, Weinheim/Basel 1980
BÜRGERSCHAFT DER FREIEN UND HANSESTADT HAMBURG: Jugendhilfe ohne Zwang. Erfahrungen mit dem Kinder- und Jugendnotdienst in Hamburg. Drucksache 11/4902 vom 10.9.1985
BUNDESJUGENDKURATORIUM: Votum gegen die geschlossene Unterbringung von Kindern und Jugendlichen im Rahmen der öffentlichen Erziehung vom 21. Dezember 1978. In: Neue Praxis 1979, S. 123-126
— (Hg.): Erziehung in geschlossenen Heimen. Ein Symposium, München 1982
BUNDESMINISTERIUM FÜR JUGEND, FAMILIE UND GESUNDHEIT (Hg.): Zu Inhalt und Begriff einer offensiven Jugendhilfe, Bonn 1974
— (Hg.): Junge Kinder in Ein-Elternteil-Familien, Bonn 1982
COLLA, HERBERT E.: Mädchen auf Trebe. In: Kerscher, Ignaz 1977, S. 225-233
— : Heimerziehung, München 1981
CONEN, MARIE-LUISE: Mädchen flüchten aus der Familie, München 1983
CONZE, WERNER (Hg.): Sozialgeschichte der Familie in der Neuzeit Europas, Stuttgart 1976
COURAGE: Mädchen, Sonderheft 3, 1981
CRAMON-DAIBER, BIRGIT: Ablösungskonflikte zwischen Töchtern und Müttern. In: Gravenhorst, Lerke/Schablow, Michael/Craimon-Daiber, Birgit 1984, S. 115-146
DEUTSCHER BUNDESTAG: 1. Jugendbericht. Drucksache IV/3515, Bonn 1965
— : Verbesserung der Chancengleichheit von Mädchen in der Bundesrepublik Deutschland — 6. Jugendbericht — Drucksache 10/1007 vom 15.2.1984, Bonn 1984
DEUTSCHES JUGENDINSTITUT: Eine Dokumentation zur geschlossenen Unterbringung von Kindern und Jugendlichen in Heimen der öffentlichen Erziehung, München 1981
DEUTSCHES JUGENDINSTITUT/BRIGITTE: Mädchen '82. Eine repräsentative Untersuchung, durchgeführt von Gerlinde Seidenspinner und Angelika Burger, München 1982
DIEZINGER, ANGELIKA u.a.: Am Rande der Arbeitsgesellschaft. Weibliche Behinderte und Erwerbslose. Alltag und Biographie von Mädchen, Bd. 13, Opladen 1985
DRAKE, HANS: Frauen in der Sozialarbeit. Sexismus — Die geschlechtsspezifische Diskriminierung, Neuwied und Darmstadt 1980
DÜHRSSEN, ANNEMARIE: Psychogene Erkrankungen bei Kindern und Jugendlichen, Göttingen 1971 (8. Aufl.)

DUDEN, BARBARA/HAUSEN, KARIN: Gesellschaftliche Arbeit — geschlechtsspezifische Arbeitsteilung. In: Kuhn, Annette/Schneider, Gerhard 1979, S. 11-33
DÜRKOP, MARLIES: Feminismus und Labeling Approach. Ansätze gegen die Diskriminierung von Menschen. In: Kriminologisches Journal, 4/1986, S. 273-289
DUNFORD, FRANK W./BRENNAN, THOMAS: A Taxonomy of Runaway Youth. In: Social Service Review, 1976, S. 457-470
EICHELKRAUT, RITA/SIMON, ANDREA: Neue Wege der Jugendarbeit mit Mädchen. In: Savier, M. u.a. 1984, S. 103-143
EICHHORN, AUGUST: Verwahrloste Jugend. Die Psychoanalyse in der Fürsorgeerziehung, Bern 1951
ELGER, WOLFGANG/JORDAN, ERWIN/HOFMANN, HANS-JÜRGEN/TRAUERNICHT, GITTA: Ausbruchsversuche von Jugendlichen — Selbstaussagen, Familienbeziehungen, Biographien, Weinheim/Basel 1984
ELIAS, NORBERT: Über den Prozeß der Zivilisation, Bd. 1, Frankfurt 1978 (6. Aufl.)
EMNID: Sicherung des Unterhalts für Kinder alleinstehender Elternteile, Bielefeld 1978
EVANGELISCHER ERZIEHUNGS-VERBAND e.V.: Sexuelle Gewalt an Mädchen — Pädagogische Möglichkeiten der Heimerziehung. Fortbildungsbrief Nr. 2, Hannover 1988
FEY, ELISABETH: Männer vergewaltigen niemals Gleichstarke. Prävention sexuellen Mißbrauchs von Jungen und Mädchen. In: Sozial EXTRA, September 1987
FESEL, VERENA: Heimerziehung für Mädchen einst und jetzt. In: Recht der Jugend und des Bildungswesens, 5/1987, S. 360-368
FIRESTONE, SHULAMITE: Frauenbefreiung und sexuelle Revolution, Frankfurt/M. 1975
FRAU UND GESELLSCHAFT (II): Bericht 1980 der Enquete Kommission und Aussprache 1981 im Plenum des Deutschen Bundestages, hrsg. vom Deutschen Bundestag, Presse und Informationszentrum, Bonn 1981
FREIGANG, WERNER u.a.: Mädchen in Einrichtungen der Jugendhilfe. Alltag und Biographien von Mädchen, Bd. 15, Opladen 1986
FREIGANG, WERNER/FROMMANN, ANNE/GIESSELMANN, ANNEDORE: Mädchen in Heimen und Wohngemeinschaften. In: Freigang, Werner u.a. 1986, S. 11-128
FROMM, CLAUDIA/SAVIER, MONIKA: Widerstandsformen von Mädchen in Subkulturen. In: Savier, Monika u.a. 1984, S. 11-46
GANSER, BARBARA/HANSCH, ELFI/MEIER-SASSENHAUSEN, HEIKE: "Alles

Flittchen?" Probleme und Hintergründe der "Mädchenverwahrlosung", unveröffentlichtes Manuskript), Köln 1982

GAUDART, DOROTHEA/SCHULTZ, WOLFGANG: Mädchenbildung wozu?, Wien 1971

GERHARD, UTE/JANSHEN, DORIS/SCHMIDT-WALDHERR, HELGA/WOESLER DE PANAFIEU, CHRISTINE: Herrschaft und Widerstand: Entwurf zu einer historischen und theoretischen Kritik des Patriarchats in der bürgerlichen Gesellschaft. In: Sektion Frauenforschung 1982

GERHARD, MARLIES: Kein bürgerlicher Stern, nichts, nichts konnte mich je beschwichtigen. Zur Kränkung der Frau, Neuwied und Darmstadt 1982

GERKEN, JUTTA: Indikationen für eine Einweisung von Minderjährigen in geschlossene Unterbringung. In: Bundesjugendkuratorium 1982

GIESEN, ROSE-MARIE/SCHUMANN, GUNDA: An der Front des Patriarchats, Bensheim 1980

GIPSER, DIETLIND: Mädchenkriminalität. Soziale Bedingungen abweichenden Verhaltens, München 1975

GIPSER, DIETLIND/STEIN-HILBERS, MARLENE: Wenn Frauen aus der Rolle fallen. Alltägliches Leiden und abweichendes Verhalten von Frauen, Weinheim/Basel 1980

GOFFMAN, ERVING: Stigma. Über Techniken der Bewältigung beschädigter Identität, Frankfurt/M. 1967

GOTHE, LOTHAR/KIPPE, RAINER: Ausschuß. Protokolle und Berichte aus der Arbeit mit entflohenen Fürsorgezöglingen, Köln/Berlin 1970

GOTTSCHALCH, WILFRIED u.a.: Sozialisationsforschung, Frankfurt 1971

GRAVENHORST, LERKE: Soziale Kontrolle abweichenden Verhaltens. Fallstudien an weiblichen Insassen eines Arbeitshauses, Frankfurt/M. 1970

GRAVENHORST, LERKE/SCHABLOW, MICHAEL/CRAMON-DAIBER, BIRGIT: Lebensort Familie, Opladen 1984

GRIESE, HARTMUT M.: Sozialisationsprobleme ausländischer Mädchen. In: Deutsche Jugend, 29/1981, S. 4

GULLOTTA, THOMAS P.: Leaving Home. Family Relationships of the Runaway Child. In: Social Case Work, 2/1979, S. 111-114

HAARBUSCH, ELKE/JOCHENS, KARIN: "... kann denn Liebe Sünde sein?" oder der sexuelle Lernprozeß bei Mädchen und die Jugendarbeit bei PRO FAMILIA. In: Kavemann, Barbara u. a. 1985, S. 145-207

HÄBERLIN, ANNEMARIE: Erziehungsprobleme bei erziehungsschwierigen, schulentlassenen Mädchen. In: Pro Infirmas, 10/1968, S. 330ff.

HAFERKAMP, HANS/MEIER, GÜNTER: Sozialarbeit als Instanz sozialer Kontrolle. In: Kriminologisches Journal, 2/1972, S. 100-114

HAGEMANN-WHITE, CAROL: Frauenbewegung und Psychoanalyse, Basel/ Frankfurt/M. 1979

— : Zur Problematik des Begriffs "weibliche Sozialisation" — Überlegungen zu einer Theorie der Sozialpsychologie der Geschlechter. In: Sektion Frauenforschung 1982

— : Sind Mädchen anders als Jungen? In: Pestalozzi-Fröbel-Verband e.V. 1986, S. 39-67

HARTMANN, KLAUS: Theoretische und empirische Beiträge zur Verwahrlosungsforschung, Heidelberg 1970

HAUSEN, KARIN: Die Polarisierung der "Geschlechtscharaktere" — Eine Spiegelung der Dissoziation von Erwerbs- und Familienleben. In: Conze, Werner 1976, S. 363-393

HEINRICH, KARIN: Feminismus und Mädchenarbeit — Das Verhältnis von Theorie und Praxis innerhalb der feministischen Mädchenarbeit. In: Neue Praxis, 2/1983, S. 137-151

HEHLMANN, WOLFGANG: Wörterbuch der Psychologie. Stichwort: Verwahrlosung, Stuttgart 1968 (3. Aufl.)

HERRIGER, NORBERT: Verwahrlosung und medizinisches Modell: Argumente wider die Medikalisierung abweichenden Verhaltens. In: Neue Praxis, 3/1978, S. 213-226

HILLE, BARBARA: Berufs- und Lebenspläne. Sechzehnjährige Schülerinnen in der BRD, Bern/Frankfurt/München 1976

HOFFMANN, CHRISTIN: Modell: Mädchenhaus Hamburg — Schutz vor Gewalt. In: Wannseeheim für Jugendarbeit e.V. (Hg.) 1985, S. 36-40

HOMBURGER, AUGUST: Fortlaufen und Wandertrieb. In: Vorlesung über Psychopathologie des Kindesalters, Berlin 1926

HOMER, LOUISE: Community — Based Resource For Runawaygirls. In: Social Casework, Jg. 1973, S. 473-479

HOPF, CHRISTA: Die Pseudo-Exploration — Überlegungen zur Technik qualitativer Interviews in der Sozialforschung. In: Zeitschrift für Soziologie, 2/1978, S. 97-115

HORSTKEMPER, MARIANNE: Schule, Geschlecht und Selbstvertrauen. Eine Längsschnittstudie über Mädchensozialisation in der Schule, Weinheim/München 1987

HOSEMANN, DAGMAR/HOSEMANN, WILFRIED: Trebegänger und Verwahrloste in sozialpädagogischer Betreuung außerhalb von Familie und Heim, Berlin 1984

HUESKEN, HEINZ: Zur Situation der "öffentlichen Erziehung" in den Erziehungsheimen in der Bundesrepublik Deutschland, (unveröffentlichte Dissertation), Münster 1976

HURRELMANN, KLAUS/ULICH, DIETER: Handbuch der Sozialisationsforschung, Weinheim/Basel 1980

HURRELMANN, KLAUS u. a.: Koedukation — Jungenschule auch für Mädchen? Alltag und Biographie von Mädchen, Bd. 14, Opladen 1986

INSTITUT FÜR SOZIALARBEIT UND SOZIALPÄDAGOGIK: Informationsdienst zur Ausländerarbeit Nr. 1/1982. Thema: Sozialpädagogische Arbeit mit ausländischen Mädchen, Frankfurt 1982

— : Informationsdienst zur Ausländerarbeit Nr. 2/1987. Thema: Frauenalltag in der Migration, Frankfurt 1987

INSTITUT FÜR SOZIALE ARBEIT E.V.: Auswertung polizeilicher Vermißtenstatistiken Münster 1982

— : Erfahrungen mit dem Kinder- und Jugendnotdienst der Stadt Hamburg, Münster 1985

— : Mädchenforschung in der Jugendhilfe. Soziale Praxis, H. 2, Redaktion: Gitta Trauernicht, Münster 1986

— : Kinder und Jugendliche aus Ein-Eltern-Familien in Heim- und Familienpflege, Münster 1988

INSTITUT FÜR SOZIALE ARBEIT E.V./LANDESWOHLFAHRTSVERBAND HESSEN (Hg.): Mädchen in öffentlicher Erziehung, Münster 1987

JANS, KARL WILHELM/HAPPE, GÜNTHER: Jugendwohlfahrtsgesetz mit Nebengesetzen und ergänzenden Bestimmungen. Kommentar, Köln (2. neu bearbeitete Auflage, 1.-10. Lieferung, Stand: Februar 1987)

JANSSEN-JURREIT, MARIE-LUISE: Sexismus. Über die Abtreibung der Frauenfrage, München 1978 (3. Aufl.)

JORDAN, ERWIN: Kleinräumige Sozialdaten als Grundlage einer Jugendhilfeplanung. In: Mundt, Jörn W. 1983, S. 199-222

— (Hg.): Kinder und Jugendliche reißen aus. Erfahrungen und Praxisberichte aus europäischen Ländern, Frankfurt/M. 1986

JORDAN, ERWIN/HOFMANN, HANS-JÜRGEN/ELGER, WOLFGANG/TRAUERNICHT, GITTA: Jugendschutzstellen und Bereitschaftspflegefamilien — Hilfen für Kinder und Jugendliche in Krisensituationen, Schriftenreihe des Deutschen Städtetages, Köln 1984

JORDAN, ERWIN/MÜNDER, JOHANNES: Pädagogische Arbeit in Jugendschutzstellen. Anlässe, Ursachen, Rechtsfragen, Perspektiven, praktische Beispiele, Neuwied 1986

— : 65 Jahre Reichsjugendwohlfahrtsgesetz — Ein Gesetz auf dem Weg in den Ruhestand?, Münster 1987

JORDAN, ERWIN/SENGLING, DIETER: Jugendhilfe — Einführung in Geschichte und Handlungsfelder. Organisationsformen und gesellschaftliche Problemlagen, München 1988

JORDAN, ERWIN/TRAUERNICHT, GITTA: Ausreißer und Trebegänger. Grenzsituationen sozialpädagogischen Handelns, München 1981

JUGENDAMT DER LANDESHAUPTSTADT DÜSSELDORF: Mädchenarbeit in Kinder- und Jugendfreizeiteinrichtungen. Berichte aus der Praxis, Düsseldorf o.Jg.

JUGENDMINISTERKONFERENZ vom 7./8. Mai 1987 in Wolfenbüttel: Bericht: Mädchen in der Jugendhilfe, o.Jg., o.O.

KAPPELER, MANFRED/LIEBEL, MANFRED/MAIER, UDO/RABBATSCH, MANFRED/SCHMALZFRIED, RENATE: Ein Ansatz proletarischer Jugendarbeit im Stadtteil. Das Georg-von-Rauch-Haus in Berlin-Kreuzberg. In: Erziehung und Klassenkampf, 7/1972, S. 7-60

KARSTEN, MARIE-ELEONORE/OTTO, HANS-UWE: Die Sozialpädagogische Ordnung der Familie. Beiträge zum Wandel familialer Lebensweisen und sozialpädagogischer Interventionen, Weinheim/München 1987

KATHOLISCHE SOZIALETHISCHE ARBEITSSTELLE (Hg.): Prostitution im Blickpunkt. Situation, Suchtweisen und Verpflichtungen, Hamm 1986

KAVEMANN, BARBARA u.a.: Sexualität — Unterdrückung statt Entfaltung. Alltag und Biographie von Mädchen, Bd. 9, Opladen 1985

KAVEMANN, BARBARA: Für Mädchen Partei ergreifen. In: Wannseeheim für Jugendarbeit (Hg.), 1985, S. 33-36

KAVEMANN, BARBARA/LOHSTÖTER, INGRID: Väter als Täter. Sexuelle Gewalt gegen Mädchen, Reinbek bei Hamburg 1984

— : Plädoyer für das Recht von Mädchen auf sexuelle Selbstbestimmung. In: Kavemann, Barbara u.a. 1985, S. 6-89

KERSCHER, IGNAZ (Hg.): Konfliktfeld Sexualität, Neuwied 1977

KERSTEN, JÜRGEN: Gut und (Ge)Schlecht: Zur institutionellen Verfestigung abweichenden Verhaltens von Jungen und Mädchen. In: Kriminologisches Journal, 4/1986, S. 241-258

KIEPER, MARIANNE: Lebenswelten "verwahrloster" Mädchen. Autobiographische Berichte und ihre Interpretation, München 1980

KLEE, ERNST: Pennbrüder und Stadtstreicher. Nichtseßhaften-Report, Frankfurt 1979

KLEIN, DAVID: The Etiology of Female Crime: A Review of the Literature. In: Issues in Criminology 8, 2. Februar 1973, S. 3-29

KLOSE, CHRISTINA/SEIDEL, CHRISTA: Mädchenhäuser als Zufluchtsstätten für sexuell mißbrauchte Mädchen — ein geeigneter Ansatz? In: Bevollmächtigte der Hessischen Landesregierung für Frauenangelegenheiten (Hg.) 1987, S. 26-32

KOCH-KLENSKE, EVA: Das häßliche Gesicht der schönen Frau. Literarische Potraits, München 1982

KOLARZIK, HEINZ: Freiwillige Erziehungshilfe. Auswertung der im Jahre 1974 vom Landesjugendamt Baden gewährten Fälle. In: Zentralblatt für Jugendrecht und Jugendwohlfahrt, 65. Jg., 8/1978, S. 346-356

KONOPKA, GISELA: The Adolescent Girl in Conflict. Englewood Cliffs, New York 1966

KÖNIG, CLAUDIA/PELSTER, MARIELE: Reform im Ghetto. Geschichte eines Mädchenerziehungsheims, Weinheim und Basel 1978

KREYSSING, ULRIKE/KURTH, ANNE: Frauenforschung mit drogenabhängigen jugendlichen Frauen im Strafvollzug. In: Weibliche Biographien, München 1982, S. 84-93

— : Daneben gelebt. Drogenabhängige Mädchen und ihre Lebenswelt. In: Savier, Monika u.a. Opladen 1984, S. 49-98

KÜNZEL, EBERHARD: Jugendkriminalität und Verwahrlosung, Göttingen 1971 (3. Aufl.)

KUHN, ANNETTE/SCHNEIDER, GERHARD (Hg.): Frauen in der Geschichte, Düsseldorf 1979

KUHN, ANNETTE: Frauengeschichte und die geschlechtsspezifische Identitätsbildung von Mädchen. In: Kuhn, Annette/Tornieporth, Gerda 1980, S. 69-143

KUHN, ANNETTE/TORNIEPORTH, GERDA (Hg.): Frauenbildung und Geschlechtsrolle. Gelnhausen/Berlin/Stein 1980

LANDESWOHLFAHRTSVERBAND WÜRTTEMBERG-HOHENZOLLERN: Jugendberater — ein Angebot der offenen Hilfe. Bilanz und Anregungen für die künftige Arbeit, Stuttgart 1984

— : Betreuung von Mädchen durch die Jugendhilfe. Vorläufige Fassung, Stuttgart 1984

LANDSCHAFTSVERBAND RHEINLAND: Rahmenplan für die öffentliche Erziehung, Köln 1980

— : Mädchenerziehung. Dokumentation einer Fortbildung, Köln 1985

LAZAR, ERNST: Über die endogenen und exogenen Wurzeln der Dissozialität Jugendlicher. In: Zeitschrift für Kinderheilkunde, Bd. 8/1913

LEMPP, REINHARD: Eine Pathologie der psychischen Entwicklung, Bern 1972 (2. Aufl.)

LÜHE, IRMELA v.d. (Hg.): Entwürfe von Frauen in der Literatur des 20. Jahrhunderts. Reihe: Literatur im historischen Prozeß. Neue Folge 5, Berlin 1982

LÜPSEN, SUSANNE: Von den Scheiterhaufen zum heutigen Scheitern von Frauen. Zur 500jährigen Mystifizierung des Ausbeutungsverhältnisses zwischen den Geschlechtern als sexuelles Verhältnis. In: Sozialwissenschaftliche Forschung und Praxis für Frauen e.V. 1985, S. 9-25

MACCOBY, ELEANOR E./JACKLIN, CAROL N.: The psychology of sex differences, Stanford 1975

MÄDCHENHAUS BIELEFELD: Konzeption für das Bielefelder Mädchenhaus, Bielefeld 1987

MÄDCHENHAUS HAMBURG: Hamburger Mädchenhaus. Schutz vor Gewalt. Konzeption, Hamburg o.Jg.

MANSFELD, CORNELIA: Deutsche Frauen in Projekten der Sozialarbeit und Sozialforschung mit Ausländerinnen. In: Institut für Sozialarbeit und Sozialpädagogik, Bd. 2, 1987, S. 50-53

MAYER, LUDWIG: Der Wandertrieb. Dissertation, Würzburg 1934

McROBBIE, ANGELA/SAVIER, MONIKA (Hg.): Autonomie — aber wie? Mädchen, Alltag, Abenteuer, München 1982

MERFERT-DIETE, CHRISTA/SOLTAU, ROSWITHA (Hg.): Frauen und Sucht, Reinbek 1984

MERTON, ROBERT K.: Sozialstruktur und Anomie. In: Sack, Fritz/König, René 1968, S. 283-313

MIES, MARIA: Methodische Postulate zur Frauenforschung. In: Sozialwissenschaftliche Forschung und Praxis für Frauen e.V., 1/1978, S. 18-27

MILLET, KATE: Sexus und Herrschaft, München/Wien/Basel 1969

MINISTERIUM FÜR ARBEIT, GESUNDHEIT UND SOZIALES DES LANDES NW (Hg.): Mädchen in Häusern der Offenen Tür. Eine Studie zur verbesserten Einbeziehung von Mädchen in die Angebote der offenen Jugendarbeit in NW. Verfasserinnen: Gitta Trauernicht/Michaela Schumacher, Düsseldorf 1987

— : Offene Jugendarbeit mit Mädchen in Nordrhein-Westfalen. Arbeitshandreichung. Verfasserinnen: Michaela Schumacher/Gitta Trauernicht, Münster 1986

MOLLENHAUER, KLAUS: Jugendhilfe. Soziologische Materialien, Heidelberg 1968

— : Stigmatisierung im Kontext von Jugendhilfeforschung. Einführung zu: Bonstedt, C. 1980, a.a.O.

MOSER, TILMANN: Jugendkriminalität und Gesellschaftsstruktur, Frankfurt 1970

MOSES, ANNE B.: The Runaway Youth Art. Paradoxes of Reform. In: Social Service Review, 1978, S. 227-243

MÜHLFELD, CLAUS/WINDOLF, PAUL/LAMPERT, NORBERT/KRÜGER,

HEIDI: Auswertungsprobleme offener Interviews. In: Soziale Welt, 3/1981, S. 325-352

MÜLLER, SIEGFRIED: Die Aktenanalyse in der Sozialforschung, Weinheim/Basel 1980

MÜNDER, JOHANNES/SLUPIK, VERA: Rechtliche Diskriminierung von Mädchen und jungen Frauen im Sozialisationsbereich. In: Münder, Johannes/Slupik, Vera/Schmidt-Bott, Regula 1984, S. 9-139

MÜNDER, JOHANNES/SLUPIK, VERA/SCHMIDT-BOTT, REGULA: Rechtliche und politische Diskriminierung von Mädchen und Frauen. Alltag und Biographien von Mädchen, Bd. 4, Opladen 1984

MÜNDER, JOHANNES u. a.: Frankfurter Kommentar zum Gesetz für Jugendwohlfahrt, Weinheim/Basel (4. überarb. Aufl.) 1988

MUNDT, JÖRN W. (Hg.): Grundlagen sozialer Sozialpolitik, Weinheim 1983

MYRDAL, ALVA/KLEIN, VIOLA: Women's two roles, home and work, London 1956

NAUNDORF, GABRIELE/WILDT, CAROLA: Der Streit um die Koedukation. In: Hurrelmann, Klaus u. a. 1986, S. 88-173

NEUENDORF-BUB, BARBARA: Geschlechtliche Identität und Strukturierung der Person-Umwelt-Interaktion, unveröffentlichte Dissertation), Starnberg 1975

NETZEBAND, GISELA/WIEGMANN, URSULA/ZINGELER, URSULA: Mädchen in der Erziehungsberatung. In: Fortbildungsinstitut für die pädagogische Praxis u. a.: Mädchen in Erziehungseinrichtungen: Erziehung zur Unauffälligkeit. Alltag und Biographie von Mädchen, Bd. 10, Opladen 1985

NIELSEN, THOMAS: Sexual Abuse of Boys: Current Perspektives. In: Personnel and Guidance Journal 1983, S. 139-142

NITSCHKE, SYLVIA: Ein Überblick über die Entstehung und Arbeit von "Wildwasser". In: Wannseeheim für Jugendarbeit 1985, S. 7-9

OEVERMANN, ULRICH: Ansätze zu einer soziologischen Sozialisationstheorie und ihre Konsequenzen für die allgemeine soziologische Analyse. In: Kölner Zeitschrift für Soziologie und Sozialpsychologie: Deutsche Soziologie seit 1945, Sonderheft 21, Opladen 1979, S. 143-168

OTTO, HANS-UWE/SCHNEIDER, SIEGFRIED (Hg.): Gesellschaftliche Perspektiven der Sozialarbeit, 2 Bde., Neuwied/Berlin 1973

PARITÄTISCHES JUGENDWERK: Mädchenarbeit in der Jugendberufshilfe. Positionen und Perspektiven, Wuppertal 1988

PARLAMENTARISCHE STAATSSEKRETÄRIN FÜR DIE GLEICHSTELLUNG VON FRAU UND MANN BEIM MINISTERPRÄSIDENTEN DES LANDES NORDRHEIN-WESTFALEN (Hg.): Soziale Situation ausländischer Mädchen und

Frauen in Nordrhein-Westfalen, Düsseldorf 1987

PESTALOZZI-FRÖBEL-VERBAND e.V.: Mädchenkindheit ... und danach? Dokumentation einer Fachtagung, Berlin 1986

PFISTER, W./OSTEN-SACKEN, ARN v.d. (Hg.): Jugendhilfe zwischen Alltagsgeschäft und Gesellschaftspolitik, Darmstadt/Neuwied 1985

PONGRATZ, LIESELOTTE/HÜBNER, HANS-ODO: Lebensbewährung nach öffentlicher Erziehung, Berlin-Spandau/Neuwied 1959

PRENGEL, ANNEMARIE: Konzept zum Vorhaben "Verwirklichung der Gleichstellung von Schülerinnen und Lehrerinnen an hessischen Schulen". Hessisches Institut für Bildungsplanung und Schulentwicklung, Sonderreihe H. 21, Wiesbaden 1986

PRESSEDIENST DES BUNDESMINISTERS FÜR JUGEND, FAMILIE, FRAUEN UND GESUNDHEIT: Modellprojekt: Anlauf- und Beratungsstelle mit angeschlossener Krisenwohnung für sexuell mißbrauchte Mädchen "Wildwasser", Bonn 1987

PROJAHN, UTE: Wie geht die Heimerziehung mit den Problemen von Mädchen um? In: Pfister, Wolfgang/Osten-Sacken, Arn v.d. 1985, S. 145-147

PROJEKTGRUPPE JUGENDBÜRO: Subkultur und Familie als Orientierungsmuster, München 1975

PROJEKTGRUPPE JUGENDBÜRO UND HAUPTSCHÜLERARBEIT: Die Lebenswelt von Hauptschülern, München 1977 (2. Aufl.)

PROKOP, ULRIKE: Weiblicher Lebenszusammenhang. Von der Beschränktheit der Strategien und der Unangemessenheit der Wünsche, Frankfurt/M. 1977 (2. Aufl.)

QUENSEL, STEFAN: Wie wird man kriminell? In: Kritische Justiz, 1970, S. 375-382

REDL, FRITZ/WINEMANN, DAVID: Kinder, die hassen, Freiburg 1970

REHBEIN, KLAUS: Die Großheime der öffentlichen Erziehung sind verfassungswidrig. Die geplante Einrichtung geschlossener Unterbringung wäre verfassungswidrig. In: Sozialmagazin 12/1979, S. 16-19

REICHHELM-SEPEHN, DIANA: Flucht aus dem Elternhaus. In: Institut für Sozialarbeit und Sozialpädagogik 1987, S. 48-50

REIN, WILHELM (Hg.): Enzyklopädisches Handbuch der Pädagogik, Bd. 9, Langensalza 1909 (2. Aufl.)

REINKE, GUDRUN: "Abweichendes" Verhalten bei weiblichen Jugendlichen. Ein Erklärungsversuch unter Berücksichtigung geschlechtstypisierender Stigmatisierungsprozesse in Familie und Schule, (unveröffentlichte Dissertation), Lüneburg 1979

REITZ, GERTRAUD: Die Rolle der Frau und die Lebensplanung der Mädchen, München 1974

RENNERT, HELMUT: Das Fortlaufen der Kinder und die Poriomanie. In: Psychiatrie, Neurologie und medizinische Psychologie. 1954, S. 139-151

RIEDEL, HERMANN: Jugendwohlfahrtsgesetz, Berlin 1965 (4. Aufl.)
ROSEN, RITA: "Sexuelle Verwahrlosung" von Mädchen. Anmerkungen zur Doppelmoral in der Sozialarbeit. In: Kerscher, Ignaz 1977, S. 207-223
— : Ich möcht 'ne Mädchengruppe machen. Anmerkungen zur Arbeit mit ausländischen Mädchen. In: Institut für Sozialarbeit und Sozialpädagogik 1982, S. 34-36
ROSEN, RITA/STÜWE, GERD: Ausländische Mädchen in der Bundesrepublik, Opladen 1985
ROUSSEAU, JEAN JACQUES: Emile — oder über die Erziehung, Stuttgart 1978 (Nachdruck der Originalfassung aus dem Jahre 1762)
RUMMEL, BETTINA v.: Zur Geschichte des Poriomaniebegriffs, (medizinische Dissertation), Bonn 1973
RUSH, FLORENCE: Das bestgehütete Geheimnis: Sexueller Kindesmißbrauch, Berlin 1982
RUST, GISELA: Sexueller Mißbrauch — ein Dunkelfeld in der Bundesrepublik Deutschland. Aufklärung, Beratung und Forschung tun not. In: Backe, Lore u. a. 1986, S. 7-21
RUTSCHKY, KATHARINA: Schwarze Pädagogik, Frankfurt 1977
SACK, FRITZ: Neue Perspektiven in der Krininalsoziologie. in: Sack, Fritz/König, René (Hg.) 1968, S. 431-475
SACK, FRITZ: Selektion und Kriminalität. In: Kritische Justiz, 4/1971, S. 384-400
SACK, FRITZ/KÖNIG, RENE (Hg.): Kriminalsoziologie, Frankfurt 1968, S. 431-475
SALLER, HELGA: Das Erkennen von sexuellem Mißbrauch — Therapeutisch orientierte Interventionen. In: Bevollmächtigte der Hessischen Landesregierung für Frauenangelegenheiten (Hg.) 1987, S. 18-25
SAVIER, MONIKA/WILDT, CAROLA: Rockerbräute, Treberinnen und Schulmädchen — Zwischen Anpassung und Gegenwehr. In: Kursbuch 47, Berlin 1977
— : Mädchen zwischen Anpassung und Widerstand, München 1978
SAVIER, MONIKA u. a.: Alltagsbewältigung. Rückzug — Widerstand. Alltag und Biographie von Mädchen, Bd. 7, Opladen 1984
— : Licht- und Schattenseiten. Forschungspraxis Mädchenarbeit, München 1987
SCHENK, HERRAD: Geschlechtsrollenwandel und Sexismus, Weinheim/Basel 1979
SCHEU, URSULA: Wir werden nicht als Mädchen geboren — wir werden dazu gemacht, Frankfurt/M. 1978
SCHIERSMANN, CHRISTINE: Frauenforschung — Stand und Perspektiven. In: Hessische Blätter zur Volksbildung, H. 3, Frankfurt/M. 1987, S. 201-206
SCHILDMANN, UTE: Zur Situation behinderter Mädchen — Realität und Träume im Kontrast. In: Diezinger, Angelika u. a. 1985

SCHLAPEIT-BECK, DAGMAR (Hg.): Mädchenräume. Initiativen — Projekte — Lebensperspektiven, Hamburg 1987

SCHMIDT, MMANFRED/BERGER, IRENE: Kinderpsychiatrische und psychologische Untersuchungsergebnisse bei Spontan- und Reaktivwegläufen. In: Praxis der Kinderpsychologie und Kinderpsychiatrie, 9/1958, S. 206-210

SCHULTE, WALTER/TÖLLE, RAINER: Psychiatrie, Berlin/Heidelberg/New York 1975 (3. Aufl.)

SCHUTZHILFE: Erfahrungen in der Jugendarbeit mit gesellschaftlichen Randgruppen. Treber und Sozialarbeiter. In: AGJ-Mitteilungen, 74/1975, S. 24-55

SCHWARZMANN, JULIA: Die Verwahrlosung der weiblichen Jugendlichen, München 1971

SEBBAR, LEILA: Gewalt an kleinen Mädchen, Naumburg/Elbenburg 1980

SEIDENSPINNER, GERLINDE u. a.: Vom Nutzen weiblicher Lohnarbeit. Alltag und Biographie von Mädchen, Bd. 3, Opladen 1984

SEKTION FRAUENFORSCHUNG IN DEN SOZIALWISSENSCHAFTEN IN DER DEUTSCHEN GESELLSCHAFT FÜR SOZIOLOGIE: Beiträge zur Frauenforschung, Bamberg 1982

SENGLING, DIETER: Kinder und Jugendliche laufen fort. In: Pädagogische Rundschau 1962, S. 243-299

SHELLOW, ROBERT u. a.: Suburban Runaways of the 1960s. Monographs of the Society for Research. In: Child Development 1967

SIMMEL, MONIKA: Erziehung zum Weibe: Mädchenbildung im 19. Jahrhundert, Frankfurt/Main 1980

SOZIALWISSENSCHAFTLICHE FORSCHUNG UND PRAXIS FÜR FRAUEN E.V. (Hg.): Beiträge 6 zur feministischen Theorie und Praxis: Alma Mater — Mütter in der Wissenschaft, München 1982

— : Beiträge 7 zur feministischen Theorie und Praxis: Weibliche Biographien, München 1982

— : Der neue Charme der sexuellen Unterwerfung. Beiträge zur feministischen Theorie und Praxis, H. 20, Köln 1987

SPECHT, FRIEDRICH: Sozialpsychologische Gegenwartsprobleme der Jugendverwahrlosung, Stuttgart 1967

SPRENGER, JAKOB/INSTITORIUS, HEINRICH: Der Hexenhammer, Darmstadt 1974 (Nachdruck von 1906)

SPITZNER, ALFRED: Verwahrlosung. In: Rein, Wilhelm 1909, S. 28-44

STATISTISCHES BUNDESAMT (Hg.): Statistisches Jahrbuch für die Bundesrepublik, Stuttgart/Mainz 1982

STEIN-HILBERS, MARLENE: Zur Kontrolle abweichenden Verhaltens von Mädchen durch die Heimerziehung. In: Neue Praxis 9, 1978, 3, S. 283-295

— : Warum ins Erziehungsheim? In: Pfister, Wolfgang/Osten-Sacken, Arn v.d. 1985, S. 142-145

STEINHAGE, ROSEMARIE: Sexueller Mißbrauch an Kindern in der Familie und seine Auswirkungen — gesellschaftliche Aspekte. In: Bevollmächtigte der Hessischen Landesregierung für Frauenangelegenheiten (Hg.) 1987, S. 5-17

STEINKAMP, GÜNTER: Klassen- und schichtenanalytische Ansätze in der Sozialisationsforschung. In: Hurrelmann, Klaus/Ulich, Dieter 1980, S. 53-285

STEINVORTH, GÜNTER: Diagnose: Verwahrlosung. Eine psychologische Analyse anhand von Jugendamtsakten, München 1973

STEPHAN, INGE/WEIGEL, SIEGRID: Die verborgene Frau. Sechs Beiträge zu einer feminstischen Literaturwissenschaft, Berlin 1983

STIERLIN, HELM: Eltern und Kinder im Prozeß der Ablösung, Frankfurt 1975

— : Delegation und Familie, Frankfurt 1978

— : Eltern und Kinder. Das Drama von Trennung und Versöhnung im Jugendalter, Frankfurt 1980

STUTTE, HERMANN: Grenzen der Sozialpädagogik. Schriftenreihe des Allgemeinen Fürsorgeerziehungstages (AFET), Heft 12, Hannover 1958

STRAUBE, WOLFGANG: Zur Psychopathologie jugendlicher weiblicher Fortläufer. In: Praxis der Kinderpsychologie und Kinderpsychiatrie, 1957, S. 167-170

THÜRMER-ROHR, CHRISTINA: Der Chor der Opfer ist verstummt. In: Sozialwissenschaftliche Forschung und Praxis für Frauen e.V., 11/1984, S. 71-85

— : Vagabundinnen. Feministische Essays, Berlin 1987 (3. Aufl.)

TORNIEPORTH, GERDA: Studien zur Frauenbildung. Ein Beitrag zur historischen Analyse lebensweltorientierter Bildungskonzeptionen, Weinheim 1979

TRAUERNICHT, GITTA: Leben auf der Straße — Von Trebemädchen, Gewalterfahrungen und Suchtmitteln. In: Merfert-Diete, Christa/Soltau, Roswitha (Hg.) 1984, S. 110-120

— : Mädchen auf Trebe: Nichts wie weg?! In: Sozialmagazin, H. 7/8, Weinheim/Basel 1984

— (Hg.): Soziale Arbeit mit Alleinerziehenden. Projekte aus der Praxis, Münster 1988 a

— : Mädchenarbeit — Grundpositionen, Konfliktlinien und Entwicklung in der Praxis. Unveröffentlichtes Manuskript, Münster 1988 b

TRAUERNICHT, GITTA/JORDAN, ERWIN: Sammelrezension über Expertisen zum 6. Jugendbericht. In: Recht der Jugend und des Bildungswesens, 5/1985, S. 368-387

TRUBE-BECKER, ELISABETH: Gewalt gegen das Kind, Heidelberg 1981

TÜRK KADINLAR BIRLIGI e.V. (Hg.): Beratungszentrum für türkische Mädchen, Frauen und Familien, Kassel o.J.

U.S. DEPARTMENT OF JUSTICE — FEDERAL BUREAU OF INVESTIGATION: Uniform Crime Reports. 1968-1971. Government Printing Office, Washington D.C. 1972

WANNSEEHEIM FÜR JUGENDARBEIT E.V. (Hg.): Sexueller Mißbrauch von Mädchen. Strategien der Befreiung, Berlin 1985

WALZ, HANS D.: Sozialisationsbedingungen und Freizeitverhalten italienischer Jugendlicher, München 1980

WEILAND, WERNER: Das Davonlaufen. In. Soziale Arbeit, 1969, S. 474-482

WEIS, FELICITAS: Die Bedeutung der "sexuellen Liberalisierung" für benachteiligte Mädchen. In: Pfisten, Wolfgang/Osten-Sacken, Arn v.d. 1985, S. 147-150

WEISCHE-ALEXA, PIA: Soziokulturelle Probleme junger Türkinnen in der BRD, Köln 1977

WENDEL, HEIDRUN: Sexualpädagogische Arbeit mit Mädchen. In: Institut für soziale Arbeit e.V. 1987, S. 10-15

WERKETIN, FALKO: Kriminalität und Verwahrlosung in der Klassengesellschaft. Anmerkungen zur bürgerlichen Kriminologie T. Mosers. In: Erziehung und Klassenkampf, 4/1971, S. 49-63

WERNER, VERA: Zur Bedeutung der informellen sozialen Kontrolle für "abweichendes" Verhalten von Frauen. In: Gipser, Dietlind/Stein-Hilbers, Marlene 1980, S. 217-230

WICKBOLDT, MONIKA: Minderjährige Prostituierte. In: Katholische Sozialethische Arbeitsstelle 1986, S. 56-59

WINDAUS-WALSER, KARIN: Nicht nur die Väter sind die Täter. Eine Kritik an der Hilfe für sexuell mißbrauchte Mädchen. In: sozial extra, Januar 1988, S. 30-32

WINKLER, KONRAD: Der jugendliche Streuner. In: Jugendwohl, H. 11/12, 1963, S. 390-399/429-438

WOESLER DE PANAFIEU, CHRISTINE: Ein feministischer Blick auf die empirische Sozialforschung. In: Frauenforschung in den Sozialwissenschaften — Dokumentation II der Dortmunder Tagung Februar 1980, S. 8-23

WOHLFAHRT-SCHNEIDER, ULRIKE: Sozialpädagogische Arbeit mit ausländischen Mädchen. In: Institut für Sozialarbeit und Sozialpädagogik 1982, S. 38-49

WOLFFERSDORFF-EHLERT, CHRISTIAN / SPRAU-KUHLEN, VERA / KERSTEN, JOACHIM: Geschlossene Unterbringung in Heimen — zusammenfassende Darstellung von Projektergebnissen, München 1987

Anhang

Tabellen zu Kapitel 3

Tabelle A 1

Antragstellungen auf FE/FEH beim LWV Hessen 1984 nach Mädchen und Jungen

	Mädchen	Jungen	Total
FEH	201	414	615
FE	5	24	29
	206	438	644

Tabelle A 2

Anteil der Mädchen an der Erziehung außerhalb der eigenen Familie, differenziert nach Hilfen zur Erziehung (ÖEH), Freiwilliger Erziehungshilfe (FEH) und Fürsorgeerziehung (FE) von 1978-1983 in Hessen (Bestand: jeweils am 31.12)

Hilfe zur Erziehung (ÖEH)	8.938	9.066	9.279	8.668	7.400	6.807
davon weiblich	(1)	(1)	(1)	48,4 %	48,4 %	48,7 %
Freiwillige Erziehungshilfe (FEH)	1.839	1.818	1.797	1.735	1.721	1.683
davon weiblich	28,1 %	29,1 %	29,1 %	28,3 %	27,6 %	28,1 %
Fürsorgeerziehung (FE)	199	168	120	108	102	88
davon weiblich	27,6 %	31,0 %	34,2 %	38,9 %	42,2 %	47,7 %
insgesamt	10.976	11.052	11.196	10.511	9.223	8.578
davon weiblich	–	–	–	45,0 %	44,5 %	44,6 %

(1) = keine Angabe

Quelle: *Hessisches Statistisches Landesamt:* Statistik der öffentlichen Jugendhilfe 1978-1983; eigene Prozentberechnungen

Tabelle A 3

Antragstellungen auf FE/FEH beim LWV Hessen 1984; Initiative zur Maßnahme

	Anzahl
Eltern in Verbindung mit Jugendamt	172
Mädchen in Verbindung mit Jugendamt	6
Gericht	3
Sonstiges	3
	184

Tabelle A 4

Antragstellungen auf FE/FEH beim LWV Hessen 1984; Einverständnis der Betroffenen mit der Maßnahme

	Mädchen	Mutter	Vater
Zustimmung	111	145	74
Ablehnung	22	9	8
Ambivalenz	55	20	13
entfällt z.B. wegen Tod	–	8	11
nicht erwähnt	17	24	100
	206	206	206

Tabelle A 5

Antragstellungen auf FE/FEH beim LWV Hessen 1984; Altersverteilung der Mädchen

Alter	Anzahl
7	3
8	8
9	6
10	4
11	8
12	13
13	20
14	45
15	60
16	37
17	2
	206

Tabelle A 6

Antragstellungen auf FE/FEH beim LWV Hessen; Nationalität der Mädchen

	Anzahl	%
Deutsch	194	94,2
Türkisch	1	0,5
Italienisch	1	0,5
Jugoslawisch	1	0,5
US-amerikanisch	3	1,5
Sonstige	5	2,4
keine Angaben	1	0,5
	206	100,1

Tabelle A 7

Untergebrachte weibliche Minderjährige in Hessen am Ende des Berichtsjahres 1983 (ohne FE/FEH); Anzahl der Mädchen

	deutsch	ausländ.
untergebrachte weibliche Minderjährige	3.022	249
Anteil an der Wohnbevölkerung 0 bis 18 Jahre	461.488	72.820
Unterbringungsquote	0,61	0,40

Tabelle A 8

Antragstellungen auf FE/FEH beim LWV Hessen; Schulform der Mädchen

Schulform	Anzahl Mädchen
Vorklasse	2
Grundschule	17
Sonderschule	28
Hauptschule	92
Realschule	30
Gymnasium	8
Berufsfachschule	2
Berufsgrundbildungsjahr	2
Berufsvorbereitungsjahr	10
Sonstiges	4
kein Schulbesuch	11
	206

Tabelle A 9

Antragstellungen auf FE/FEH beim LWV Hessen 1984; Eigenschaften der Mädchen

	Nennungen
1. Positivbeschreibungen	164
selbständige, aufgeschlossen, intelligent, selbstbewußt, fleißig, kontaktfreudig, aufgeweckt, nett, höflich, kreativ, konfliktfreudig, clever, beliebt, geschickt, robust, extrovertiert, spontan, lebhaft, einfühlsam, bescheiden, anschmiegsam, ehrlich, kameradschaftlich, abenteuerlustig, ordentlich, zurückhaltend, freundlich, burschikos, häuslich, zurückhaltend, ruhig	
2. Negativbeschreibungen	245
unordentlich, unselbständig, faul, triebhaft, naiv, kein Selbstvertrauen, kritikunfähig, aggressiv, lügt, unzuverlässig, reserviert, frech, provozierend, ich-bezogen, launisch, eigenwillig, nervös, jähzornig, trotzig, gehemmt, introvertiert, umtriebig, schüchtern, überreizt, altklug, antriebsarm, kindlich, geltungssüchtig, uneinsichtig, bockig, stur, autistisch, aufsässig, mild, angepaßt, schlampig, traurig, minderbegabt, punkermäßig, labil, eifersüchtig, rechthaberisch, neurotisch gestört, frühkindlich depriviert, bindungsverunsichert, zwanghaft, intrigierend, orientierungslos, unsozial, neugierig	
3. Einzelbenennungen nach Häufigkeit	
selbständig	32
kein Selbstvertrauen	28
unordentlich	19
kritikunfähig	19
aggressiv	11

Tabelle A 10
Antragstellungen auf FE/FEH beim LWV Hessen; Familienstand der leiblichen Mutter

	bei Geburt	bei Antragstellung
verheiratet	80,3	31,7
getrennt	–	9,0
geschieden	0,5	31,7
wiederverheiratet	–	15,6
ledig	16,7	4,0
verwitwet	–	4,0
verstorben	–	4,0
unverheiratet mit leiblichem Vater	2,5	–
	100,0	100,0

Tabelle A 11
Antragstellungen auf FE/FEH beim LWV Hessen; Alter der Mütter bei Geburt der Mädchen (nach Jahren geblockt)

Alter der Mutter	Mädchen
bis 20	34,0
21 - 25	28,2
26 - 30	19,1
31 - 35	9,6
36 - 40	6,9
über 40	2,1
(ohne Nennung)	–
durchschnittlich	25,2

Tabelle A 12

Antragstellungen auf FE/FEH beim LWV Hessen 1984; Personensorgerecht

	total
leibliche Mutter	46,1
leibliche Eltern	30,4
leiblicher Vater	9,8
Jugendamt	8,8
Adoptiveltern	2,5
Verwandte	0,5
sonstige Regelung	–
total	100,0

Tabelle A 13

Antragstellungen auf FE/FEH beim LWV Hessen; Bildungsabschluß der Mütter und Väter der Mädchen (in %)

	Mütter	Väter
Hauptschule o. ä.	73,0	67,1
Realschule	7,2	9,8
(Fach-)Hochschulreife	2,7	13,4
Sonderschule	4,3	1,2
ohne Abschluß	16,2	8,5
total	100,0	100,0
(Anzahl)	(111)	(82)

Tabelle A 14

Antragstellungen auf FE/FEH beim LWV Hessen 1984; Berufsausbildung der Mütter und Väter der Mädchen (in %)

	Mütter	Väter
Facharbeiter(in)/Geselle(in)	58,8	69,4
Meister(in)/Techniker(in)	–	6,5
Hochschulstudium	0,8	5,6
ohne Berufsausbildung	40,5	18,5
	100,0	100,0

Tabelle A 15

Antragstellungen auf FE/FEH beim LWV Hessen 1984; Berufstätigkeit der Mütter und Väter (in %)

	Mütter	Väter
Hausfrau/-mann	50,0	–
ungelernte Tätigkeit	23,0	22,6
Facharbeiter(in)	2,8	21,2
Angestellte(r)/Beamte(r)	–	11,7
leitende(r) Angestellte(r)/Beamte(r)	–	4,4
Kleingewerbe	0,6	2,9
Betriebsinhaber(in)	1,1	1,5
freie Berufe	–	2,2
Rentner(in)	–	7,3
arbeitslos	–	24,1
Sonstiges	1,1	–
	100,0	100,0

Tabelle A 16

Antragstellungen auf FE/FEH beim LWV Hessen 1984; Aufenthaltsort der Mädchen bei Antragstellung

	total
leibliche Eltern	24,3
alleinlebende Mutter	21,8
Mutter und Stiefvater	12,1
Elternteil und Freund(in)	12,1
Pflegefamilie	5,3
Verwandte	5,3
alleinlebender Vater	4,4
Vater und Stiefmutter	4,4
Sonstiges (z.B. Heim)	10,3
total	100,0

Tabelle A 17
Antragstellungen auf FE/FEH beim LWV Hessen 1984; Hauptversorger(in) des Familienhaushaltes

	Anzahl	%
Mutter	119	57,8
weibliche Familienangehörige	23	11,2
Mädchen	10	4,9
sonstige Personen	8	3,9
Vater	7	3,4
keine Angaben	39	18,9
	206	100,0

Tabelle A 18
Antragstellungen auf FE/FEH beim LWV Hessen 1984; Problemlagen der Familien

	total	Anzahl der Nennungen
familiäre Probleme/Eheprobleme	22,4	(100)
finanzielle Nöte	18,6	(83)
alleinerziehend	15,7	(70)
soziale Isolation	11,2	(50)
beengte Wohnverhältnisse	8,7	(39)
Suchtproblematik	7,8	(35)
Gewalt in der Familie	7,6	(34)
langfristige Krankheit	5,6	(25)
Versorgungsengpässe	2,5	(11)
	100,0	(447)

Tabelle A 19

Antragstellungen auf FE/FEH beim LWV Hessen 1984; Familienstand der leiblichen Mutter im Zusammenhang mit benannten Problemlagen der Familien (in %)

	ledig	ver-heiratet	ge-trennt	ge-schieden	wieder ge-heiratet	ver-witwet	ge-storben
Finanznöte	25,0	20,6	15,6	18,9	18,0	14,3	16,7
enge Wohnung	10,0	13,5	6,7	7,4	8,2	4,8	0,0
soziale Isolation	25,0	7,1	6,7	12,2	9,8	23,8	16,7
Gewalt in der Familie	0,0	15,1	2,2	3,4	11,5	4,8	5,6
familiäre Probleme	5,0	23,0	26,7	18,9	29,5	14,3	27,8
allein-erziehend	25,0	0,0	20,0	27,7	6,6	33,3	22,2
Versorgungs-engpässe	0,0	3,2	2,2	2,0	3,3	0,0	0,0
Sucht-problematik	0,0	9,5	15,6	6,1	6,6	0,0	5,6
lange Krankheit	10,0	7,9	4,4	3,4	6,6	4,8	5,6
total	4,6	28,7	10,3	33,7	13,9	4,8	4,1

Tabelle A 20

Antragstellungen auf FE/FEH beim LWV Hessen 1984; Erziehungshaltung der Eltern

	total
inkonsequent	51,8
autoritär	29,8
vernachlässigend	6,5
verwöhnend	4,2
Sonstiges	7,7
	100,0
(Anzahl der Nennungen)	(168)

Tabelle A 21

Antragstellungen auf FE/FEH beim LWV Hessen 1984; benannte Problemlagen der Mädchen vor Antragstellung auf FE/FEH

	total	%
schlechte Schulleistungen	96	47,8
unregelmäßiger Schulbesuch	88	43,8
Weglaufen	73	36,3
Diebstahl	69	34,3
Konflikt um Ausgangszeiten u. Freundeskreis	67	33,3
Aggression	57	28,4
Suizidgefahr/-versuch	39	19,4
Kontaktprobleme	32	15,9
Alkohol/Drogen	28	13,9
sexuelle Auffälligkeiten	25	12,4
Einnässen	23	11,2
Unterrichtsstörung	21	10,2
Distanzlosigkeit	19	9,5
Mißhandlung	18	9,0
Autoaggression	12	6,0
Unterrichtsverweigerung	12	6,0
sexueller Mißbrauch	9	4,5
Depressivität	8	4,0
Hospitalismus	7	3,4
Angst-Symptomatik	7	3,4
Fettleibigkeit/Eßsucht	6	2,9
Überanpassung	2	1,0
Prostitution	2	1,0
Sonstiges	59	28,6
Anzahl der Nennungen	779	
Anzahl der Mädchen	206	

Tabelle A 22

Antragstellungen auf FE/FEH beim LWV Hessen 1984; benannte Problemlagen der Mädchen vor Antragstellung auf FE/FEH nach Familienkonstellation (in %)

	leibl. Eltern	Adoptiveltern	Pflegeeltern	Alleinlebend. Mutter	Alleinlebend. Vater	Elternteil u. Freund	Mutter/ Stiefvater	Vater/ Stiefmutter
Konflikte um Ausgangszeiten u. Freundeskreis	10,8	10,0	2,6	8,3	8,6	5,8	9,2	5,6
Weglaufen	13,5	5,0	7,7	7,1	8,6	10,5	9,2	–
unregelmäßiger Schulbesuch	11,4	5,0	10,3	14,3	14,3	10,5	10,3	2,8
Aggression	5,4	10,0	10,3	11,9	8,6	5,8	3,4	8,3
Autoaggression	0,5	5,0	5,1	1,2	–	1,2	1,1	2,8
Depression	1,1	–	5,1	0,6	–	1,2	1,1	2,8
Hospitalismusschäden	–	5,3	5,1	–	–	–	–	–
Mißhandlungen	1,2	–	–	–	–	–	2,0	–

Tabelle A 23

Antragstellungen auf FE/FEH beim LWV Hessen 1984; bisherige ambulante Maßnahmen

	Total
Allgemeiner Sozialdienst/formlose erzieherische Betreuung	92
Erziehungs-/Familien-/Drogenberatung	87
Erziehungsbeistandschaft	17
Jugendpsych. Dienst/Kinder- u. Jugendpsychiatrie	18
Familienhelfer/in	13
Schulpsychologische Beratung/Schulsozialarbeit	10
Übungs- u. Erfahrungskurse	5
Hausaufgabenhilfe	18
Psychologische Beratung/Therapie/Neurologie	11
Tagespflege/-stätte	2
sonstige Hilfen	6
Anzahl der Nennungen	279
Anzahl der Mädchen	206

Tabelle A 24
Antragstellungen auf FE/FEH beim LWV Hessen 1984; Fremdplazierung durch die örtliche Jugendhilfe nach Art und Häufigkeit (n = 93)

	Anzahl der Maßnahmen	1x	2x	3x	4x	5x
Verwandtenpflege	55	43	4	0	0	8
Pflege-/Erziehungsstelle	30	10	8	2	1	0
Heimunterbringung	45	31	8	3	0	3
	130	93	20	5	1	11

Tabelle A 25
Antragstellungen auf FE/FEH beim LWV Hessen 1984; Dauer der Fremdplazierung durch die örtliche Jugendhilfe

Jahre	Anzahl Mädchen	%
0 – 0,5	22	24,4
1,5 – 1	13	14,4
1 – 2	10	11,1
2 – 3	10	11,1
3 – 4	4	4,4
über 4	31	34,4
entfällt	106	–
keine Angaben	10	–
	206	99,8

Tabelle A 26
Antragstellungen auf FE/FEH beim LWV Hessen 1984; Anzahl der ambulanten, teilstationären und stationären Maßnahmen

	Total
ambulant	16
teilstationär	4
stationär	214
Anzahl der Nennungen	237
Anzahl der Mädchen	206

Tabelle A 27

Antragstellungen auf FE/FEH beim LWV Hessen 1984; stationäre Maßnahmen

	Total
Erziehungsstelle	11
Kinder-/Jugendheim	145
Wohngruppe, auch Außenwohngruppe	28
Mutter-Kind-Heim	9
Internat	3
Kinder-/Jugendpsychiatrie	20
Einzelbetreuung	1
Anzahl der Nennungen	217
Anzahl der Mädchen	206

Tabelle A 28

Antragstellungen auf FE/FEH beim LWV Hessen 1984; Anlässe zur Antragstellung auf FE/FEH

Anlässe	Total	%
unregelmäßiger Schulbesuch	109	52,9
Konflikte um Ausgangszeiten/Freundeskreis	91	44,2
Weglaufen	90	43,7
schlechte Schulleistung	82	39,8
Diebstahl	65	31,6
Aggression	55	26,7
sexuelle Auffälligkeiten	37	18,0
Suicidgefahr/-versuch	31	15,1
Alkohol/Drogen	29	14,1
Kontaktprobleme	23	11,2
Autoaggression	11	5,3
Distanzlosigkeit	10	4,9
Depressivität	9	4,4
Fettleibigkeit/Eßsucht	6	2,9
Mißhandlung	4	1,9
Prostitution	4	1,9
Überanpassung	3	1,5
sexueller Mißbrauch	2	1,0
Anzahl der Nennungen	752	
Anzahl der Mädchen	206	

Tabelle A 29
Antragstellungen auf FE/FEH beim LWV Hessen 1984; Probleme der Mädchen während der FEH/FEH

	total	
Schulsituation	71	37,2
permanentes Entweichen	46	24,1
Aggressivität	20	10,5
Alkohol/Drogen	20	10,5
Suicidversuch	19	10,0
Schwangerschaft	18	9,4
Delinquenz	17	8,9
Geburt eines Kindes	8	4,2
Bindungs-/Beziehungslosigkeit	6	3,1
Prostituiertenmilieu	6	3,1
Schwangerschaftsabbruch	5	2,6
Sonstiges	69	36,1
Anzahl der Nennungen	305	
Anzahl der Mädchen	191[75]	

Tabelle A 30
Antragstellungen auf FE/FEH beim LWV Hessen 1984; Psychiatrieaufenthalte von Mädchen

Dauer der Unterbringung	Anzahl Mädchen
0 bis 6 Wochen	9
6 Wochen bis 0,5 Jahre	15
0,5 bis 1 Jahr	8
1 Jahr	5
total	37

---

[75] Wegen nicht begonnener Maßnahme (s. Tab. A 33) reduziert sich hier die Gesamtzahl der Mädchen um 15 von 206 auf 191.

Tabelle A 31

Antragstellungen auf FE/FEH beim LWV Hessen 1984; Begründungen für die Psychiatrieunterbringung

	total	%
Suicidgefahr/-versuch	15	40,5
Weglaufen	14	37,8
Diebstahl	10	27,0
schlechte Schulleistung	9	24,3
Aggression	8	21,6
unregelmäßiger Schulbesuch	6	16,2
Kontaktprobleme	6	16,2
sexuelle Verwahrlosung	5	13,5
Autoaggression	4	10,8
Alkohol/Drogen	4	10,8
Fettleibigkeit/Eßsucht	3	8,1
Einnässen	3	8,1
Hospitalismus	3	8,1
Angst-Symptomatik	2	5,4
Depressivität	2	5,4
Konflikte um Ausgang/Freundeskreis	2	5,4
S.+F. Gefährdung	2	5,4
Mißhandlung	1	2,7
Unterrichtsstörung	1	2,7
Prostitution	1	2,7
Anzahl der Nennungen	103	
Anzahl der Mädchen	37	

Tabelle A 32
Antragstellungen auf FE/FEH beim LWV Hessen 1984; stationäre Maßnahmen bei FE/FEH

	Total
Kinder-/Jugendwohngruppe	145
Wohngruppe, auch Außenwohngruppe	28
Kinder-/Jugendpsychiatrie	29
Erziehungsstelle	11
Mutter-Kind-Heim	9
Internat	3
Einzelbetreuung	1
Anzahl der Nennungen	217
Anzahl der Mädchen	

Tabelle A 33
Beendigung der FE/FEH-Maßnahme

	total	%
Zustimmung widerrufen	28	32,3
längere Entweichung	12	14,0
Abschluß d. Übungs- u.Erfahrungsmaßnahme	11	12,8
Volljährigkeit	8	9,3
Zweckerreichung	6	7,0
Psychiatrie	1	1,2
Maßnahme nicht begonnen	15	17,4
Sonstiges	5	5,8
Anzahl der Nennungen	86	

Gesprächsleitfaden
für
Interviews mit Mädchen

1. Wann bist Du zum ersten Mal ins Heim gekommen? Warum?
2. In wievielen und welchen Heimen warst Du?
3. Welches Heim fandest Du am besten? Warum?
4. Welches Heim fandest Du am schlechtesten? Warum?
5. Wie sieht ein normaler Alltag im Heim aus?
6. Bis Du schon mal im Heim oder in einer Isolierzelle eingesperrt worden? Wie war das?
7. Hast Du irgendwo "Hausverbot"? Warum?
8. Warst Du auch schon einmal in einer Wohngemeinschaft oder bei Pflegeeltern?
9. Ist das anders als im Heim? Besser? Schlechter?
10. Warst Du schon mal in einer psychiatrischen Einrichtung, Landeskrankenhaus etc.?
11. Warum bis Du dort hingekommen?
12. Gab es im Heim Erzieherinnen, die Du nicht leiden konntest? Warum?
13. Mochtest Du auch welche gerne leiden? Warum?
14. Möchtest Du mehr in Ruhe gelassen werden oder daß sich jemand mehr um Dich kümmert? Was sollten sie mit Dir/für Dich tun?
15. Welche und wieviele andere Sozialarbeiter kümmern sich um Dich (JA etc.)?
16. Wen davon findest Du gut/schlecht? Warum?
17. Reden manche Erzieherinnen mit Euch über Eure sexuellen und emotionalen Beziehungen zu Jungen?
18. Habt Ihr im Heim auch Tabletten (Beruhigung etc.) bekommen/genommen? Welche?
19. Hab Ihr Alkohol getrunken, Dope geraucht, geschnüffelt mit Pattex?
20. Halten die Mädchen im Heim zusammen?
21. Worum geht's, wenn es Streit zwischen ihnen gibt und worum, wenn sie ganz doll zusammenhalten?
22. Was machen die Mädchen meistens, wenn sie zusammen sind?
23. Gibt es "Außenseiterinnen"? Wie sind die?
24. Wie sind die Mädchen, die Du gut findest?
25. Wie sind die Mädchen, die Dir nicht gefallen?
26. Wie sehen die Mädchen aus, die Du schön findest?

27. Haben viele Mädchen im Heim lesbische Beziehungen?
28. Redet Ihr viel über Sexualität?
29. Habt Ihr auch Beziehungen zur Mädchen, die nicht im Heim sind?
30. Kennst Du Mädchen, die an sich herumschnippeln?
31. Hast Du noch Geschwister? Wie alt sind sie?
32. Wen magst Du am liebsten? Warum?
33. Wen mögen Deine Eltern am liebsten? Warum?
34. Wie müßte eine Schwester sein, die Du gern magst?
35. Wie müßte ein Bruder sein, den Du gern magst?
36. Waren/sind sie im Heim? Was machen sie?
37. Zu welchen Deiner Geschwister hast Du noch Kontakt?

38. Hast Du das Gefühl, daß Deine Eltern sich gut verstehen? Oder haben sie oft Streit?
39. Ist Deine Mutter die Stärkere oder Dein Vater? Warum?
40. Mit wem verstehst Du Dich besser? Wen magst Du lieber?
41. Ist/war Deine Mutter berufstätig?
42. Hast Du das Gefühl, von Deiner Mutter oder Deinem Vater ungerecht behandelt worden zu sein? Von wem? Warum?
43. Hat Dich jemand verwöhnt? Wer? Wie?
44. Kannst Du Dich erinnern, daß Dich mal jemand so richtig für was in Schutz genommen hat?
45. Sind Deine Mutter/Dein Vater manchmal krank?
46. Haben Deine Eltern oft mit Dir gespielt?
47. Lassen Deine Eltern Dich gewähren oder reden sie Dir oft rein?
48. Wie haben Mutter bzw. Vater reagiert, als Du zum ersten Mal abgehauen bist?

49. Findest Du Deine Mutter eher weich und lieb oder kalt und zurückweisend?
50. Glaubst Du, daß sie sich wohl fühlt?
51. Glaubst Du, daß sie Dich vermißt?
52. Wie würde sie sich wohl wünschen, daß Du lebst?

53. Findest Du Deinen Vater gut oder hättest Du ihn Dir anders gewünscht? Wie?
54. Hat Dein Vater Dich auch mal in den Arm genommen, mit Dir geschmust?
55. Hattest Du das Gefühl, er war irgendwie stolz auf Dich?

56. Wie alt bist Du und wie lange bist Du schon auf Trebe gewesen?
57. Bist Du von zu Hause und/oder aus dem Heim weggelaufen?
58. Bist Du allein oder mit anderen abgehauen?
59. Wo bist Du hingelaufen, wo hast Du geschlafen?

60. Bist Du dann überwiegend mit Mädchen oder mit Jungen zusammen gewesen?
61. Hast Du das Gefühl, daß Mädchen in solchen Gruppen untergebuttert werden?
62. Hast Du neue Leute kennengelernt? Wie haben die gelebt, gearbeitet etc.?
63. Hast Du schon mal was mit Drückern zu tun gehabt?
64. Wie sah denn ein ganz normaler Tag aus, wenn Du auf Trebe warst?
65. Wie hast Du Dir beschafft, was Du zum Leben brauchtest?
66. Ist das für Mädchen oder Jungen leichter/schwerer auf Trebe? Warum?

67. Klaust Du auch, wenn Du auf Trebe bist? Warum? Was?
68. Hast Du manchmal Angst gehabt, z.B. nachts?
69. War das auch ein freies Gefühl, Abenteuerlust?

70. Hast Du in der Zeit Drogen genommen?
71. Hast Du schon mal Tabletten in größeren Mengen eingenommen?
72. Wird im allgemeinen viel Alkohol getrunken? Und Du?
73. Von wem hast Du die Sachen bekommen?
74. Warum nimmst Du Dope/Alkohol/Tabletten/Pattex etc.?

75. Als Du auf Trebe warst, hast Du auch mal Hilfe gesucht bei Beratungsstellen, Schutzstellen, Polizei? Oder bei wem?
76. Hat Dir das was gebracht?
77. Warum hast Du dort keine Hilfe gesucht?
78. Wie bist Du dann wieder ins Heim gekommen?

79. Kennst Du Mädchen, die schwanger waren und abgetrieben haben? Warum taten sie es? Hat ihnen jemand geholfen?
80. Kennst Du Mädchen, die Kinder bekommen haben? Viele?
81. Wünschst Du Dir später eine Familie? Einen Mann, der Dich liebt?
82. Kannst Du Dir auch vorstellen, ohne Mann und Kinder zu leben?
83. Wie sollte der Mann sein, den Du heiraten würdest?
84. Glaubst Du, daß Frauen es manchmal verdient haben, von ihren Männern geschlagen zu werden?
85. Sollten Frauen, die Kinder haben, auch berufstätig sein?
86. Findest Du, daß Frauen es grundsätzlich schlechter haben als Männer?
87. Hast Du schon mal was von der Frauenbewegung gehört? Was hältst Du davon?

88. Welche Eigenschaften haben die Jungen, die Du gerne leiden magst?
89. Was tust Du, damit Du nicht schwanger wirst?
90. Was findest Du am schönsten, wenn Du eine Beziehung zu einem Jungen hast?
91. Stimmt es, daß Jungen immer nur "das eine" wollen und Mädchen lieber schmusen?

92. Hast Du das Gefühl, daß, wenn Du mit einem Jungen schläfst, Du eine gewisse Macht über ihn hast? In dem Moment nur?
93. Findest Du es schön, mit Jungen zu schlafen?
94. Kennst Du Mädchen, die auf'n Strich gehen?
95. Weißt Du, warum sie das tun?
96. Was empfinden die Mädchen dabei? Reden sie darüber?
97. Gehen sie von selber auf'n Strich oder werden sie von jemand geschickt?
98. Haben die meisten Mädchen ihren Zuhälter gern?
99. Hat schon mal jemand versucht, Dich auf'n Strich zu schicken?
100. Kennst Du Mädchen, die von ihrem Vater/Stiefvater oder sonst jemand vergewaltigt worden sind? Viele?
101. Wenn Ihr auf Trebe seid und bei Männern übernachtet, wollen die dann auch mit Euch schlafen? Wie sind Deine Erfahrungen?
102. Wie reagieren Männer, wenn Du Dich weigerst, mit ihnen zu schlafen?
103. Hast Du einen Schulabschluß?
104. Hast Du schon mal eine Lehre angefangen oder irgendwo gearbeitet?
105. Was möchtest Du werden, wenn Du es Dir aussuchen könntest? Warum?
106. Angenommen, Du würdest von irgendwoher viel Geld bekommen, wie würdest Du dann leben?
107. Wenn Du an Deine Zukunft denkst, wie lange denkst Du dann voraus? Welches Alter?
108. Findest Du Dich hübsch/häßlich?
109. Warum tätowierst Du Dich bzw. warum nicht?
110. Welche Eigenschaften an Dir magst Du am liebsten/am wenigsten?
111. Findest Du, daß Du Dich gut gegen andere wehren kannst?
112. Hast Du es gerne, wenn Du im Mittelpunkt bist? Wenn andere auf Dich hören?
113. Was haben die Erzieherinnen meist zu Dir gesagt, wo Du Dich ändern solltest?

Sozialdaten

Jugendliche

Vorname: Geburtsdatum:

Alter zum Interviewzeitpunkt:

Interviewort:
- in der Wohnung der Eltern
- in der Wohnung der Interviewerin
- in der Schutzstelle/im Aufnahmeheim

Finanzielle Absicherung:

Eltern, Jugendamt, eigenes Einkommen: a) auf Trebe:
b) zum Interviewzeitpunkt:

Schulausbildung: Lehre:

Erfahrungen mit:
- Pflegefamilie
- Wohngemeinschaft
- Schutzstelle/Aufnahmeheim
- Heim
- Psychiatrie

Wohnort:

Dorf, Kleinstadt, Großstadt   a) vor dem Abhauen (in welchem Alter):
b) zum Interviewzeitpunkt:

Wohnverhältnisse:

eigenes Zimmer: ja – nein
- Anzahl der Zimmer absolut:
- Wohnung/eigenes Haus:
- Häufigkeit der Umzüge:

Zahl der im Haushalt lebenden Personen:

Eltern

Vater: Alter:

Schulabschluß: Beruf:

Mutter: Alter:

Schulabschluß: Beruf:

Situation der Familie:
- Eltern leben verheiratet zusammen
- Eltern leben unverheiratet zusammen
- Eltern leben getrennt
- Mutter/Vater ist tot
- nur Mutter/Vater lebt im Haushalt
- Stiefmutter/-vater lebt im Haushalt

Projekt
Mädchenorientierte Jugendhilfe
LWV Hessen
Aktenerhebungsbogen

1. **Jugendliche**
   ☐ / ☐☐☐   Erhebungsbogennummer

   1.1 Alter
   ☐☐ ☐☐   (Jahre, Monate)

   1.2 Nationalität
   ☐   1 deutsch
         2 türkisch
         3 italienisch
         4 griechisch
         5 jugoslawisch
         6 spanisch
         7 US-amerikanisch
         8 sonstige
         9 keine Angaben

   1.3 Konfession
   ☐   1 katholisch
         2 evangelisch
         3 islamisch
         4 sonstige
         5 keine
         6 keine Angaben

   1.4 Wohnort
   ☐   1 dörfliche Struktur
         2 kleinstädtische Struktur
         3 großstädtische Struktur
         4 keine Angaben

1.5 Wohnform
- □   1 Eigenheim
-     2 Mehrfamilienhaus
-     3 sozialer Wohnungsbau
-     4 sozialer Brennpunkt
-     5 keine Angaben

1.6 Schulbesuch
1.6.1 Schulform
- □□ 01 Vorklasse
-     02 Grundschule
-     03 Sonderschule
-     04 Hauptschule
-     05 Realschule
-     06 Gymnasium/Fachoberschule
-     07 Berufsfachschule
-     08 BGJ
-     09 BVJ – Hauswirtschaft
-     10 BVJ – sonstige
-     11 Sonstiges
-     12 kein Schulbesuch
-     13 keine Angaben

1.6.2 Klasse
- □□ 01 1. Klasse
-     02 2. Klasse
-     03 3. Klasse
-     04 4. Klasse
-     05 5. Klasse
-     06 6. Klasse
-     07 7. Klasse
-     08 8. Klasse
-     09 9. Klasse
-     10 10. Klasse
-     11 11. Klasse

1.6.3 Wiederholungen
- □   1 einmal
-     2 zweimal
-     3 dreimal
-     4 häufiger
-     5 keine Angaben

1.6.4 Schulstatus
☐
    1 Schulausbildung laufend
    2 Schulausbildung abgebrochen
    3 Ausschulung
    4 keine Angaben

1.6.5 Schulabschluß
☐
    1 ohne Hauptschul- oder gleichwertigen Abschluß
    2 Hauptschul- oder gleichwertiger Abschluß
    3 Realschul- oder gleichwertiger Abschluß
    4 Fachhochschul- oder allgemeine Hochschulreife

2. Familienhintergrund

2.1 Familienstand der leiblichen Eltern
☐ Mutter
☐ Vater
    1 ledig
    2 verheiratet
    3 getrennt lebend
    4 geschieden
    5 wiederverheiratet
    6 verwitwet
    7 verstorben

2.2 Familienstand der Mutter bei der Geburt des Mädchens
☐
    1 ledig
    2 unverheiratet mit dem Vater zusammenlebend
    3 verheiratet
    4 geschieden
    6 verwitwet

Alter der Mutter bei der Geburt des Mädchens
☐☐ ☐☐

2.3 Nationalität
☐ Nationalität des Vaters
☐ Nationalität der Mutter
☐ Nationalität sonst. männl. Erziehungsperson
☐ Nationalität sonst. weibl. Erziehungsperson

1 deutsch
2 türkisch
3 italienisch
4 griechisch
5 jugoslawisch
6 spanisch
7 US-amerikanisch
8 sonstige
9 keine Angaben

2.4 Personensorgerecht
☐

1 leibliche Eltern
2 Adoptiveltern
3 leibliche Mutter
4 leiblicher Vater
5 Jugendamt
6 Verwandte
7 sonstige Personen
8 sonstige Regelung

2.5 Aufenthalt des Mädchens bei
☐☐

01 leiblichen Eltern
02 Adoptiveltern
03 Lebensgemeinschaft eines Elternteils mit Freund/in
04 Mutter und Stiefvater
05 Vater und Stiefmutter
06 Mutter alleinlebend
07 Vater alleinlebend
08 Pflegefamilie
09 Verwandten
10 sonstige Unterbringung
11 keine Angaben

2.6 Schulausbildung der Eltern
- ☐ Bildungsabschluß des leiblichen Vaters
- ☐ Bildungsabschluß der leiblichen Mutter
- ☐ Bildungsabschluß sonst. männl. Erziehungsperson
- ☐ Bildungsabschluß sonst. weibl. Erziehungsperson

1 ohne Hauptschul- oder gleichwertigen Abschluß
2 Sonderschulabschluß
3 Hauptschul- oder gleichwertiger Abschluß
4 Realschul- oder gleichwertiger Abschluß
5 Fachhochschul- oder allgemeine Hochschulreife

2.7 Berufsausbildung der Eltern
- ☐ Vater
- ☐ Mutter
- ☐ Sonstige männliche Erziehungsperson
- ☐ Sonstige weibliche Erziehungsperson

1 ohne Ausbildung
2 Facharbeiter/in, Geselle/in
3 Meister/in, Techniker/in
4 Hochschulstudium
5 keine Angaben

2.8 Derzeitige berufliche Situation
- ☐ Vater
- ☐ Mutter
- ☐ Sonstige männliche Erziehungsperson
- ☐ Sonstige weibliche Erziehungsperson

01 an/ungelernte/r Arbeiter/in
02 Facharbeiter/in
03 Angestellte/r, Beamter/in
04 leitende/r Angestellte/r, leitende/r Beamter/in
05 Kleingewerbe Betreibende/r
06 Inhaber/in eines Betriebes/Landwirtschaft
07 freie akademische und künstlerische Berufe
08 Hausfrau/Hausmann
09 Umschulung, sonstige Ausbildung
10 (Früh-)Rentner/in
11 arbeitslos
12 Sonstiges
12 keine Angaben

2.9 Umfang/Zeitdauer
- ☐ Vater
- ☐ Mutter
- ☐ sonstige männliche Erziehungsperson
- ☐ sonstige weibliche Erziehungsperson

1 stundenweise
2 halbtags
3 ganztags

2.10 Versorgung des Familienhaushaltes überwiegend durch
☐

1 Mutter
2 Vater
3 weibliche Familienangehörige
4 das Mädchen selbst
5 sonstige Personen
6 keine Angaben

2.11 Geschwister

	Alter	Geschlecht	Verwandtenstatus	Wohnort	Jugendhilfemaßnahme
1					
2					
3					
4					
5					
6					
7					
8					
9					
10					

Geschlecht
1 männlich
2 weiblich

Verwandtenstatus
1 Geschwister
2 Halbgeschwister
3 Stiefgeschwister
4 keine Angaben

	Jugendhilfemaßnahme		Wohnort/Wohnsitz
01	Erziehungsberatung	1	im Haushalt der Eltern
02	Jugendpsych. Dienst	2	im Haushalt der Mutter
03	Übungs- und Erfahrungs-/Erziehungskurs	3	im Haushalt des Vaters
		4	bei Verwandten
04	Pflegefamilie/-stelle	5	im eigenen Haushalt
05	Erziehungsstelle	6	keine Angaben
06	Kinder-/Jugendheim		
07	Kinder-/Jugendpsychiatrie		
08	Einzelbetreuung		
09	Familienhelfer/in		
10	Erziehungsbeistandschaft		
11	sonstige ambulante Hilfen		
12	keine Angaben		

2.12 Besondere Problemlagen/Belastungen in der Familie
- 01 schwierige finanzielle Situation (Sozialhilfe, Arbeitslosengeld/-hilfe, hohe Verschuldung ...)
- 02 beengte Wohnverhältnisse
- 03 wenig Kontakte/soziale Isolation der Familie
- 04 Gewalt in der Ehe/Familie
- 05 problematische Ehe-/Familiensituation
- 06 Alleinerziehende
- 07 Versorgungsengpässe
- 08 Suchtproblematik in der Familie
- 09 langfristige Krankheit eines oder mehrerer Familienangehöriger

2.13 Erziehungshaltung
- 1 autoritär
- 2 inkonsequent – widersprüchlich
- 3 vernachlässigend
- 4 verwöhnend
- 5 keine Angaben

3. **Bisherige Maßnahmen**
   3.1 Benannte Problemlagen in der Lebensgeschichte

   ☐☐ 01 schulische Leistung
   ☐☐ 02 passive Unterrichtsverweigerung
   ☐☐ 03 aktive Unterrichtsstörung
   ☐☐ 04 Unregelmäßigkeit des Schulbesuchs
   ☐☐ 05 Hospitalismusschäden
   　　 06 Einnässen
   　　 07 Angstsymptomatik
   　　 08 Kontaktschwierigkeiten
   　　 09 distanzloses Verhalten
   　　 10 überangepaßtes Verhalten
   　　 11 aggressives Verhalten
   　　 12 Autoaggression
   　　 13 depressives Verhalten
   　　 14 Suizidgefährdung/-versuch
   　　 15 Alkohol-/Drogenkonsum
   　　 16 Konflikte mit den Eltern bzgl. Freundeskreis und Ausgangszeiten
   　　 17 Weglaufen von Zuhause
   　　 18 sexuelle Auffälligkeiten, - Verwahrlosung
   　　 19 Prostitution
   　　 20 Eigentumsdelikte, Diebstähle
   　　 21 Mißhandlung durch Erziehungspersonen
   　　 22 sexueller Mißbrauch
   　　 23 Fettleibigkeit, Eßsucht
   　　 24 Magersucht

3.2 Benannte Eigenschaften in der Gesamtlebensgeschichte
- ☐☐ 01 ordentliche, saubere Erscheinung
- ☐☐ 02 unordentliche, unsaubere Erscheinung
- ☐☐ 03 nuttige Erscheinung
- ☐☐ 04 häuslich
- ☐☐ 05 anschmiegsam
- 06 umtriebig
- 07 burschikos
- 08 triebhaft
- 09 fleißig
- 10 gutmütig
- 11 naiv
- 12 faul
- 13 kinderlieb
- 14 ruhig
- 15 zurückhaltend
- 16 aufgeschlossen
- 17 gehorsam
- 18 freundlich
- 19 selbständig
- 20 unselbständig
- 21 sonstige

3.3 Ambulante Hilfen
- ☐ 1 Betreuung durch ASD
- ☐ 2 Erziehungsberatung
- ☐ 3 schulpsychologische Beratung
- ☐ 4 Übungs- und Erfahrungskurs/Erziehungskurs
- ☐ 5 kurs/Erziehungskurs
- 5 jugendpsychiatrischer Dienst
- 6 Erziehungsbeistandschaft
- 7 Familienhelfer/in
- 8 sonstige ambulante Hilfen
- 9 keine Angaben

3.4 Fremdplazierung
3.4.1 Verwandtenpflege
- [ ] 1 einmal
- 2 zweimal
- 3 dreimal
- 4 viermal
- 5 mehrmals

3.4.2 Pflegestelle/Erziehungsstelle
- [ ] 1 einmal
- 2 zweimal
- 3 dreimal
- 4 viermal
- 5 mehrmals

3.4.3 Heimunterbringung
- [ ] 1 einmal
- 2 zweimal
- 3 dreimal
- 4 viermal
- 5 mehrmals

3.5 Dauer der Fremdplazierung (insgesamt)
- [ ] 1 bis zu 1/2 Jahr
- 2 1/2 bis 1 Jahr
- 3 1 bis 2 Jahre
- 4 2 bis 3 Jahre
- 5 3 bis 4 Jahre
- 6 länger als 4 Jahre
- 7 keine Angaben

3.6 Psychiatrie
3.6.1 Dauer insgesamt
- [ ] 1 bis zu 6 Wochen
- 2 6 Wochen bis 1/2 Jahr
- 3 1/2 bis 1 Jahr
- 4 länger
- 5 keine Angaben

3.6.2 Form der Unterbringung
- [ ] 1 geschlossen
- 2 nicht geschlossen
- 3 nicht erwähnt

3.6.3 Zweck der Unterbringung
- ☐ 1 Diagnose und Abklärung
-     2 stationäre Behandlung
-     3 nicht erwähnt

3.6.4 Benannte Gründe für die Unterbringung
- ☐☐ 01 schulische Leistung
- ☐☐ 02 passive Unterrichtsverweigerung
- ☐☐ 03 aktive Unterrichtsstörung
- ☐☐ 04 Unregelmäßigkeit des Schulbesuchs
- ☐☐ 05 Hospitalismusschäden
-      06 Einnässen
-      07 Angstsymptomatik
-      08 Kontaktschwierigkeiten
-      09 distanzloses Verhalten
-      10 überangepaßtes Verhalten
-      11 aggressives Verhalten
-      12 Autoaggression
-      13 depressives Verhalten
-      14 Suizidgefährdung/-versuch
-      15 Alkohol-/Drogenkonsum
-      16 Konflikte mit den Eltern bzgl. Freundeskreis und Ausgangszeiten
-      17 Weglaufen von Zuhause
-      18 sexuelle Auffälligkeiten, - Verwahrlosung
-      19 Prostitution
-      20 Eigentumsdelikte, Diebstähle
-      21 Mißhandlung durch Erziehungspersonen
-      22 sexueller Mißbrauch
-      23 Fettleibigkeit, Eßsucht
-      24 Magersucht
-      25 Selbst- und Fremdgefährdung

3.6.5　Einweisende Stelle/Antragsteller(in)
☐　　1　Eltern
　　　2　Jugendamt
　　　3　Vormundschafts-/Jugendgericht
　　　4　Jugendliche
　　　5　keine Angaben

4. **Einleitung der jetzigen Maßnahme**
    4.1　Rechtsgrundlage
    ☐　　1　FE
    　　　2　FEH

    4.2　Von welcher Behörde wurde der Antrag gestellt?
    ☐　　1　Jugendamt/Stadt
    　　　2　Jugendamt/Kreis

    4.3　Wer hat den Antrag bearbeitet?
    ☐　　1　Sozialarbeiter
    　　　2　Sozialarbeiterin
    　　　3　Praktikant
    　　　4　Praktikantin
    　　　5　keine Angaben

4.4 Benannte Probleme zum Zeitpunkt der Antragstellung

☐☐ 01 schulische Leistung
☐☐ 02 passive Unterrichtsverweigerung
☐☐ 03 aktive Unterrichtsstörung
☐☐ 04 Unregelmäßigkeit des Schulbesuchs
☐☐ 05 Hospitalismusschäden
06 Einnässen
07 Angstsymptomatik
08 Kontaktschwierigkeiten
09 distanzloses Verhalten
10 überangepaßtes Verhalten
11 aggressives Verhalten
12 Autoaggression
13 depressives Verhalten
14 Suizidgefährdung/-versuch
15 Alkohol-/Drogenkonsum
16 Konflikte mit den Eltern bzgl. Freundeskreis und Ausgangszeiten
17 Weglaufen von Zuhause
18 sexuelle Auffälligkeiten, - Verwahrlosung
19 Prostitution
20 Eigentumsdelikte, Diebstähle
21 Mißhandlung durch Erziehungspersonen
22 sexueller Mißbrauch
23 Fettleibigkeit, Eßsucht
24 Magersucht

4.5 Die Initiative zur Jugendhilfemaßnahme ging hauptsächlich aus von

☐ 1 Eltern im Kontext mit Jugendamt
2 Mädchen im Kontext mit Jugendamt
3 Gericht
4 keine Angaben

4.6 Einverständnis der Betroffenen mit der Maßnahme
4.6.1 Einverständnis Mädchen
☐ 1 Zustimmung
2 Ablehnung
3 Ambivalenz
4 nicht erwähnt

4.6.2 Einverständnis Mutter
☐ 1 Zustimmung
2 Ablehnung
3 Ambivalenz
4 nicht erwähnt

4.6.3 Einverständnis Vater
☐ 1 Zustimmung
2 Ablehnung
3 Ambivalenz
4 nicht erwähnt

5. **Durchführung der jetzigen Maßnahme**
5.1 ambulant
☐ 1 Erziehungskurs
2 Familienhelfer/in
3 Jugendhelfer/in

5.2 teilstationär
☐ 1 Tagesgruppe
2 heimeigene Sonderschule im Rahmen v. PTI

5.3 stationär
☐ 1 Erziehungsstelle
2 Kinder-/Jugendwohnheim
3 (Außen-)Wohnheimgruppe
4 Mutter-Kind-Heim
5 Internat
6 Kinder-/Jugendpsychiatrie
7 Einzelbetreuung

5.4 Benannte Problemlagen während der Maßnahme

☐☐ 01 Schwangerschaft
☐☐ 02 Schwangerschaftsabbruch
☐☐ 03 Geburt eines Kindes
☐☐ 04 schwierige Schulsituation
☐☐ 05 besonders aggressives Verhalten
☐☐ 06 Suizidankündigung/-versuch
   07 permanentes Entweichen
   08 Bindungs-/Beziehungslosigkeit
   09 Kontakte/Aufenthalt im Prostituierten-/Zuhältermilieu
   10 Alkohol-/Drogenkonsum
   11 Kriminalität, Eigentumsdelikte
   12 Sonstiges

5.5 Beruflicher Bereich/Ausbildung
5.5.1 Berufsvorbereitende Maßnahmen

☐ 1 Grundausbildungslehrgang (GAL, G1, G2, G3)
  2 Förderungslehrgang (F-Lehrgang)
  3 Arbeitserprobungen
  4 Eingliederungslehrgang (Lehrgang zur Verbesserung der Eingliederungsmöglichkeiten)
  5 Berufsvorbereitungsjahr (BVJ)
  6 Berufsgrundbildungsjahr (BGJ)
  7 Berufsfachschule
  8 Maßnahme zur Berufsvorbereitung und soziale Eingliederung junger Ausländer (MBSE)

5.5.2 Berufsausbildung

☐ 1 begonnen
  2 erfolgreich abgeschlossen
  3 abgebrochen

5.5.3 Ausbildungsberuf bzw. Richtung der berufsvorbereitenden Maßnahme
- 01 hauswirtschaftlicher Bereich
- 02 Näherin/Schneiderin
- 03 Friseuse
- 04 Verkäuferin
- 05 Bürokaufmann
- 06 Malerin
- 07 Gärtnerin
- 08 gewerbl./techn. Berufe
- 09 Tierpflegerin
- 10 soziale Berufe
- 11 Sonstiges

5.6 Gründe für die Beendigung der Maßnahme im Zeitraum der Erhebung (01.01.84–31.12.85)
- 1 Volljährigkeit des Mädchens
- 2 Erziehungsperson(en) zog(en) ihr Einverständnis zur FEH zurück
- 3 aufgehoben wegen anderweitiger Sicherstellung (Psychiatrie, Strafvollzug)
- 4 aufgehoben wegen längerer Entweichung bzw. Untertauchens des Mädchens
- 5 Ablauf oder Abbruch des Übungs- und Erfahrungskurses
- 6 Zweckerreichung
- 7 Maßnahme nicht zustande gekommen
- 8 keine Angaben